中公文庫

帝　政　論

ダンテ・アリギエーリ
小林　公訳

中央公論新社

目次

ダンテ（右）とブルネット・ラティーニ
ジョット・ディ・ボンドーネ
バルジェッロ宮殿・ポデスタの礼拝堂

帝政論

◎本文は、一つ、あるいはいくつかの文章ごとに、(1)、(2)などの番号が振られている。註解はこの番号に対応する形となっており、註解が存在する箇所は＊で示した。
◎見開き頁の註は、各章で1番から振り直した。1が二つ並んでいたり、番号が逆転しているケースがあるのはそのためである。

第一巻

第一章

(1)より高き自然[1]が真理への愛を刻み込んだあらゆる人々にとり、彼らが過去の人々の労力により豊かになった如く後世の人々も彼らによって豊かにされるように、後世の人々のために労力を尽くすことは非常に重要なことと思われる。(2)したがって、公の教え[2]に習熟しているにも拘らず社会のために何事かを寄与しようと配慮しない者は、己れの義務から遠ざかっていることに疑いを抱いてはならない。このような者は、水の流れのほとりで時が来ると実を結ぶ樹木[3]ではなく、むしろ、常にものを飲み込むだけで飲み込んだものを決して返さない有害な渦巻である。(3)このことをしばしば繰り返し考えた結果、タラントを土に埋めたことでいつか非難されることのないように[4]、私は公共の利益のために芽を出すだけでなく実を結ばせたいと思い、かくして未だ何びとによっても試みられたことのない真理を示したいと思う。(4)というのも、エウクレイデスの或る定理[5]を再び繰り返して証明した人がいても、それがいかなる実を結ぶというのだろうか。またアリストテレスによって既に説明された幸福[6]を再び説明しようと試みたり、キケロにより擁護された老年[7]をもう一度取り上げて擁護したりする人がいても、それがいかなる実を結ぶというのか。決して実を結ぶことはない。むしろこれら退屈で無益な試みは嫌悪の念を引き起こすものである。(5)ところで、我々に隠されてはいるが有益な他の様々な真理の中で、世俗的君主国[8]に関する知識こそ最も有益で、しかも我々から最も隠されたものであり、直接的に利益をもたらさないことから、すべての人々によりないがしろにされているものである。それゆえ私はこの真理をその隠れ家から引き出そうと試み、かくして一方で私の徹夜の努力は世界にとって

1 神。本書第二巻第二章(2)では「自然は神たる第一の動者の精神の中に存在し」と述べられている。
2 人々が公に共有する教え。本章で言及されているエウクレイデスの『原論』、アリストテレスの『ニコマコス倫理学』、キケロの『老年について』など。
3 詩篇第一篇三参照。
4 マタイ福音書第二五章一四―三〇、ルカ福音書第一九章一二―二七参照。
5 エウクレイデス『原論』。
6 アリストテレス『ニコマコス倫理学』。
7 キケロ『老年について』。
8 Monarchia は人類全体を統治する世界君主国。これを「帝国」と訳すこともできるが、ダンテは Imperium という語も用いており、本訳では Imperium と Imperator をそれぞれ「帝国」と「皇帝」と訳し、Monarchia と Monarcha をそれぞれ「君主国」と「君主」と訳した。したがって本訳において「君主国」と「君主」はそれぞれ「帝国」と「皇帝」と同義である。

有益なものになり、他方で私は偉大な競技の勝利の賞品である棕櫚の枝を、私自身の栄誉として初めて受け取ることになるだろう。(6)私がかくも困難で自分の力を超えた仕事に着手するのは、私自身の能力を信じてのことではなく、「とがめもせずに惜しみなくすべての人に与える」[9]施主たる神の照明を信頼してのことなのである。

第二章

(1)したがって先ず、「世俗的君主国」と言われるものが何であるかを、一般に理解されていることに従って概略的に*考察しておかなければならない。(2)ところで、人々が「インペリウム（帝国）」と呼ぶこの世俗的君主国は、時間の中に存在するあらゆるものの上に位する、あるいは時間により測られるものの中で、そしてこれらのものに対して行使される単一の支配権である。[1] (3)この君主国に関しては主として三つの疑問点が問題として探究される。すなわち第一に、世俗的君主国は世界が善い状態にあるために必要か否かという問題が提起され探究され、第二に、ローマ人民は法にかなった仕方で正当に君主の職務を自分たちのものにしたか否かという問題が、そして第三に君主の権威は神から直接に由来するのか、それとも神に仕える者ないし神の代理である他の者に由来するのかという問題が提起され探究される。
(4)ところで、それ自体は原理でないあらゆる真理は、何らかの原理が真理であることによって証明されるべきである。それゆえ、どのような論究においても原理に関する認識を持つことが必要であり、後に導出されるあらゆる命題が確かなものとなるためには、この原理へと分析的に遡ることが必要である。さて、本論考はある種の論究であり、したがって後の諸命題がそれにより確証されるところの原理が先ずもって考究されるべきと思われる。(5)それゆえ、次のことを知るべきである。すなわち、ものごとの中には我々の力に服すことなく、我々がただ思索できるだけで実践によって効果を生み出すことが不可能なものがあり、数学、自然学、神学が扱う対象がこれにあたる。しかし他方で、我々の力に服し、我々が思索できるだけでなく実践によって効果を生み出すことも可能なものがあり、これらについては実践が思索のために為されるのではなく、思索が実践のために為される。というのも、このような事柄において

9　ヤコブの手紙第一章五。

1　「時間の中に存在するあらゆるもの」は世俗的帝権以外のすべての世俗的権力を意味し、「時間により測られるもの」は、時間の外に存在する永遠なる霊的事項と対置された世俗的事項を意味する。

は実践することが目的だからである。(6)さて、本論考の主題は政治であり、しかも正しい政体の源と原理であって、政治に関するあらゆることが我々の力に服しているのであるから、本論考の主題が先ず思索ではなく実践へと向かうことは明白である。(7)他方、実践に関する事柄においては、究極目的があらゆることの原理であり原因[2]であるがゆえに——究極目的が先ず行為者を動かすからである——、目的へと向かうものごとの全根拠は当の目的から引き出されるべきことが帰結する。というのも、例えば家屋を建築するために木材を切ることの根拠は、船を造るために木材を切ることの根拠とは異なるからである。(8)それゆえ、人類の普遍的社会*に目的があるとすれば、この目的こそ、以下で証明されるすべてのことがそれにより十全に論証されるところの原理と言えるだろう。この社会には目的がありあの社会にも目的があるが、すべての社会に共通の一つの目的は存在しない、と考えるのは不合理であろう。

第三章

(1)したがって、ここで人類社会全体の目的が何であるかを考察しなければならない。これが見出されれば、アリストテレスの『ニコマコス倫理学』に述べられている如く、[1]

我々の仕事の半分以上が為されたも同然と言えるだろう。(2)探究されることを明確にするために次のことに注意する必要がある。ちょうど自然が親指を創ったのには目的があり、手全体を創ったことにはこれとは異なる目的があり、更に腕を創ったことにも前二者とは異なる目的があり、人間全体を創ったことにはこれらすべてと異なる目的があるのと同様に、個人としての人間に対し定められた一つの目的があり、家の共同体に対しては別の目的が、近隣社会、都市、王国にもそれぞれ別の異なった目的があり、最後に永遠なる神が自己の業なる自然を通じてそれがために人類全体を創造した最善の目的が存在するのである。ここではこの最善の目的が論究の指導原理として探究される。(3)それゆえ第一に、神と自然はいかなるものも無益には創らなかったこと、存在するに至ったものはすべて、何らかの働きのために存在していることを認識すべきである。創造主たるかぎりでの創造主の意図の中で究極目的とされるのは創造された本質ではなく、この本質に固有の働きである。したがって固有の働きが本質のためにあるのではなく本質がこの働きのためにある。(4)それゆえ人類全体にも固有の働きというものがあり、無数の人間の集合体である当の人類全体はこの働きへと方向

1　アリストテレス『ニコマコス倫理学』第一巻第七章一〇九八b六―七参照。
2　目的因。

づけられ、この働きには個人も家も、近隣社会も都市も、そして個々の王国も達することはできない。この働きが何であるかは、人類全体の最高の潜在能力が明確にされれば明らかとなるであろう。(5)それゆえ、次のように私は主張する。相異なる多数の種により共有されている力が、これらの種のうちどれか或るものの最高の潜在能力であるようなことはない。というのも、最高の潜在能力はまさに種を構成するものであるから、同一の本質が多数の種に固有の本質的特徴ということになり、このようなことは不可能だからである。(6)したがって人間における最高の力が端的な意味での存在それ自体であるようなことはありえない。このような意味での存在は元素によっても分有されているからである。またそれは複合体としての存在でもない。このような存在は鉱物にも見られるからである。またそれは生命としての存在でもない。この存在は植物にもあるからである。そして更にそれは事物を感覚によって把握する存在でもない。このような存在は動物も分有しているからである。むしろ人間における最高の力とは、可能理性[2]によって事物を把握することであり、この力は人間以外のいかなる存在者にも――人間より下位の存在者にも、人間より上位の存在者にも――属さないものである。(7)すなわち、理性を分有する他の存在者[3]は存在していても、この理性は人間の如く可能的なものではない。というのも、この種の存在者はある種の理性的な種であり、これ以外のものではなく、その存在は自己の本質が存在することを認識すること以外の何ものでもないからである。[4*] この理性的認識は中断することがない。そ

2 アリストテレスによれば、或るものを感覚器官により知覚したり理性により認識したりすることは、そのものと同様のものになることを含意している。例えば、青いものを見るとき、青さという感覚的形相が視覚によって受け取られるように、人間を理性によって認識するとき、人間を人間たらしめている普遍的形相が理性によって受け取られる。それゆえ、純粋な可能態にある質料が何らかの形相を受け取ることによって現実態における或るもの（実体）になるように、感覚と理性はそれ自体としては可能態にあり、知覚したり認識したりするもの——感覚の場合は感覚の対象が帯びる感覚的形相、理性の場合は理性的認識により把握される普遍的形相——を受け取ることで現実態として存在するようになる。このように可能態として存在する理性が「可能理性」と呼ばれる。しかしアリストテレスは理性的認識のプロセスが個物の中に含まれる形相と可能理性のみによって説明されうるとは考えなかった。アリストテレスによれば、理性的認識には「能動理性」と呼ばれるもう一つ別の理性が必要であり、能動理性が個物から形相——質料から分離された普遍的形相——を抽出し、この形相を可能理性が帯びるようにさせることにより認識は成立する。アリストテレスは『魂について』第三巻第五章で、自然界における可能態と現実態の区別を理性による認識にも適用し、一方で「すべてのものになりうる」質料的理性——可能態としての質料があらゆる形相を潜在的に帯びうるように、あらゆる形相を潜在的に帯びうる受動的な可能理性——と、他方で「すべてのものを作り出す」能動理性——個物から普遍的形相を取り出し、これを可能理性の中に置く能動理性——を区別した。しかしダンテは「能動理性」には言及していない。

3 天使。質料から分離した思惟的実体である天使の理性は常に顕勢化されている。

うでないと、この存在者が永久に存続するようなことはないだろう。[5] それゆえ明らかなことは、人間の最高の潜在能力は理性的な潜在能力ないし力だということである。(8)そしてこの能力は一人の人間や上述の様々な特殊的社会のいかなるものによっても直ちに全面的に顕勢化されえないことから、人類には多数の人間がいる必要があり、これら多数の人間により、この能力の全体が現実化されるのである。これは、ちょうど第一質料の潜在能力の全体が常に顕勢化されているためには生成可能な多数のものが必要であるのと同様である。もし必要でないとすると、現実態から分離した可能態(潜在能力)が存在することを認めなければならなくなるが、このようなことは不可能である。* (9)アヴェロエスもアリストテレスの『魂について』への註解の中でこの見解に同意している。[6] 私が述べる理性的な潜在能力は普遍的形相ないしは種に関するもの

4　しかし、天使の存在(esse)を認識(intelligere)と同一視する見解は、一二七七年にパリ司教エティエンヌ・タンピエにより断罪されており、トマス・アクィナスも存在と認識の同一性を神にのみ限定していた。この同一視はダキアのボエティウスやブラバンのシゲルスなど一三世紀のラテン・アヴェロエス主義者の見解であり、ここにダンテのアヴェロエス主義を指摘することができる。

5　思惟的実体である天使の理性は常に完全に現実化しているので天使が新しい認識を獲得することはなく、天使の認識には、相互に異なる認識が継起するという意味でのいかなる連続性も存在しない。『天国篇』第二九歌七九―八〇参照。しかし、天使はいかなるものも新たに認識す

6

ることはない、という見解はアヴェロエス主義者のブラバンのシゲルスの見解であり、エティエンヌ・タンピエにより断罪されていた。ここにもダンテのアヴェロエス主義が認められる。また、「この理性的認識は中断することがない」ということは、認識が間断なく存在することと同時に、人間のように感覚を媒介することなく直接的に生起していることを含意する。

この一節をめぐり、ダンテとアヴェロエス主義——特に、単一の可能理性が個々の人間の魂から分離して存在するという見解——の関係が議論されてきた。現在ほぼすべてのダンテ研究者が、ダンテをアヴェロエス主義者とみなす解釈を否定している。事実、単一の可能理性が個々の人間の魂から分離して超越的に存立するという見解は——後述の如く永遠なる可能理性と能動理性に人間の魂が何らかの仕方で結合しているかぎり——ある種の不死性を個々人の魂に認めていると言えても、個々人の理性的魂は個々人の肉体が死滅した後も存続し、現世での言行に対し来世で報酬を受け取ったり罰せられたりするというキリスト教の教説に違背している。可能理性についてのアヴェロエスの見解は個人の理性的魂の不死性を否定するからである。更に、『煉獄篇』第二五歌三七—一〇八でダンテはスタティウスに人間の魂の起源について語らせながら、可能理性を個々の人間から分離させたアヴェロエスの誤りを指摘し、個々の人間が各自に固有の可能理性をもつことを述べている。また『饗宴』第四論考第二一章四—一〇、特に五参照。

アリストテレスの質料的で可能的な理性と能動的な理性については、アリストテレス以降、①可能理性は個々の人間の理性であるのに対して能動理性は個々の人間から分離した永遠なる単一の万人に共通な超越的実体であるとする見解——この場合、能動理性は神ないし神から流出した天上の最下位の思惟的実体と同一視された——、②可能理性と能動理性はともに個々の人間から分離した永遠なる単一の万人に共通な超越的実体であるとする見解、③可能理性と能動理性はともに個々の人間の個別的な理性であるとする見解が存在していた。②がアヴェロエスや一三世紀のアヴェロエス主義者(例えば或る時期のブラバンのシゲルス)の見解であり、③

がトマス・アクィナスによって代表される見解である。トマスは、各々の人間は認識主体が自分自身であることを経験的に知っており、この経験は、認識する個々人の理性が魂の一部分として何らかの仕方で当の個人の（魂を実体的形相とする）肉体と結びつけられていることによってのみ説明可能であることを根拠に、可能理性であれ能動理性であれ、単一の理性が個々の人間から分離して存立することを否定し、分離した単一の理性を認めることは個人の魂の不死性を危うくすると考えた。

ここで問題になるのは、人類の目的を実現するために普遍的帝国が必要であることを説くダンテの論証は単一の可能理性が個々の人間から分離して存立することを主張するアヴェロエス主義を前提としていない、という通説が本当に正しいか否かである。アヴェロエス（のアリストテレス解釈）によれば、感覚と異なり身体器官と結合していない可能理性が個体化され、しかも普遍的形相を受け取ることができる理由は、可能理性が各々の人間ごとに個体化されておらず、単一の理性として各々の人間から分離して存在しているからである。そしてアヴェロエス（のアリストテレス解釈）によれば、理性的認識は、感覚的表象（感覚与件）から能動理性が取り出した普遍的形相を可能理性が受け取り、可能理性が顕勢化、現実化することによって生ずる。感覚的表象は単に潜在的に可能理性に作用を及ぼしうる状態にあるにすぎず、感覚的表象が可能理性に接触すると能動理性により照明され、能動理性が感覚的表象から普遍的形相を抽出して普遍的形相が可能理性により受容されることで理性的認識が生ずる。アヴェロエスによれば能動理性は光のようなもの、可能理性は半透明な表面、感覚的表象は半透明な表面が帯びる色のようなものであり、表面に光があてられることによって初めて表面は色を受け取る。能動理性と可能理性が共に単一であるのに対し、感覚的表象は各々の人間ごとに個別化されており、感覚的表象から取り出される可知的形相は、質料たる可能理性が帯びることになる形相である。したがって個々人はそれぞれ感覚によって知覚するのと同様に、理性によって知的に認識すると言いうるが、或る感覚的知覚が或る人間の感覚的知覚である理由は、感覚的形相を受け取る質料（すなわち感覚器官）が当の人間の質料だからであるのに対し、或る理性的認識が或る人間の理性的認識である理由は、理性的認識の質料が人間の魂から分離した単一の可能理性でありながら、その形相は当の人間の感覚的表象から取り出されるからである。

ダンテによれば人類全体に固有の最高の潜在能力は可能理性によって事物を認識することであり、この知的潜在能力の全体はただ多数の――全人類を構成する多数の――人間によってのみ現実化されうる。多数の人間が存在しなければ、永久に現実化されることのない可能態がありうることになるが、可能態が永久に現実化されないようなことは不可能である。そしてダンテはアヴェロエスに言及した後、知的な潜在能力が思索だけでなく実践的活動にまで及ぶことを述べ、第四章(1)で、可能理性の全潜在能力を常に顕勢化させることが人類に固有の活動であることを結論している。このようなダンテの論証において、可能理性は通説が主張するように個々の人間の可能理性を意味しているのだろうか。ダンテは、全人類を構成する極めて多くの諸個人による認識活動の協働があって初めて可能理性の全体が現実化すると主張しており、可能理性は個々の人間の個別的理性ではなく、個々の人間から分離した単一のアヴェロエス的可能理性であるように思われる。要するにダンテの言葉を素直に解釈すれば、個々の人間の魂から分離した単一の可能理性が存在し、質料のように単に可能態において存在するこの単一の可能理性を個々人の認識活動の協働を通して常に顕勢化させることが人類全体に固有の活動であり人類の目的である、というのがダンテの論旨になる。そしてこの目的を実現するための条件が普遍的平和であり、普遍的平和を実現するための条件が普遍的帝権とされている。

ダンテが可能理性をアヴェロエス的な単一の理性ではなく、例えばトマス・アクィナスのアリストテレス解釈に従って個々人の理性と考えているならば、その主張するところは、極めて多くの人々の可能理性がそれぞれ完全かつ同時に現実化しないかぎりいかなる個人の可能理性も完全かつ同時に現実化することはないということになるが、或る人間が自分の可能理性を完全かつ同時に現実化する能力は、他の非常に多くの人々が各自の可能理性を完全かつ同時に現実であるのみならず、一種の拡張により個物に関するものでもあり、それゆえ思弁的理性は拡張により実践的になるとよく言われるのであり[7*]、この実践的理性の目的が行為することと創作することである[*]。(10) ここで私が言っているのは、政治的思慮により規律される行為、および技能により規律される創作のことであり、これら両者は、「第一の善」である神がそのために人類を創造した最善のものである思索に服している。

化することに依存する、という考え方は不合理だろう。
したがってダンテは『煉獄篇』ではアヴェロエスの可能理性を批判しているのに対し、『帝政論』ではアヴェロエス的可能理性を根拠にして普遍的平和（そして普遍的帝国）の必要性を論じていることになる。通説が主張するように『帝政論』第一巻第一二章(6)がダンテの真正のテキストならば、『帝政論』は『天国篇』第五歌――『天国篇』第五歌が一三一四年以後に書かれたことは確かであり、おそらくそれは一三一六年初期には既に書かれていた――より後に書かれたことになり、おそらく一三一七年頃に書かれたとするのが現代一般的に支持された見解である。それゆえ、『帝政論』と、一三一五年秋に完成した『煉獄篇』との間にそれほど時間的な隔たりがあるわけではなく、したがって、可能理性に関する『煉獄篇』と『帝政論』の相違をダンテの思想の変化として説明することはできない。それゆえこの相違は、ダンテがアヴェロエス的な可能理性を自然理性のみによって認識される哲学的真理として理解し、トマス・アクィナス的な可能理性――個々人の魂の不滅性と矛盾しない可能理性――を啓示による神学的真理として理解していたことによって説明されねばならない。この点でも、神学的真理と哲学的真理を峻別するラテン・アヴェロエス主義的な思想――一種の二重真理説――がダンテには見られる。しかし言うまでもなくダンテは哲学的真理と神学的真理が衝突するときは後

7

者が前者に優位すると考え、キリスト教徒として可能理性が個々の人間の理性であり、個人の理性的魂は不死であると考えていた。アヴェロエス的可能理性を哲学的真理に、トマス的可能理性を神学的真理に振り分ける以上のダンテ解釈は、『饗宴』第四論考第二一章で、可能理性が個々の人間の魂へと神により注入されることをアリストテレスに従った哲学的真理としてダンテが論じていることと齟齬をきたしていると思われるかもしれない。しかし『饗宴』が完成した一三〇七年頃のダンテは、ラテン・アヴェロエス主義の影響を受けながらも、アヴェロエスの可能理性については未だ十分な考察を行なっておらず、植物的魂と動物的魂が既に形成されている生まれたばかりの胎児に神が直接的に可能理性を注入する――したがって個々の人間が可能理性を受け取る――という説を、アリストテレスに従った哲学的真理として認めていたと想定することができる。しかしその後ダンテは一三一五年秋に完成した『煉獄篇』とおそらくは一三一七年頃に書かれた『帝政論』においてアヴェロエスの可能理性論を哲学的真理として認めるに至り、『煉獄篇』においてこの理論を神学的真理としては否定する一方で、『帝政論』においては普遍的帝国の必要性を哲学的真理として理解されたこの理論の上に基礎づけた。

スコラ哲学において一般的に用いられていたこの表現は、一二世紀前半のヴェネーツィアのヤコブスによるアリストテレス『魂について』の最初の羅訳（旧訳）に由来し、その第三巻第九章四三三a一―三の誤解に基づくものと言われている。その後この誤訳は一三世紀のムールベーケのギヨームによる羅訳（新訳）で訂正されている。アリストテレスは「更にまた、或るものを避けたり追求したりすることを理性が命じ、思考が言いつけるときも魂は動かされず、不節制な人の場合のように欲望に従って行動する」と述べているが、ヴェネーツィアのヤコブスは「理性が命じ」という箇所を「理性が拡張され」と誤訳していた。しかし、メールベーケのギヨームの新訳が出て誤りが訂正された後も、ヤコブスの誤訳に基づいて「思弁的理性は拡張により実践的になる」という表現が――ダンテが「よく言われる」と述べているように――しばしば用いられていた。ダンテがこの表現をどこから取り出したかは不明である。

「活発な理性の持ち主は、自然的に他の人々を支配する」というアリストテレスの『政治学』の言葉[8]もこのことにより明らかとなる。

第四章

(1)かくして、可能理性の全潜在能力を常に顕勢化させることが、全体として理解された人類に固有の活動であること、この能力は第一には思索によって、そして第二次的に思索を通じて――思索の拡張により――行為によって顕勢化されるべきことが十分に説明された。(2)そして部分に関してあてはまることは全体に関してもあてはまり、個人が座して安らうことにより個人の思慮と叡知は完全になるのであるから、人類全体も平和の静けさないし安らぎの中で自己に固有の行為――ちょうど「あなたは人を天使より少しく低く造り給うた[1]」とあるようにほとんど神的な行為――を最も自由に、そして最も容易に遂行できることは明らかである。したがって、普遍的平和こそ我々の至福のために定められたものの中で最善のものであることも明白である。(3)それゆえ、高きところから響き渡る声は、司牧者に対し富、快楽、名誉、長寿、健康、強い力、美といったものではなく平和を告げ知らせたのであり、天の軍勢も「いと高きところでは、神に栄光があるように、地の上では、御心にかなう人々に平和があるように」[2]と歌っているのである。(4)更に人間たちの救世主が「あなたたちに平和」[3]と言って挨拶をしたのもこのためであり、至高の救世主にとっては至高の挨拶を述べることがふさわしく、すべての人が確認できるように、彼の弟子たちとパウロも自分たちの挨拶としてこの習慣を保持しようと欲したのである。(5)上で説明されたことから、いかなる途を通じて人類がより良く、否、最良の程度において自己に固有の活動へと達することができるかは明らかである。したがって、我々人間のすべての活動が究極目的としてそれへと向かう目標に至る最も近い途が何であるかが理解された。すなわち普遍的平和であり、普遍的平和が以下に続く論証の原理として措定される。(6)原理を措定することは既に述べたように必須なことであり、論証されるべきすべてのことは、ちょうど前面に掲げられた標識の如く、最も明白なる真理としてこの原理へと立ち返るのである。

8　アリストテレスが正確にこの言葉を述べている箇所は存在しない。しかし『政治学』第一巻第二章一二五二a三一参照。

1　詩篇第八篇六。またヘブル人への手紙第二章七参照。

2　ルカ福音書第二章一四。

3　ルカ福音書第二四章三六、ヨハネ福音書第二〇章二一。

第五章

(1)さて、冒頭で述べられたことに戻れば、[1]より一般的な言葉で「インペリウム」と呼ばれている世俗的君主国については主として三つの疑問点が存在し、これら三つの論点が問題として考察されることになる。前述の如く、これらの問題に関しては、既に触れられた順序に従い、上で確定された原理を基礎として論究を進めていこうと思う。(2)それゆえ第一の問題は、世界が善い状態にあるために世俗的君主国は必要かという問題である。世界が善い状態にあるために世俗的君主国が必要であることは、いかなる理性的論証や権威の力によっても反論されえない仕方で、極めて強力にして明白なる議論により立証することが可能であり、このような議論の第一のものを我々はアリストテレスの権威により彼の『政治学』から引用することができる。(3)この尊敬すべき権威はこの著書の中で、複数のものが一つのものへと秩序づけられている場合には、それらのうちの一者が規律ないし支配すべきであり、他の者は規律され支配されなければならないと主張している。[2]このことはこの著者の栄誉ある名のゆえに正しいと信じられるだけでなく、帰納的な推論によっても正しいことが理解される。(4)例えば、一人の人間を考えてみても、このことが当の人間において生じていることを我々は見るだろう。というのも個人のあらゆる力が幸福へと向けられているが、他のすべての力を規律し支配しているのは理性の力だからである。そうでないと個人は幸福に達することができない。(5)また一つの家を考えてみても、家の目的は家族に善き生活を用意することにあるが、「あらゆる家は最年長者により支配されている」というアリストテレスの言葉にあるように、[3]家にも家父長と呼ばれる者、あるいはこれに相当する地位を占める一人の代理が存在して他の者を規律し支配すべきであり、ホメロスが述べるように、この者にはすべての人を規律し他の者に法を課する任務が属している。[4]「お前の家に同じ地位の者がいればよい」という呪いの諺が存在しているのもこのためである。(6)また一つの近隣社会を考えてみても、その目的は人的および物的に適切な相互援助をすることであるが、この近隣社会にも他の人々を支配する一人の者が存在すべきであり、この者は外部の誰か或る人によって任命されることも、また、他の人々の同意によって近隣社会のメンバーの中から支配者として選ばれること

1 本書第一巻第二章。
2 アリストテレス『政治学』第一巻第五章一二五四a二八、b一六―二一参照。
3 アリストテレス『政治学』第一巻第二章一二五二b二一。
4 ホメロス『オデュッセイア』第九巻一一四のこの一節は、アリストテレス『政治学』第一巻第二章一二五二b二三で引用されている。

もありうる。もしそうでないと、近隣社会の人々は十分な相互援助を達成できないばかりか、ややもすれば、多くの者が支配することを欲して近隣社会全体が崩壊することもありうるのである。(7)また都市についても、都市の目的は善く、そして充足して生活することであるが、このためには唯一の統治体が必要であり、これは正しい政体についてのみならず歪んだ政体についても言えることである。さもないと都市の生活の目的が失われるばかりか、都市自体もそれまでと同じ都市であることを停止してしまう。(8)さて、最後に個々の王国に関しても、王国の目的は都市のそれと同様であり、ただその平和をより確実に保障することにあるが、この王国にも支配し統治する一人の王が存在すべきであり、そうでなければ王国に住む人々は目的に達することができないばかりか、かの誤ることなき真理の教えに「内部で分裂するあらゆる王国は荒廃するだろう」[5]とあるように、王国自体が崩壊してしまう。(9)それゆえ、以上のことが前記の諸事例や、一つの特定の目的へと秩序づけられたあらゆる個物についてあてはまるのであれば、先に提示された主張も真理であることになる。今や、既に示された如く[6]全人類が一つの目的へと秩序づけられていることは確かなのであるから、人類を規律ないし支配する一人の者が存在しなければならず、この一人の者が「君主」あるいは「皇帝」と名付けられるべきなのである。(10)かくして、世界が善い状態にあるために君主国あるいは帝国が存在する必要のあることは明白である。

第六章

(1)部分的秩序は全体的秩序に対し部分が全体に対してあるのと同じ関係にあり、部分は全体に対し目的および最良のものに対するが如き関係にあることから、部分における秩序は全体における秩序に対し、目的および最良のものに対するが如き関係にある。したがって部分的秩序の善は全体的秩序の善を凌駕しえず、むしろその逆であることが帰結する。(2)さて、事物のうちには二つの秩序、すなわち部分相互の秩序と、部分が部分でない何か一つのものに対して有する秩序——例えば軍隊の諸部分相互の秩序と、軍隊の諸部分が指揮官に対し有する秩序——が見出されるがゆえに、諸部分が他の一つのものに対して有する秩序は、この秩序とは別の諸部分相互の秩序の目的であるかぎりにおいてより優れた秩序であり、諸部分相互の秩序はこの秩序のゆえに存在するのであって、この逆ではない。(3)それゆえ、もしこの種の秩序の形相が人間

5 マタイ福音書第一二章二五、ルカ福音書第一一章一七。
6 本書第一巻第三章。

集団の諸部分に見出されるならば、これはより優れた秩序ないし秩序の形相であるから、上述の三段論法[1]により、なおさらのこと人間集団それ自体あるいは人類全体にも存在しているはずである。しかし前章[2]で述べられたことから十分明白なように、この秩序は人間集団のあらゆる部分に見られるのであるから、人間集団全体の中にも見出されなければならない。(4)かくして諸王国内部の前述の[3]あらゆる部分的人間集団、そして諸王国自体も、唯一の支配者ないしは支配のもとに、すなわち君主ないしは君主国のもとに秩序づけられなければならない。

第七章

(1)更に、人類はその諸部分に対しては一つの全体であり、また全体に対しての部分でもある。つまり、既に述べたようにそれは個々の王国や民族に対しては一つの全体であるが、全宇宙に対しては一つの部分である。これは自明なことである。(2)それゆえ、ちょうど人類を構成する下位の諸部分が人類全体に正しく適合しているように、人類もまた宇宙たる全体に「正しく」適合していると言われるのである。そして確かに人類の諸部分は、上述のことから容易に結論できる如く、単一の原理によって人類全体に正しく適合するのであるから、人類全体も単一の原理すなわち一人の支配者によって、*宇宙全体ないし神であり君主である宇宙の支配者と端的に正しく適合するのである。(3)このことから世界が善い状態にあるためには君主国が必要であることが帰結する。

第八章

(1)そして、神たる第一の行為者の意図にかなうものはすべて正しく最良の状態にあり、このことは、神の善が最高の完全性に達していることを否定する人々を除いて、自明なことである。(2)神の意図によれば、あらゆる被造物は自己に固有の本性が受容しうるかぎりで神との類似性を表現すべきであり、これゆえに「人間を我々の似姿として、我々に類似したものとして創造しよう」[1]と言われているのである。この「似姿

1　本章(1)。
2　第五章(4)―(9)。
3　第五章(5)―(8)。
1　創世記第一章二六。

として」という表現は人間より下のものについては言われないとしても、「類似したものとして」という表現はどのようなものについても言えることであり、それというのも宇宙全体は神の善のある種の足跡に他ならないからである。したがって、人類は可能なかぎり神に類似するときに初めて正しく最良の状態にあることになる。(3)しかし、人類が神に最も類似するのは、それが最も統一されているときである。実に、統一の根拠は神のみに存するのであり、このゆえにこそ、「聞け、イスラエルよ。汝の主なる神は一なり」[2]と書かれているのである。(4)しかし、人類が最高の程度において一つになるのは人類全体が一つに結合された場合であり、これが可能なのは人類が全体として唯一の支配者に服する場合を除いてありえない。これは明白なことである。(5)それゆえ、唯一の支配者に服している人類こそ最も神に類似したものであり、したがって神の意図に最もかなっていることになる。そしてこのことが、この章の冒頭で立証されたように、人類が正しく最良の状態にあることなのである。

第九章

(1)そしてまた、あらゆる子は、彼自身の性格が許すかぎりにおいて完全なる父の足跡を模倣するとき、正しく最良の状態にある。人類は天の子、そのすべての活働においてこの上なく完全な天の子である。というのも『自然学』第二巻にあるように、[1]人間と太陽が人間を生み出すからである。それゆえ人類は、己れの性格が許すかぎりにおいて天の足跡を模倣するとき、最良の状態にある。(2)そして、人間理性が哲学的思索によって極めて明白に理解したように、天全体はそのあらゆる部分、諸運動、諸動者が唯一の運動すなわち原動天の運動と、神たる唯一の動者により支配されているのであるから、[2*]もし我々の推論が正しければ、人類も、その諸動者と諸運動が唯一の原

2　申命記第六章四、マルコ福音書第一二章二九。

1　アリストテレス『自然学』第二巻第二章一九四b一三。受胎のプロセスと、神による胎児への理性的魂の注入については『煉獄篇』第二五歌三七―七五参照。

2　原動天（Primum Mobile）は地球のまわりを一日で回る九つの天体のうち、八つの天体（月天、水星天、金星天、太陽天、火星天、木星天、土星天、恒星天）の外側にある透明で地球からは見えない天体であり、八つの天体は原動天によって動かされ、原動天自体は更に上位にある神の居所たる至高天（caelum Emphyreum）によって動かされる。Primum Mobile は「最初に動かされる者」という意味であり、原動天を動かす至高天にいる神は第一の不動の動者（動かす者）である。またダンテによれば、質料から分離した純粋形相である天使（純粋な思惟体）は三つの位階に区別され、各々の位階は更に三つの等級に区別される――したがって天使は九つの階級に区別される――が、九つの天体は九つの天使の階級に対応し、原動天は最上級の天使であるセラピム（熾天使）たちにより統制されている。

動者としての一人の君主および唯一の運動としての一つの法により支配されるとき、最良の状態にあることになる。(3)それゆえ、世界が善い状態にあるためには、君主国ないし「インペリウム」と呼ばれる唯一の支配が必要であることは明らかである。ボエティウスも嘆息しながらこのような考え方を次のように表現している。

おお、幸いなる人類よ、
もし天を統べる愛が
汝らの心をも統べるならば。[3]

第一〇章

(1)そして、紛争が起こりうるところには裁決が存在しなければならない。さもないと不完全なものが存在し、これを完全なものにする適切な手段が存在しないことになるが、このようなことは、神と自然が必須なる事柄に関していかなる欠陥も残しておかないことを考えればありえないことである。(2)さて、一方が他方に服してはいないあらゆる両君主間には、それが君主自身の過誤からであろうと、臣下のそれからであろうと、紛争の可能性が存在していることは明らかであり、したがってこのような者たちの間には裁決が存在しなければならない。(3)そして、どちらも他方に服従してはいないのであるから、どちらも他方を裁くことができず――同位者は他の同位者に対し支配権を有してはいないからである――、それゆえ、両者を自己の法的権限において支配するより広範囲な裁治権を持った第三者が存在しなければならない。(4)さて、この第三者は最高君主であるかそうでないかであるが、もし最高君主であれば問題は解決する。最高君主でないとすれば、更にこの第三者は自己の裁治権の範囲を越えたところに同位者を有することになり、再び他の第三者が必要となるであろう。(5)このように、事は無限に進行していくことになるが、このようなことは不可能である。となると、すべての紛争がその者の裁決によって間接ないし直接に収められるような第一にして至高の裁決者に行きつかねばならず、これが最高君主ないし皇帝ということになるだろう。かくして君主国が世界にとり必要だということになる。(6)それゆえ、アリストテレスが「存在するものは悪しく規律されることを欲さない。しかし多数の支配権が存在することは悪である。それゆえ支配者は唯一でなければならない」[4]と述

3 『哲学の慰め』第二部第八の詩二八―三〇。

べたのも、上述のことと同じ趣旨なのである。

第一一章

(1)更に、世界は正義がその中で最も強力であるときに最善の仕方で秩序づけられる。それゆえウェルギリウスも彼の時代に始まると思われた世を祝おうとして、『牧歌』の中でこう歌った。

今や乙女は帰還し、帰来するはサトゥルヌスの支配。[1]

すなわち「乙女」とは「アストラエア」とも呼ばれた正義の呼び名であり、「サトゥルヌスの支配」は「黄金の」時代とも呼ばれた最良の時代の呼び名であった。(2)そして正義は君主のもとにおいてのみ最も強力である。それゆえ世界の最善の秩序のために君主国あるいは帝国が存在する必要がある。さて、(3)小前提[2]をより明確にするためには次のことを知るべきである。すなわち、正義をそれ自体において、そして固有の本性において考えれば、それはどちらの側へ逸れることも受けつけないある種の真っすぐな正しさないし規則であり、したがって多少というものを受け容れず、ちょうど抽象的に考えられた白色の如きものである。(4)確かにこのようなある種の形相が存在し、これらは複合体の構成要素になりえても、それ自体としては単純で不変の本質として存在しており、これは六原理の教師[3*]が正当に述べているとおりである。しかし、この種の性質はその多少を、この性質がその中で具体的な形態をとる主体の側から受けるのであり、これは主体の中にこの性質と反対のものが多くあるいは少なく混合しているかによる。(5)それゆえ性向[4]に関しても活動に関しても、正義の反対物が最も少

4　アリストテレス『形而上学』第一二巻第一〇章一〇七六a五。アリストテレスはここでホメロス『イリアス』第二巻二〇四を引用しているが、アリストテレスが言及しているのは世界君主ではなく不動の動者である。

1　ウェルギリウス『牧歌』第四歌六。『煉獄篇』第二二歌七〇—七二参照。

2　三段論法の大前提は「世界は正義がその中で最も強力であるときに最善の仕方で秩序づけられる」、小前提は「正義は君主のもとにおいてのみ最も強力である」、結論は「世界の最善の秩序のために君主国あるいは帝国が存在する必要がある」。本章は小前提が真であることを証明する。

3　「六原理の教師」はアリストテレス『カテゴリー論』への註解『六原理の書』を著わした一二世紀の逸名作者。この著作は誤ってポワティエ司教ギルベルトゥス・ポレタヌスに帰せられていた。

なく混合しているところで正義は最も強力であり、アリストテレスも言うように、まさにこのときに正義について「ヘスペルスもルキフェルもこれほど賞讃に値いしはしない」[5]と言えるのである。確かに正義はこの場合、茜色に染まる朝焼けの晴朗な空の中、天空の対極に兄を見つめるポイベーに似ている。[6] (6)ところで、性向に関して言えば、正義はしばしばその反対物を意志の中に有している。というのも、意志があらゆる欲望から免れていないところでは、たとえ正義が内在していても、それは純粋性の全き輝きにおいて存在するのではなく、たとえ僅かであっても正義に何らかの意味で抵抗する主体に内在するからである。例えば裁判官を感情的に刺激しようとする者が正当に遠ざけられるのもこの理由による。(7)また活動に関して言うならば、正義の反対物は力に関係している。すなわち、正義は他人に対する徳であるから、各人に各人のものを配分する力なしに人はいかにして正義に従って活動できるだろうか。このことから、正しき者がより強力であればあるほど、正義も彼の活動の中でより大きくなることは明白である。

(8)かくして以上の説明を基礎として、次のように論証することができる。この世で正義が最強になるのは、正義が最も強い意志と最も強い力を有する主体に内在したときである。君主のみがこのような主体である。それゆえ、正義はただ君主のみに内在したとき、この世で最強となる。(9)この前三段論法[7]は内在的否定を伴う*第二格の形式で展開し、[8]「あらゆるBはAである。CのみがAである。それゆえ、CのみがBである」という推論、すなわち、「あらゆるBはAである。C以外のいかなるものもAではない。それゆえ、C以外のいかなるものもBではない」という推論に似ている。[9]

(10)さて、第一の前提命題は前述の説明から明らかであり、第二の前提命題は先ず意志に

4 ハビトゥス(habitus)。アリストテレスの「ヘクシス」(hexis)のラテン語訳。特定の状況に置かれたときに一定の仕方で行動しようとする、後天的に獲得された性向や習性や態度を意味する。正義の性向は本章(6)で、正義の活動は本章(7)で説明される。

5 アリストテレス『ニコマコス倫理学』第五巻第一章一一二九b二八-二九。この表現はエウリピデスの失われた悲劇『メラニッペ』からの断片に見られる。ヘスペルスとルキフェルはそれぞれ宵の明星と暁の明星(ともに金星)を意味する。

6 ポイベー(ディアナ)は月、その兄は太陽を意味する。

7 前三段論法(prosillogismus)は主要な(principalis)三段論法の小前提を証明するための三段論法である。主要な三段論法は本章の冒頭で提示されており、その大前提は「世界は正義がその中で最も強力であるときに最善の仕方で秩序づけられる」、小前提は「正義は君主のもとにおいてのみ最も強力である」、結論は「世界の最善の秩序のために君主国あるいは帝国が存在する必要がある」である。大前提は明白に真であるのに対し、小前提は明白に真であるとは言えないので証明されなければならない。本章はこの小前提を結論として導出する妥当な前三段論法を提示し、主要な三段論法の結論を導出する。

関して、次に力に関して次のような仕方で証明されうる。(11)前者の点を明らかにするためには、正義に最も対立するのは欲望であることに注意すべきであり、これは『ニコマコス倫理学』第五巻でアリストテレスも指摘しているとおりである。[10]欲望が完全に除去されれば、正義に反対するものも存在しなくなり、法律によって決めることができるものは決して裁判官に委ねるべきでないと哲学者が述べているのもこのゆえである。[11]つまりこれは、人間精神を容易に歪める欲望への恐れからそのようにしなければならないということである。それゆえ、欲望の対象となりうるものが存在しないところには、欲望も存在しえない。感情の対象が除去されれば、感情そのものも存在しえなくなるからである。(12)しかし、君主は欲望の対象となりうるものを持たない。つまり、君主の裁治権は大洋のみを限界とするからであり、このようなことは、例えばカスティリャ王の支配領域がアラゴン王のそれと境を接する如く、支配領域が他者の支配領域により限界づけられている他の君侯にはあてはまらない。このことから、君主こそ死すべき者たちの中で正義の最も純粋な主体たりうることが帰結する。(13)更に、ちょうど欲望が、たとえそれが僅かであっても何かの仕方で正義への性向を曇らせるように、慈愛ないし正しき愛は正義を鋭くし輝かせる。それゆえ、正義は正しき愛が最も強い程度において内在しうる者の中に最も強力な居所を有しうるのであり、君主

8 三段論法は前提中の媒辞――二つの前提中の小名辞（結論の主語となる名辞）と大名辞（結論の述語となる名辞）を媒介して結論を導出する役割を果たすが、結論の中には現われない名辞――の位置によって第一格（媒辞が二つの前提の一方において主語、他方において述語である場合）、第二格（媒辞が二つの前提において述語である場合）、そして第三格（媒辞が二つの前提において主語である場合）に区別される。「あらゆるBはAである。CのみがAである。それゆえ、CのみがBである」という推論の媒辞Aは二つの前提において述語であるから、この推論は第二格の三段論法であり、「あらゆるBはAである。C以外のいかなるものもAではない。それゆえ、C以外のいかなるものもBではない」という推論も同様である。「内在的否定（negatio intrinseca）を伴う」ということは、上記二つの推論の小前提中の主語である小名辞Cが、「Cのみが（solum C）」あるいは「C以外のいかなるものも（nullum preter C）」というように限定的ないし排他的（すなわち否定的）な言葉を伴い、Cに相当する「君主」（Monarcha）という語の定義の中に否定的要素が内在的に含意されていることを意味する。ダンテは〈solum〉に代えて〈nullum preter〉という言葉を用いて、第二格の三段論法に特徴的な否定的要素を強調している。

9 「あらゆるBはAである」は「この世で正義が最強になるのは、正義が最も強い意志と最も強い力を有する主体に内在したときである」に対応し、「CのみがAである」あるいは「C以外のいかなるものもAではない」は「君主のみがこのような主体である」に対応し、「それゆえ、CのみがBである」あるいは「それゆえ、C以外のいかなるものもBではない」は「それゆえ、正義はただ君主のみに内在したとき、この世で最強となる」に対応する。

10 アリストテレス『ニコマコス倫理学』第五巻第一章一一二九a三二―b一〇、第二章一一三〇a一六―三二。

11 アリストテレス『修辞学』第一巻第一章一三五四b二―一三参照。

こそこのような者である。したがって、君主が存在することにより正義は最強であり、あるいは最強でありうることになる。(14) ところで、正しき愛が上述のことを引き起こすことは、次のように推論することができる。つまり欲望は、人間がそれ自体において有する本性*を軽蔑して他のものを追求するのに対し、慈愛は、他のすべてを軽蔑して神と人間を、したがって人間の善を追求する。そして上述の如く、人間にとって善なるすべてのもののうち最も重要な善は平和に生きることであり、これを最高かつ最強に実現するのは正義なのであるから、慈愛こそ正義に最も強く活力を与え、慈愛が強ければ強いほど、正義もより強力になるだろう。(15) そして他のどのような人間にもまして正しき愛が君主に最も強く内在すべきことは、次のことから明らかである。すなわち、愛されるものはすべて愛するものに近ければ近いほど強く愛されるのであるが、人々は他の君侯よりもいっそう君主に近く*、したがって君主によって最も強く愛されるし、愛されるべきなのである。上記の第一の前提[12]は、受動者と能動者の性格を考察すれば明らかなことであり、第二の前提[13]は次のこと、つまり人々は君主以外の君侯に対しては単にその諸部分が君侯に近いにすぎないのに対し、君主に対してはその全体において近いことから明らかである。(16) しかも、人々が他の君侯の近くにあるのは君主を通じてであり、この逆ではない。したがって万人に対する配慮は第一に、そして直接的には君主に属しており、他の君侯は単に君主を介して万人を配慮するにすぎない。人々に対する君侯たちの配慮は、君主の至高の配慮に由来するからである。(17)更に原因は普遍的であればあるほど、よりいっそう原因としての性格を有している。つまり『原因について』[14*]で述べられていることから明らかなように、下位の原因は上位の原因を通じてでなければ原因たりえないからである。そして原因はよりいっそう原因であればあるほど、より強く結果を愛する。というのも、このような愛は原因自体に付随しているからである。(18)したがって既述のように君主以外の君侯は君主を通じてのみ原因でありうるのであるから、死すべき者たちの中で君主こそ人類が善く生きることの最も普遍的な原因であり、それゆえ、このことから人類の善も君主により最高の程度において愛されることが帰結する。[15](19)この「君主《モナルカ》」という言葉

12　「愛されるものはすべて愛するものに近ければ近いほど強く愛される」。
13　「人々は他の君侯よりもいっそう君主に近い」。
14　『原因について』(Liber de causis)。一一六七年と一一八四年の間にトレドでクレモーナのゲラルドによりアラビア語からラテン語に訳された著者不明の書。新プラトン主義思想を中世に伝えた。ダンテがここで言及しているのは『原因について』の冒頭にある次の一節である。「あらゆる第一原因はその結果に対し普遍的な第二原因よりも強い影響を及ぼす。それゆえ、普遍的な第二原因がその影響力を或るものから取り除いても、普遍的な第一原因がその影響力を当のものから取り去ることはない。その理由は、普遍的な第一原因に引き続く普遍的な第二原因

がその結果に作用を及ぼす前に普遍的な第一原因は当の第二原因の結果に作用を及ぼしているからである。それゆえ、第一原因に引き続く第二原因が結果を生み出すとき、この第二原因の作用が当の第二原因の上位にある第一原因の作用を停止させるようなことはない。そして第二原因がそれに引き続く結果から切り離されても、第二原因の上位にある第一原因は第二原因の原因であるから、第一原因も当の結果から切り離されるようなことはない。…それゆえ今や明白で明確なことは、遠因たる第一原因は或るものの近接原因より多くを包含し、当のもののより強い原因だということである。そしてこのことのゆえに、第一原因の作用は近接原因の作用より当のものに強く接着していることになる。この理由は、当のものは何よりも先ず遠因の影響力の下にあり、その後で初めて第一原因の下位にある第二原因の影響力に服するからに他ならない。そして第一原因は第二原因の作用を助ける。というのも第二原因が及ぼすすべての作用を第一原因もまた及ぼすからである。しかし第一原因は第二原因とは別の仕方で、すなわちより強く、より優れた仕方で作用を及ぼすのである。そして第二原因がその結果から取り除かれても、第一原因が当の結果から取り除かれることはない。なぜならば第一原因は、或るものの第二原因より密に、より強く当のものに接着しているからである。また第二原因の結果はただ第一原因の力を通じてのみ第二原因に結びつけられている。これは次の理由による。すなわち、第二原因が或るものを生み出すとき、第二原因の上位にある第一原因は自らの力によって当のものへと流入し、このゆえに強い接着力によって当のものに接着し、そのものを固持するからである。それゆえ今や次のことは明白にして明確である。すなわち遠因は、これに引き続く近接因よりも強い仕方で或るものの原因であり、また遠因は自らの力を当のものへと流入させ、当のものを固持し、近接因が当のものから分離しても自らは当のものから分離することがない。反対に、既に示され説明されたことによれば、遠因は当のものに留まり、強い接着力によって当のものに接着しているのである」(第一章一―一八)。

本巻第一四章(4)―(7)では、君主は万人にあてはまる共通の事項に関してのみ人類を統治し、個々の王国や都市は君主の一般的な法律を各々の地域の歴史的地理的特性に適合させ、その地域に固有の特殊な法律を制定しなければならない、という趣旨の主張が為されている。しかし普遍的な君主と人々の間に各地域に固有の君侯や統治者が介在するのであれば、なぜ本章(15)で人々は君侯よりも君主に近いと言われているのだろうか。本章(15)―(17)はその理由を述べている。ダンテは「愛されるものはすべて愛するものに近ければ近いほど強く愛される」(大前提)、そして「人々は他の君侯よりもいっそう君主に近い」(小前提)から「人々は君主によって最も強く愛される」(結論)を導出する三段論法を構成し、大前提を能動と受動に関するアリストテレスの自然学上の原則、或るものが他のものへと作用を及ぼすためには両者は直接的にせよ間接的にせよ接触していなければならないという原則に基づかせている。そして更に、人々は君侯より君主にいっそう近いという小前提は二つの根拠によって立証されている。すなわち一つの根拠は、君主の権力は万人に及ぶのに対し下位の諸君侯の権力は各君侯の統治に服する人々にしか及ばないということであり、もう一つの根拠は、人々は君主の意志によることなくしては他の君侯に近づけない――すなわち服従しえない――ということであり、ダンテによる『原因について』への言及が示唆しているように、万人を支配する君主が政治権力の第一原因であるのに対し、諸君侯は言わば君主の道具たる第二原因にすぎないということである。したがって、或るものの第一原因が当のものの近接原因より強く当のものと接着しているように、君主は他の君侯より強い愛着をもって万人の善を配慮する。「万人に対する配慮は第一に、そして直接的には君主に属しており、他の君侯は単に君主を介して万人を配慮するにすぎない」。『原因について』の著者が述べているように「普遍的な第一原因に引き続く普遍的な第二原因がその結果に作用を及ぼす前に普遍的な第一原因は当の第二原因の結果に作用を及ぼしている」からである。それゆえ、万人に対して君主が最も近いことは、君主が地上における全政治権力の――個々の君侯がそれに参与し、それを分有するところの全政治権力の――「普遍的な第一原因」であり、卓越した原因であるという意味で理解されなければならない。

を理解しえない者以外に、君主が正義を最も強力に活動させることのできる存在であることを誰が疑うだろうか。というのも、もし単一の最高君主であれば、彼が敵を有することなどありえないからである。(20)かくして主要な三段論法の小前提は十分に論証された。結論、すなわち世界が最善に秩序づけられるために君主国の存在が必要であることは明白である。

第一二章

(1)そして、人類が最良の状態にあるのは、人類が最も自由なときである。(2)このことは、自由の原理が明らかになれば明白となるであろう。それゆえ、我々の自由の第一原理が自由な選択*にあることを知るべきである。[1] 多くの人々はこの自由な選択につき語るが、これを正しく理解する者は少ない。確かに彼らは自由な選択とは意志に関する事柄における自由な判断であるとまでは述べており、彼らの言うことは正しいが、この言葉により意味されている内容を彼らが理解しているとはとても言えない。これは、ちょうど我々の論理学者たちが、例えば「三角形は二直角に等しい三つの角を有する」というような、論理学書で例として挙げられているいくつかの命題について常日頃行なっていることに似ている。(3)それゆえ私は、判断は知覚と欲求の中間にあるものであると主張する。すなわち、最初に事物が知覚され、その後に知覚された事物が善ないし悪と判断され、最後に判断者はそれを追い求めたり斥けたりするのである。[2](4)したがって、もし判断が全面的に欲求を動かし、いかなる仕方においても欲求により先んじられていないときに、それは自由である。逆にもし判断が何らかの仕方で先行する欲求により動かされるのであれば、それは自由ではありえない。というのも、判断は自ら作動するのではなく、他のものに捕えられて動かされるからである。(5)動物が自由な判断を有しえないのもこのことによる。動物の判断には常に欲求が先行しているからである。そしてまたこのことから、不変的な意志を有する思惟的実体[3*]も、また同様に、祝福されこの世を去った肉体から分離した人間の魂も、その意志の不変性のゆえに自由意志を失うわけではなく、むしろ最も完全で最も強い程度においてそれを保持していることは明らかである。

(6)以上のことが理解されれば、次のことも明らかと言えるだろう。この自由、ない

1 ダンテの自由意志論は『煉獄篇』第一六歌―一八歌で展開されている。
2 行為の三段階に関するより詳しい説明は『煉獄篇』第一八歌一九―七五参照。
3 天使。

し我々の全自由の根源は――私が『神曲』の天国篇で既に述べた如く[4]*――神により人間本性に与えられた最大の贈物なのである。というのも、我々は現世においてこの自由により人間として幸福を享受し、来世ではこの自由により神々として幸福を享受するからである。[5] (7)もしそうであるならば、人類が最良の状態にあるのは、この自由の根源を最大限に享受できるときであると考えない人がいるだろうか。(8)さて、最大限に自由なのは君主のもとに在る人間である。それゆえ、アリストテレスが『形而上学』で述べているように、[6]「他のもののためでなく自己自身のために存在する」者が自由であることを知るべきである。他のもののために存在する者は、それがそのために存在する他のものにより、手段が目的により強いられる如く強いられているからである。(9)人類は君主が統治している場合にのみ他のもののためにではなく自分自身のために存在する。というのも、人類を奴隷状態へと閉じ込める歪んだ諸政体――すなわち民主政、寡頭政そして僭主政――は、[7]これらすべての政体を検討した者に明らかな如く、君主が統治する場合にのみ正されるからであり、この場合にのみ、諸王や、「最良の者たち」[8]と呼ばれる貴族、そして、人民の自由の熱愛者たちは正しく統治することができるからである。* すなわち、既に見た如く君主は人間たちを最も強く愛するがゆえに万人が善い人間になることを望むのであり、これは歪んだ統治を行なう者のもとではありえないことである。(10) このことからアリストテレスも『政治学』で、善き歪んだ政体においては善き人間は悪しき市民であり、逆に正しい政体においては善き

4 『天国篇』第五歌一九―二四。ダンテによる『天国篇』のこの箇所の引照は『帝政論』が書かれた時期を特定する重要な手掛りになっている。かつてこの引照をダンテ自身あるいは写本者が後に加筆したものとみなす見解が存在したが、現在ではこの引照が当初から『帝政論』の中にあったことを多くの研究者が認めている。したがって、『天国篇』第五歌が一三一六年初期に書かれたことを前提とすれば、『帝政論』は一三一六年初期からダンテが死去した一三二一年の間に書かれたことになり、更に、一部の研究者が想定するように『帝政論』がダンテのパトロンであったヴェローナのカン・グランデ・デッラ・スカーラを支持する目的で書かれたのであれば、それは一三一七年か一三一八年に書かれたと推定される。これは次のように説明されている。一三一七年三月、ローマ教皇ヨハネス二二世は教令 Si fratrum において、帝国が空位のとき帝権はローマ教皇に移行し、いかなる者も皇帝代理として帝権を行使しえないことを宣言した。一三一一年三月に皇帝ハインリヒ七世によりヴェローナの皇帝代理に任命されていたカン・グランデは、一三一三年八月のハインリヒ死後、帝国が空位になったときもヴェローナにおける自らの権限を擁護するために Si fratrum を論駁し、教皇は帝国に対しいかなる世俗的権力をも行使しえないことを論証する必要があった。この要請に応えて書かれたのが当時カン・グランデの宮廷にいたダンテの『帝政論』であった。

5 祝福された人間を意味する。『詩篇』八二篇六参照。

6 『形而上学』第一巻第二章九八二b二五―二六。

7 アリストテレス『政治学』第三巻第七章参照。

8 貴族は〈optimates〉(最良の者たち)と言われる。

人間と善き市民とが合致すると述べている。[9] そしてかくの如き正しい政体は自由を目的とし、人間たちが自己自身のために存在することを目的としている。[11] すなわち市民が執政官のために存在したり、人民が王のために存在したりするのではなく、逆に執政官が市民のために、そして王が人民のために存在するのである。というのも、政体が法のために定められるのではなく、むしろ法が政体のために定められるのと同様、法に従って生活する人々が立法者のために存在するのではなく、後者が前者のために存在するからである。これは当該の問題につきアリストテレスが我々に残している著作の中[10]で彼が述べているとおりである。[12] それゆえ、執政官や王は手段に関しては他人の主人であるが目的に関しては他人の奉仕者であることは明らかであり、このことは、疑いもなく万人の奉仕者と考えられるべき君主についても特にあてはまることである。更にこのことから、立法に際して君主が自分にあらかじめ定められた目的に拘束されることも理解されうるだろう。[13] それゆえ、人類は君主のもとに存在するとき最良の状態にあるのであり、世界が善い状態にあるために君主が必要なこともここから帰結する。

第一三章

(1)更に、支配することへと最善の仕方で秩序づけられうる者こそ、他者を最善の仕方で秩序づけることができる。というのも、行為者が自然的必然によって行為しようと意志によって行為しようと、あらゆる行為において行為者が第一に目指すのは、自己と類似したものを更に生み出していくことだからである。それゆえあらゆる行為者はまさに行為者であるかぎりにおいて、自分の行為に喜びを感ずることになる。(2)なぜならば、存在するものはすべて自己の存在を欲求し、行為により行為者の存在は何らかの意味で増大するがゆえに――そして喜びは欲求の対象と常に結びついているので――必然的にそこから喜びが生ずるからである。(3)それゆえいかなるものも、行為の作用を受けるものへと伝達されるはずの性格を既に有していないかぎり行為することはない。それゆえアリストテレスは『形而上学』において「可能態から現実態へと変化するものはすべて既に現実態においてそのようなものとして存在しているものによってそのように変化させられる」[1]と述べており、或るものがこれと異なる仕方で行

9 『政治学』にこの言葉は存在しないが、第三巻第四章でこの問題が考察されている。
10 『政治学』第四巻第一章一二八九a一三―一五参照。
1 『形而上学』第九巻第八章一〇四九b二四―二七。

為しようと試みても、その試みは無益である。(4) したがって、善いことを話しながら悪しきことを行ない、それでも他人を生活と行動に関し教化しようと考える人々の誤りを打ち砕くことができる。彼らはヤコブの手は嘘いつわりを信じ込ませようとし、その言葉は真実を告げ知らせていたにもかかわらず、ヤコブの手がその言葉より説得力のあったことに気づいていないのである。[2] それゆえ、アリストテレスも『ニコマコス倫理学』で「情念や行為に属する事柄においては、言葉は行動ほどには信ずるに値いしない」[3] と述べている。(5) また同様に、罪人ダヴィデに対する天上よりの「あなたは何の権利があって私の定めを述べるのか」[4] との問いかけも、およそ次のことを、すなわち「あなた自身があなたの語ることと異なるかぎり、あなたは無益に語っている」ことを言っているのである。それゆえ、以上のことから結論されるのは、他の人々を最善の仕方で秩序づけようと欲する者は、この者自身が既に最善の仕方で秩序づけられていなければならないことである。(6) しかし、支配することへと最善の仕方で秩序づけられうる存在者は君主のみである。このことは次のようにして明らかにすることができる。すなわち、どのような存在者であれ、それが一定の性向および一定の活動へとより容易に、そしてより完全に秩序づけられるのは、当の存在者の中でこのような秩序づけに抵抗するものがより少ないときである。したがって、哲学に関して嘗て一度も教えを受けたことのない者たちのほうが、長い間教えを受けて誤った見解を教え込まれた者たちに比べて、より容易に、そしてより完全に哲学的真理への性向を身につけるのである。それゆえ正当にもガレノスは「後者のような者たちは知識を獲得するために二倍の時間を必要とする」[5]と述べている。(7)ところで既に示された如く、君主は欲望へのいかなる機会も持つことがありえず、あるいは少なくとも、死すべき人間の中でこのような機会を持つことが最も少ない存在者であり、このことは他の君侯にはあてはまらない。そして欲望というものがそれ自体で判断を誤らせ、正義を妨げる唯一のものであるとすれば、絶対的に、あるいは最高の程度において支配へと善く秩序づけられうるのは君主である、という結論になる。というのも、あらゆる人々の中で君主こそ最も強い程度において判断力と正義を有しうるからである。判断力と正義という二つの特性は、かの極めて聖なる王の証言にあるように、何よりも先ず法律の制定者と執行者にふさわしい。この聖なる王は、王と王の子にとってふさ

2 『創世記』第二七章一―四五。イサクはヤコブの声ではなく、ヤコブが自分をエサウと思わせるために山羊の皮をつけた手の方を信じた。
3 『ニコマコス倫理学』第一〇巻第一章一一七二a三四―三五。
4 詩篇第五〇篇一六。
5 ガレノス『認識し治療すべき魂の病について』(De cognoscendis curandisque animi morbis) 一〇。

わしいものを神に願い出たとき、「神よ、あなたの判断力を王に与え、あなたの正義を王の子に与えてください」[6]と述べていた。(8) それゆえ、小前提において、君主のみが支配することへと最善の仕方で秩序づけられうる存在者であると言われるとき、それは正しいことを述べているのである。かくして、君主のみが他の人々を最善の仕方で秩序づけることができる。そしてこのことから、世界を最善の仕方で秩序づけるためには君主国が必要である、という帰結が生ずる。

第一四章

(1) さて、一つのものによって為されうることは、複数のものによるよりも当の一つのものによって為されるほうがよい。このことは、次のように説明できる。Aというものがあり、或ることがこの一つのものにより為されうるとしよう。そして、同じようにそのことを為しうる複数のものAとBがあるとする。それゆえ、AとBにより為される同じことがAだけによって為されうるならば、この場合Bの追加によって何も生じないのであるから、Bは無益に追加されていることになる。Bが追加される以前に、同じことはAだけによっても為されえたからである。(2) そして、この種の追加はすべて役に立たず無益であり、無益なものはすべて神と自然の好まざるところであり、また自ずから明らかな如く、神と自然が好まざるものはすべて悪なるがゆえに、もし或ることが一つのものによって為されうるのであれば、複数のものによって為されるよりも一つのものによって為されるほうがより善いばかりでなく、それが一つのものによって為されることは善であり、複数のものによって為されることは端的に悪であることが帰結する。(3)更に事物は、それが最善の状態に近ければ近いほどより善いと言われており、目的というものは最善の状態たる性格を有している。ところが、一つのものによって為されるということは、目的にそれだけより近いことであり、[1]それゆえ、より善いことになる。それが目的により近いということは、次の如く明白である。すなわち、目的をCとし、一つのものによって為されるということをAとし、複数のものによって為されるということをAとBとしよう。Bを通ってAからCへと至る途は、Aから直接Cへと至る途より長いことは明らかである。(4)ところで、人類は君主たる一人の至高の支配者により統治されうる。この点については、確かに次のことに注意しなければならない。すなわち、「人類は一人の至高の支配者によって統治され

6 詩篇第七二篇一。王はダヴィデ、王の子はソロモン。

1 不要なものを伴わずに、より直接的に目的に達するという意味で、目的により近い。

うる」と言われるとき、これは各々の都市の非常に細かなことに関する決定でさえ一人の君主から直接的に発せられうる、という意味で理解されてはならない。もっとも、都市の法律も時として欠陥を含み、『ニコマコス倫理学』第五巻で[2]「衡平」（エピエイケイア）を推賞しているアリストテレスの言葉から明らかなように、このような法律が矯正を必要とすることはあるだろう。(5)しかしもろもろの民族や王国そして都市はそれぞれ固有の特性を有しており、これらは異なった法律によって規律される必要がある。法律は生活を導く規則だからである。(6)確かに、第七の気候圏[3]の外に生きており、昼と夜の長さの非常に大きな差異に苦しみ、ほとんど耐えることが不可能な極寒に悩まされているスキュティア人と、赤道直下の地域に住み、夜の暗闇と同じ長さの昼の光を常に有し、大気の過度の熱さゆえに衣服をまとうことのできないガラマンテス人は、それぞれ異なった仕方で規律されなければならない。[4*] (7)しかし、次のように理解する必要がある。すなわち、人類は、万人にあてはまる共通の事項に関しては至高の君主により統治され、共通の規則により平和へと向かって統治されねばならないということである。そしてこの規則ないし法律を、個々の君侯たちは至高の君主から受け取らなければならない。これはちょうど、行為に関する結論を引き出すために実践的理性が思弁的理性から大前提となる命題を受け取り、自らに固有な特殊な命題を小前提としてこの大前提の下に添えることによって、行為に関する結論を個別的に導出するのと同様である。(8)そして、このことは唯一人の人間にとって可能であるというだけでなく、普遍的原則に関するすべての混乱が取り除かれるように、むしろ唯一人の人間によって行なわれる必要がある。(9)モーセ自身、律法の中でそう書いているように、[5]彼が行なったこともこのようなことであった。モーセは、イスラエルの子らの部族の中から長たちを選んだとき、さして重要でない事項に関する裁定はこれら長たちの手に委ね、より一般的でより重要な事項に関する裁定は自分一人に留保したのであり、長たちは自分の部族に対し、より一般的な事項に関するモーセの裁定をそれぞれの部族にふさわしい仕方で具体的に適用したのである。(10)それゆえ、人類は複数の者によって支配されるよりも、一人の者、すなわち唯一の支配者たる君主によっ

2 『ニコマコス倫理学』第五巻第一〇章一一三七a三一―一一三八a二。
3 プトレマイオスや中世の地理学者は気候の観点から北半球を、赤道から北極圏まで七つの地帯に区別した。これに対して南半球はその全体が大洋で被われているか、少なくとも人間の住めない領域と考えられていた。
4 スキュティア人は北極圏（黒海の北、カスピ海の北東）に住み、ガラマンテス人は赤道直下（北アフリカのリビアの南西地域）に住むと考えられていた。
5 出エジプト記第一八章一三―二六、申命記第一章九―一八参照。

て支配されるほうが善い。そして神は常により善いことを欲するがゆえに、より善いこととは、すなわち神にとってより受容可能なことである。そして二つの選択肢だけの間では、より善いことは最も善いことと同じであるから、「一人の者」と「複数の者」のうち、「一人の者」のほうが神にとってより受容可能というだけでなく、最も受容可能なものであるという結論になる。(11)それゆえ、人類は一人の者により支配されるときに最も善い状態にあることが帰結し、かくして、世界が善い状態にあるために君主国が必要であるということになる。

第一五章

(1)同じく私は、「存在」と「一」と「善」[1]は、「より先の」という言葉の第五の意味において[2]段階的な関係にあると主張する。というのも、「存在」は本性上「一」に先立ち、「一」は「善」に先立つからである。すなわち、最高の程度において存在するものは、最高の程度において一なるものであり、最高の程度において一なるものは最高の程度において善なるものである。そして、或るものが最高の程度における存在から遠ざかれば、それだけそのものは一なることから遠ざかり、その結果、善なることからも遠ざかることになる。(2)それゆえ、アリストテレスが『形而上学』で述べているように、[3]あらゆる種類の事物において、最善のものは最高の程度において一なるものである。したがって、一なることは善なることの根源であり、多数であることは悪なることの根源であると考えられることになり、このような理由で、『形而上学』第一巻において明らかなように、[4]ピュタゴラスは相関関係についての彼の議論の中で「一」を善の側に置き、複数を悪の側に置いたのである。(3)以上のことから、罪を犯すことは「一」を軽蔑して多数へと進むことに他ならないことが理解される。『詩篇』の作者が「穀物とぶどう酒と油の収益によってそれらは数多くなっていった」[5]と

1 スコラ哲学において「存在」、「一」、「善」はアリストテレスの一〇個のカテゴリーを超越した一般的概念とされていた。

2 アリストテレスは『カテゴリー論』第一二章で「より先であること」を五種類に区別し、第五の意味として何らかの仕方で他のものの実在の原因であるものは本性上、より先のものであると述べている(一四b一〇—一二)。

3 『形而上学』第一〇巻第二章一〇五三b二〇—二八、一〇五四a九—一三参照。

4 『形而上学』第一巻第五章九八五b二四—二五、九八六a二四—三〇。

5 詩篇第四篇八。この引用の趣旨は明らかでない。詩篇第四篇三—八の文脈から推察すると、神の光が一なることと物質的財が多数であることが対比され、真理が一なることと誤謬が多数の形態をとることが対比されていると理解される。

述べたときに意図していたこともこのことである。(4)それゆえ善なるすべてのものは、それが「一」に基づくがゆえに善であることが明確になった。そして和合は、それがまさに和合であるかぎりにおいて善きものであるから、これも固有の根源としての何らかの「一」に基づいていることが明らかである。(5)そして、和合の本質ないし定義が把握されれば、この和合の根源の何たるかも明らかになるだろう。和合とはすなわち複数の意志が同じ形で運動することである。そしてこの定義から、同じ形の運動として理解されうる意志の統一が和合の根源であり、もしくは和合そのものであることが明らかである。(6)すなわち、数多くの土塊がすべて世界の中心へと一緒に落下することから、そして、数多くの焔がすべて世界の周辺へと上昇することから[6]、仮にこれらの土塊や焔が意図的にこのことを行なったとすれば、我々はこれらの土塊や焔のことを「和合している」と言いうるだろう。これと同様に我々は、同時に数多くの人間が——土塊の中に形相として内在する同一の性質すなわち重さや、焔の中に形相として内在する同じ一の性質すなわち軽さのように——各自の意志の中に形相として内在する同じ一つのものへと向かって自由意志により同時に動くとき、我々はこれらの人間のことを「和合している(心を同じくしている)」と言うのである。(7)というのも、意志の力はある種の可能態であるが、把握された善の形質が意志の力の形相だからである。

そして、この形相は、他の諸形相と同様にそれ自体においては一なるものであるが、この形相を受け取る質料の多様性に応じて多様化される。例えば魂や数、その他質料と共に複合体を形成する諸形相がそうであるように。

(8)我々の目的にとって採用されるべき命題を解明するために以上のことがあらかじめ提示されたからには、次のように議論できるだろう。あらゆる和合は意志の中にある統一性に依存する。最善の状態にある人類は一種の和合である。なぜならば、魂に関しても肉体に関しても最善の状態にある個人がある種の和合であるように、家や都市や王国についても同様のことが言え、かくして全人類についても同様だからである。それゆえ最善の状態にある人類は、意志の中にある統一性に依存していることになる。

(9)しかしこのことは、他のあらゆる意志を一つのものへと向かって支配し規律する単一の意志が存在しないかぎり不可能である。というのも、アリストテレスが『ニコマコス倫理学』の最終章で教えているように[7]、死すべき人間の意志は、若者のように魅惑的な快楽に屈するがゆえに指導を必要とするからである。また、この意志は万人の

6 火は地球と月の間の火炎界へと向かう。アリストテレス『天体論』第四章一―四、三〇七b二八―三一二a二一参照。

7 『ニコマコス倫理学』第一〇巻第九章一一七九b三一―一一八〇a二四。

上に一人の君主がいないかぎり、すなわち、その意志が他のすべての意志を支配し規律できるような一人の君主がいないかぎり、単一の意志とはなりえない。(10)かくして、以上の推論の帰結[8]がすべて正しければ——実際に正しいのであるが——、人類が最善の状態にあるためには世界全体に一人の君主が存在しなければならず、したがって、世界全体が善い状態にあるためには君主国が存在しなければならない。

第一六章

(1)記憶すべき経験上の出来事が、上で提示されたすべての論拠を立証している。すなわち、神の子が人間の救済のために自ら人間の本性を身に引き受けようとしたときに待ち望んだか、彼が欲したときに彼自らそれを用意した、[1]かの死すべき人間の状態のことである。なぜならば、我々が邪な路を辿る分岐点となった最初の祖先の堕落以降、人間たちが置かれた境遇と時代を回想してみると、世界が至るところにおいて平和であったのは、完全なる君主国が存在していた神的なる君主アウグストゥスの治世以外には見あたらないからである。(2)このとき、人類[2]が普遍的な平和の静けさの中で幸福な状態にあったことについてはあらゆる歴史家や著名な詩人たちがこれを記しており、そして更にはキリストの温良さについて記録した者[3]もこれを証言しておく価値のあるものと考えた。そして最後にパウロもこの最も幸福な状態を「時の充満」と呼んだ。[4]確かにこのとき時は充満し、現世のすべての事物が充満の状態にあった。というのも我々の幸福に奉仕するいかなる職務も、これに仕える者の欠けることがなかったからである。(3)しかし、かの縫い目のない衣*が貪欲の爪によって引き裂かれてからというもの、[5]この地上がどのような状態に陥ったかを我々は書物を読んで知る

8 本章の結論だけでなく、第一巻第五章から第一四章で論証されたすべての結論。

1 キリストは人間世界が自分の生誕にふさわしい状態になるのを待ったか、それとも自らそのような状態を創り出したかのいずれかである。ダンテはここでは二つの可能性を指摘するだけであるが、第二巻で事実は後者であったことを主張する。神はキリスト生誕にふさわしい時と場所を選んだだけでなく、人間世界の中にそのような理想的状態を生み出したのである。またダンテ『饗宴』第四論考第五章三―九参照。

2 特にパウルス・オロシウスは、キリスト誕生とアウグストゥス治世下の平和が時を同じくしていることに重要な意義を認めていた。『異教徒に反駁する歴史』第三巻八および第六巻二二参照。

3 福音史家ルカ。ルカ福音書第二章一参照。ルカは平和について述べていないが、聖書註釈者たちは、全世界が平和でなかったならば、アウグストゥスは全世界の人口調査を命ずる勅令を出せなかったと想定した。

4 ガラテヤ人への手紙第四章四。

ことができるが、願わくはこのような状態を目のあたりにしたくはないものである。

(4)ああ、人類よ、汝は沢山の頭を持った野獣となり、[6]相反したことどもを追い求めている間に、どれほど多くの嵐と惨禍、どれほど多くの難破に見舞われねばならないことか。(5)汝は両方の理性[7]において病んでおり、感情においても同じように病んでいる。すなわち汝は、逆らいがたい原理によって上位の理性を癒すことをせず、経験的な見識によって下位の理性を癒すこともなく、そしてまた「見よ、兄弟が和合して共におるのはいかに麗しく楽しいことであろう」[8]という言葉が聖霊の喇叭によって汝に鳴り響くとき、神の勧告の甘美さによって感情を癒そうともしないからである。

5 ヨハネ福音書第一九章二三。キリストの縫い目のない衣は帝国の統一性を象徴し、衣が引き裂かれたことは、コンスタンティヌス帝がローマ帝国の西方の領域をローマ教皇に寄進したことを意味する。「コンスタンティヌス帝の寄進状」については、中世を通じてその歴史的信憑性を疑う者、信憑性は認めてもその法的効力を否認する者がいたが、一五世紀になりロレンツォ・ヴァッラにより偽書であることが証明された。本書第三巻第一〇章(1)註1参照。

6 ヨハネの黙示録第一二章三および第一七章三参照。

7 思弁的理性と実践的理性。

8 詩篇第一三三篇一。

第二巻

第一章

(1)「なにゆえ、もろもろの国びとは騒ぎたち、もろもろの民はむなしいことをたくらむのか。地のもろもろの王は立ち構え、もろもろのつかさは共に謀り、主とその油そそがれた者に逆らう。彼らの枷をこわし、彼らの軛を我らから取り除こう」。[1*]

(2)我々は、原因の把握へと達していないときには新奇な結果について驚嘆するのが常であるように、ひとたび原因を知ったときは、依然として驚嘆し続けるような人々を言わばある種の嘲弄をもって軽蔑する。嘗ては私自身も、ローマ人民が何の抵抗にもあうことなく全世界の支配者となったことに驚いたものである。というのも、私は単に表面的に観察しただけでローマ人民は法によってではなくただ武器の力だけでこれを成就したにすぎないと信じていたからである。[2] (3)しかし、私が心の眼差しをものごとの内奥にまで突き通し、これが神の摂理の業であったことを極めて説得的な徴によって知ったのちは私の驚きは消え去り、むしろある種の嘲弄を伴った軽蔑の念が湧き起こった。なぜならば、様々な民族がローマ人民の優越性に反対してざわめき騒ぐことを私は知ったからであり、また、嘗て私もよく行なっていたように人々がむなしいことを思いめぐらすのを目の当たりにし、これに加えて王や君侯が、自分たちの主であり油を塗られた者であるローマの君主に敵対するという点でのみ一致団結していることを嘆かわしいと思うからである。* (4) このことのゆえに私は嘲笑をもって、しかしまた僅かばかりの悲しみをもって、栄誉ある人民とカエサルのために、天の君主のために叫んだ者と一緒に「なにゆえ、もろもろの国びとは騒ぎたち、もろもろの民はむなしいことをたくらむのか。地のもろもろの王は立ち構え、もろもろのつかさは共に謀り、主とその油そそがれた者に逆らう」と叫ぶことができるのである。(5) しかし、自然な愛は嘲笑が長く続くことを許すことなく、むしろ、日の出に早朝の霧を蹴散らして明るく輝き渡る夏の太陽のように嘲笑を消し去り、むしろ矯正の光をそそぎたいと望むものである。それゆえ私はこのような王や君侯の無知の枷を打ち砕き、* 人類が

1 詩篇第二篇一―三。ダンテは「彼らの枷」と「彼らの軛」の「彼ら」を、「もろもろの王」と「もろもろのつかさ」と解釈している。しかしこの一節の通常の解釈によれば、「彼らの枷をこわし、彼らの軛を我らから取り除こう」と言っているのは「もろもろの王」と「もろもろのつかさ」であり、「彼らの枷」と「彼らの軛」の「彼ら」は、「主とその油そそがれた者」である。

2 『饗宴』第四論考第四章八―一二参照。既にダンテは一三〇四年に書き始められ、一三〇七年にその第四論考が完成したと想定される『饗宴』の第四論考第四章八―一二でローマの支配権を神の摂理によって正当化していた。それ以前のダンテは、ローマの支配は侵略的な力による征服に基づくというアウグスティヌス的な見解をとっていた。

彼らの軛から自由であることを示すために、至聖なる預言者の引き続く言葉、すなわち「彼らの枷をこわし、彼らの軛を我らから取り除こう」を自分の言葉とし、預言者と一緒に、絶えず勇気を奮い起こすだろう。(6)確かにこれら二つのことは、もし私が目下の企ての第二部を完成し、今問題になっていることについて真理を示せば、十分に成し遂げられるだろう。というのも、ローマ帝国が法にかなった正当なものであったことが示されることにより、自分たちが統治の操舵を簒奪しているにもかかわらず、ローマ人民がこれを簒奪したと誤って信じている王*や君侯の目から無知の霧が拭い去られるだけでなく、あらゆる人間がこのような簒奪者たちの軛から自分たちが自由であることを自覚するからである。(7)この問題に関する真理は人間理性の光によるだけでなく、神的権威の照明によっても明らかにされうる。これら二つが符合するときは、天と地は共に同意しなければならない。(8)それゆえ、既に述べた信頼[3]に支えられ、そして理性と権威の証言を信頼して、私は第二の問題の解決に着手することにする。

第二章

(1)主題となる事柄がそれを許容するかぎりにおいて第一の問題に関する真理を十分

に論究したのちに、今や第二の問題に関する真理について論究する時が来た。すなわち、ローマ人民は法にかなった仕方で正当に帝国の威厳を自分たちのものにしたのか、という問題である。この論究の第一段階は、目下の論究の論拠がそれに固有の原理としてそれへと立ち返るような真理とは何かを見ることである。(2)それゆえ、技というものが三つの段階において、すなわち職人の精神、道具、そして技によって形が与えられる素材において見出されるように、我々が自然を三つの段階において観察できることを理解しなければならない。というのも、自然は神たる第一の動者の精神の中に存在し、次いで天体の中に、すなわち永遠なる善の類似物がそれを通じて流動的な質料の中へと拡げられていく道具としての天体の中に存在するからである。*(3)そして、完全な職人が存在し道具が最善な状態にあるとき、作品の形に欠陥が生じたならば、それはただ素材にのみ帰せられるべきであるが、これと同様に、神は至高の完全性に達しており、神の道具たる天体にも、天体について我々が哲学的に考察することから明らかなように、然るべき完全性のいかなる欠如も見られないのであるから、地上の事物の中にあるどのような欠陥も、その基礎にある質料に由来する欠陥であり、*自然

3　本書第一巻第一章(6)参照。

を創った神と天体の意図に反するものである。また、地上の事物の中に見られるなどのような善も、単なる可能態として存在するにすぎない当の質料から由来することはありえないのであるから、第一次的には創り主たる神から由来し、第二次的に神の技の道具で一般的に「自然」と呼ばれている天体から由来する、ということになる。(4)以上述べたことから今や明らかなのは、法は善なるものであるから先ずは神の精神の中に存在しているということである。そして、「創られたものは神の中で命であった」[1]という言葉に従って、神の精神の中に存在するものはすべて神であり、神は自分自身を最も強く欲求するのであるから、法は神の中に存在するものとして神により欲求されていることが帰結する。そして、神においては意志と欲求されたものは同一であるから、更に、神の意志は法それ自体であることが帰結する。(5)そしてまた以上のことから、様々な被造物に見出される法は神の意志の類似物に他ならないことが帰結する。それゆえ、神の意志に合致しないものは何であれ法それ自体ではありえず、神の意志に合致したすべてのものは法それ自体だということになる。(6)したがって、或ることが法にかなった仕方で正当に行なわれたか否かを問うことは、言葉づかいは異なるが、それが神の欲求することに従って行なわれたかを問うことに他ならない。それゆえ、次のことを前提にしてよいだろう。すなわち、神が人間社会に関して欲することは真なる法、純粋な法とみなされるべきだということである。(7)更に次のことを想起すべきである。アリストテレスが『ニコマコス倫理学』第一巻で教示しているように、[2]確実なことをあらゆる事柄において同じように探究すべきではなく、主題となる事柄の本性が許すかぎりでこれを探究すべきだということである。それゆえ、我々の論証は、もし明白な徴と賢者たちの権威によってかの栄誉あるローマ人民の権利が探究されるのであれば、既に見出された原理を基礎として十分に的確な仕方で進行することになる。(8)確かに神の意志はそれ自体では不可見であるが、神について不可見な事柄は、「被造物を通して理解されることで、明らかに認められる」[3]からである。すなわち、実在する印判が隠されているとき、この印判が刻み込まれた蠟は、印判が隠されていてもこの印判について明白な知識を与えてくれる。[4]人間の意志でさえ、意志する者の外部では徴による以外には知ることができないのであるから、神の意志が徴を通じて探求されるべきだとしても驚くにあたらない。

1 ヨハネ福音書第一章三―四。ダンテは三と四をひとまとめにして表現している。
2 『ニコマコス倫理学』第一巻第三章一〇九四b二三―二五および第七章一〇九八a二五―二八参照。
3 ローマ人への手紙第一章二〇。
4 『天国篇』第七歌六七―六九、同第八歌一二七―一二九、同第一三歌六七―六九参照。

第三章

(1)それゆえ、目下の問題に関して私は次のように主張する。ローマ人民は略奪によらず法にかなった仕方で、「インペリウム」と呼ばれる万人に対して君主たる職務を正当に自らのものにしたのであると。(2)確かにこのことは先ず次のようにして証明される。最も高貴なる人民にとっては、他のすべての人民に優越することがふさわしかった。ローマ人民は最も高貴なる人民であった。それゆえローマ人民にとっては、他のすべての人民に優越することがふさわしかった。(3)この推論の大前提は理性によって証明される。というのも、名誉は徳への報酬であり、[1] あらゆる優越は名誉であることから、あらゆる優越は徳への報酬だからである。しかし、人間は徳の報いとして、すなわち自分自身あるいは祖先の徳の報いとしてより高貴なものになることは確かである。(4)というのも、アリストテレスが『政治学』[2]において述べているところによれば高貴さとは徳であり古の富だからであり、またユウェナリスに従えば、

魂の高貴さが唯一無二の徳である[3]

からである。[*] これら二つの言明は二種類の高貴さに言及している。すなわち、個人自身の高貴さと祖先の高貴さである。それゆえ高貴な人々には、その高貴さの理由を根拠として[4]優越性の報酬が認められてしかるべきである。(5)そして「あなたがたの量るその量りで、自分にも量り与えられるであろう」という福音書の言葉[5]にあるとおり、報酬は功績によって量られるべきであるから、最も高貴な者にとっては最も優越することがふさわしいことになる。(6)次に小前提の正しさに関しては、古の人々の証言がこれを説得的に物語っている。すなわち、我らが詩聖ウェルギリウスは『アエネイス』の全篇を通じて、最も名誉ある王アエネアスがローマ人の父であったことを永久に人々の記憶にとどめるべく証言しているからである。そしてこのことは、ローマ人

1 アリストテレス『ニコマコス倫理学』第四巻第三章一一二三b三五参照。
2 『政治学』第四巻第八章一二九四a二一―二二。『饗宴』第四論考第三章六―八では、高貴さを古の富とするフリードリヒ二世の定義が論じられている。
3 ユウェナリス『風刺詩集』八・二〇。
4 高貴さの「理由」は徳であり、徳を「根拠」として優越性の報酬が認められるのであれば、高貴さは優越性の根拠である。
5 マタイ福音書第七章二、ルカ福音書第六章三八。

の偉業の卓越せる記録者ティトゥス・リウィウスも、トロイアの占領から始まる彼の書物の最初の部分で同じように証言している。[6] (7)しかし、無敵にして極めて敬虔なるこの父がどれほど高貴な人間であったかを、彼自身の徳のみならず彼の祖先と妻たち――両者の高貴な性格は相続法によって彼自身へと合流した――の徳をも考慮に入れて説明することなど私にはできないだろう。むしろ「私は事実の主要な足跡を辿ることにする」[7]。

(8)それゆえ彼自身の高貴さに関しては我らが詩人の言葉に耳を傾けるべきである。詩人は第一歌でイリオネウスを登場させ、次のように語らせている。

我らにはアエネアス王がおられました。その敬虔さにおいて彼より正しき者は他になく、戦いと武器において彼を凌ぐ者はいませんでした。[8]

(9)同じく第六歌における詩人の言葉に耳を傾けるべきである。ここで詩人は、戦場においてヘクトルの従者であり、ヘクトルの死後はアエネアスに従者として身を捧げた死者ミセヌスについて語るときに、――アリストテレスが避けるべき行状につき論じた『ニコマコス倫理学』の一節で言及しているように、[9]――ホメロスが他のあらゆる人々にまして頌徳したヘクトルをアエネアスと比較しながら、当のミセヌスは「より劣った者に付き従おうとはしなかった」[10]と語っている。(10)他方で彼の遺伝的な高貴さに関して言えば、三つの部分から成る世界[11]の各部分が、彼の妻たちと彼の祖先の双方を通じて彼を高貴にしたことが理解される。というのもアジアは、アジアの一地域であるプリュギアを支配していたアッサラクスその他の人々のようなより近親の祖先たちを通して彼を高貴な者にしたからであり、それゆえ我らが詩人は第三歌で、

アジアの国とプリアムスの罪なき人民が滅びるように
天上の神々が定めたのちは、[12]……

6　『ローマ建国史』第一巻第一章一一。
7　ウェルギリウス『アエネイス』第一歌三四二。
8　『アエネイス』第一歌五四四―五四五。
9　『ニコマコス倫理学』第七巻第一章一一四五a二〇―二三。また『地獄篇』第一一歌七九―八三参照。
10　『アエネイス』第六歌一七〇。
11　世界をアジア、ヨーロッパそしてアフリカに区別することは、オロシウス『異教徒に反駁する歴史』第一巻一に見られる。
12　『アエネイス』第三歌一―二。

と語っているのである。(11)これに対しヨーロッパは往昔の父なる先祖すなわちダルダヌスを通じて、そしてまたアフリカも太古の母なる先祖、すなわち高名なる王アトラスから生まれたエレクトラを通じて彼を高貴な者にした。これは、我らが詩人が第八歌でこれら両者について証言しているとおりである。そこでアエネアスはエウアンドルスに次のように述べている。

イリウム(トロイア)の都の始祖にして建設者たるダルダヌスは、
ギリシア人の語る如くアトラスの娘エレクトラから生まれ、
テウクリ人のところに移ってきた。
エレクトラを産んだのは天球を肩で支える偉大なアトラスである。[13]

(12)ダルダヌスがヨーロッパの生まれであったことを我らが預言者[14]は第三歌で次のように語りながら歌い上げている。

ギリシア人がヘスペリアという名で呼んでいる地がある。
それは太古の土地で、武力と肥沃な土壌のゆえに強力。

そこには嘗てオエノトリ人が住んでいた。噂に聞けば、現今、その子孫は
自分たちの指導者の名にちなんでこの民の国をイタリアと呼んでいるという。
この土地こそ我らの住処、ダルダヌスはここで生まれた。[15]

(13)確かにアトラスがアフリカから来たことを、彼の名で呼ばれているこの地の山が証言している。オロシウスは世界に関する彼の記述の中で、この山がアフリカに存在することを次のように語っている。「その最果てはアトラス山であり、人々がフォルトゥナタエと呼ぶ島々である」[16]と。ここで「その」というのは「アフリカの」ということである。というのも彼は当のアフリカについて語っていたからである。(14)同様に私はアエネアスが婚姻によって高貴な者になったことを見出す。なぜならばプリアムス王の娘であった彼の最初の妻クレウサは、上で述べられたことから既に知られるようにアジア出身だったからである。そして彼女が彼の妻であったことを我らが詩人は

13 『アエネイス』第八歌一三四—一三七。
14 ウェルギリウス。
15 『アエネイス』第三歌一六三—一六七。
16 パウルス・オロシウス『異教徒に反駁する歴史』第一巻二。アトラス山はアフリカ北西部に位置し、フォルトゥナ島はマディラ島とカナリア諸島のこと。

第三歌で証言している。この箇所でアンドロマケはアスカニウスの父アエネアスに、彼の息子アスカニウスのことを次のように尋ねている。

トロイアが既に煙に包まれていたときクレウサがあなたとの間に生んでいた男の子アスカニウスはどうしていますか。生き延びて大気を呼吸しているのでしょうか。[17]

(15) 彼の二番目の妻は、アフリカのカルタゴ人の女王で母たるディドであった。彼女が彼の妻であったことは同じく我らが詩人が第四歌で歌い上げている。というのも、詩人はディドについて次のように語っているからである。

最早ディドは人目を忍ぶ恋の想いに耽ることはない。
彼女はそれを婚姻と呼び、この呼び名で罪を覆い隠す。[18]

(16) 三番目の妻は、もし最終歌における我らが詩人の証言が正しければ、アルバ人とローマ人の母で王ラティヌスの娘であると同時に王の相続人であったラウィニアである。この箇所で詩人はアエネアスに嘆願する敗北したトゥルヌスを次のような言葉で詩の中に登場させている。

汝は勝利した。敗れた者が掌を差し伸べるのを
アウソニアの人々は見届けた。ラウィニアは汝の妻である。[19]

(17)この最後の妻はヨーロッパの中で最も高貴な地域であるイタリアの出身であった。小前提を支持するものとして以上の諸事実が確認されたからには、ローマ人民の父が、したがってローマ人民それ自体が世界で最も高貴な存在であることを未だ十分に納得しない者がいるだろうか。また、世界のあらゆる部分から二重の血筋[20]が一人の男へと

17 『アエネイス』第三歌三三九―三四〇。『アエネイス』の未完の詩行のうち、唯一の意味不明な箇所。ダンテは原句の中断箇所の後に「煙に包まれていたときクレウサが…生んでいた」(peperit fumante Creusa)という語句を付加している。しかし、アスカニウスはトロイア陥落以前に生まれていたので(『アエネイス』第二歌五六三―七二四参照)、ダンテのこの付加は不適切である。
18 『アエネイス』第四歌一七一―一七二。
19 『アエネイス』第一二歌九三六―九三七。
20 祖先からの血筋と妻たちからの血筋。

合流したことに神の預定を読み取らない者がいるだろうか。

第四章

(1) 更にまた、奇蹟の助けによって自らの完成へともたらされるものは神により意図されたものであり、それゆえそれは法にかなって正当に生じたものである。そして、これが真であることは次の理由からして明らかである。すなわち、トマスが『反異教徒大全』の第三巻で述べているように[1]、事物の間に通常打ち建てられた秩序の外で神の介入により生じることが奇蹟だからである。(2) このことからトマスは奇蹟を行なえるのは神だけであることを証明しており、これはモーセの権威によって確証されている。ぶよの災いがふりかかったとき、ファラオの魔術師たちが自然の諸原理を巧みに利用して自分たちもぶよを出そうとしてもそれができず、「これは神の指だ」と言ったとされる箇所がそうである。[2] (3) したがって、もし奇蹟というものが――トマス自ら上で引用された著作の中で十分に立証しているように[3]――第二の動力因の協働を伴わない第一原因の直接的な業であるならば、或る者を寵愛する趣旨で奇蹟が示されたとき、このように寵愛を受けた者は神を悦ばす者として神により定められたのではない、と主張するのは瀆神的なことである。(4)それゆえ、この主張とは反対のことを認めるのが敬神的ということになる。ところで、ローマ帝国は自らの完成へと向かって奇蹟による同意に鼓舞されていたのであり、それゆえ神によって望まれていた。したがって帝国は法にかなった正当なものであったし、今もそうなのである。(5)更にローマ帝国を完成させるために神が奇蹟を示したことは有名な著者たちの証言により確証されている。すなわち、ローマ人民の二代目の王ヌマ・ポンピリウスの治世下に、ヌマが異教の儀式に従って犠牲を捧げていたとき、神により選ばれた都市に天から聖楯が降下したことをリウィウスが彼の著書の最初の部分で証言している。[4] (6)ルカヌスも『パルサリア』の第九巻でこの奇蹟を想い起こし、リビアが受けた南風の信じがたい力をそこで叙述しながら次のように語っている。

嘗て犠牲を捧げていたヌマのもとに落下し、

1　トマス・アクィナス『反異教徒大全』第三巻一〇一―一〇二。
2　出エジプト記第八章一二―一五。
3　『反異教徒大全』第三巻九九参照。
4　『ローマ建国史』第一巻第二〇章四、また同第五巻第五四章七参照。

選ばれし若者たちがパトリキの頸にかけて担うかの楯は
確かにこのようなものだった。南風が、あるいは北風が、
今は我々のものである聖楯を持っていた民からそれらを奪い去ったのである。[5]

(7)そして、ガリア人が都市ローマの他の部分を既に略取し、夜の闇を頼りに、密かにカピトリウム——ローマという名の最終的な消滅へと向かって唯一残存していたカピトリウム——に登ったとき、以前にはそこで見たこともない鵞鳥がガリア人の近づいたことを鳴いて知らせ、カピトリウムを守るように見張りを起き上がらせたことは、リウィウスや数多くの有名な著述家が一致して証言している。[6] (8)我らが詩人ウェルギリウスも、第八歌でアエネアスの楯について述べる際にこの出来事を想い起こしている。詩人は次のように歌っている。

楯の上部にはタルペイウスの砦の見張り人マンリウスが
神殿を前にして立ち、高く聳えるカピトリウムの番をしていた。
未だ新しい王館の屋根は、葺き直されたばかりのロムルスの藁で逆立っていた。
そしてこの場所で一羽の銀の鵞鳥が黄金の柱廊を飛び回りながら

ガリア人たちが門に来ていることを鳴いて知らせていた。[7]

(9)そしてハンニバルの包囲によってローマの高貴さがかくも失墜し、カルタゴ人が都市に攻め入りさえすればローマの国が最終的に滅亡したであろうとき、突如として耐えがたいほど激しい雹が降り勝利者を混乱に陥れ、カルタゴ人は勝利を全うできなかった。このことはリウィウスがポエニ戦争で起こったその他様々な出来事と共に書き記している。[8] (10)そしてポルセンナがローマを攻囲したとき、捕虜となった一人の女性クロエリアが鎖を断ち切り、神の驚くべき援助に支えられてテーヴェレ川を泳いで渡ったことをほとんどすべてのローマの史家が彼女を讃えるために想い起こしているが、[9] 彼女が川を渡れたことは奇蹟ではなかっただろうか。(11)かくして、永遠にすべて

5　ルカヌス『パルサリア(内乱)』第九巻四七七―四八〇。
6　リウィウス『ローマ建国史』第五巻第四七章四―五、アウグスティヌス『神の国』第二章二二、第三章八、パウルス・オロシウス『異教徒に反駁する歴史』第四巻一七参照。
7　『アエネイス』第八歌六五二―六五六。
8　『ローマ建国史』第二六巻第一一章一―三参照。
9　リウィウス『ローマ建国史』第二巻第一三章六―一一、パウルス・オロシウス『異教徒に反駁する歴史』第二巻五参照。

のものを美しい秩序のもとに配慮した者[10]にとって次のような仕方で行動したことは、全くもってふさわしいことであった。すなわちこの者は、自らが可見的であったときに[11]不可見なもののために奇蹟を行なったように、自らが未だ不可見であったとき[12]は可見的なもののために奇蹟を行なわなければならなかったのである。

第五章

(1)更に、国家の善を志す者はすべて法の目的を志す者である。一方が他方から必然的に帰結することは次のようにして証明される。法とは事物と人をめぐる人間と人間との関係であり、*この関係が維持されれば人間の社会も存続し、この関係が破壊されれば人間の社会も破壊される。これに対して『学説彙纂』にある定義[1]は何が法であるかを述べておらず、法という言葉がどのように使用されているかを知ることでそれを説明しているにすぎない。(2)それゆえ、もし我々の定義が法が「何であるか」と「なぜ存在しているのか」を正当にも包含しており、あらゆる社会の目的が社会成員の共通善にあるならば、あらゆる法の目的も共通善でなければならないことになる。そして、共通善を志さないような法は存在しえない。それゆえキケロは正当にも『発想論』で法律は常に国家の利益になるように解釈されねばならないと述べている。[2](3)もし法律が、法律に服する人々の利益へと向けられていなければ、それは単に名前の上だけで法律であるにすぎず、本当の法律ではありえない。というのも法律は共通の利益のために人々を相互に結びつけなければならないからである。それゆえセネカが「四つの徳について」[3]の中で「法は人間社会を結び合わせるものである」と述べるとき、彼は法について正しく語っている。(4)したがって、国家の善を志す者は誰でも法

10　神。

11　子（第二のペルソナ）が受肉して人間キリストとなったとき。神は可見的な人間キリストとなり、不可見なもの、すなわち天の王国を説くために奇蹟を行なった。

12　受肉以前。神は受肉して人間キリストになる以前は、可見的なもの、すなわちローマ帝国のために奇蹟を行なった。

1　『学説彙纂』一・一・一の冒頭。「法を学ぶ者は研究を始めるにあたって ius という言葉が何から派生したかを先ず知らなければならない。それは iustitia から派生した言葉である。というのもケルススが適正に定義しているように、法（ius）は善と衡平の術だからである」。ダンテは『饗宴』第四論考第九章八でケルススの定義を引用している。

2　『発想論』第一章三八。ダンテは〈De inventione〉ではなく〈Prima rethorica〉という表現を用いている。

3　『四つの徳について』（De quatuor virtutibus）はセネカの著作ではなく、六世紀ポルトガルのブラガ大司教ドゥミオのマルティヌスの著作とされている。

の目的を志していることは明らかである。かくして、ローマ人民が国家の善を志していたならば、彼らが法の目的を志していたと言うことも真だろう。(5)ところでローマ人民が世界を征服した際に上述の善を志していたことは、彼らの偉業が物語っている。この偉業を見れば、この寛仁にして栄光ある聖なる人民は国家にとって常に有害なあらゆる貪欲を捨て去り、自由と普遍的平和を愛することにより、人類の幸福のために公の利益を配慮すべく自己の私益を顧みなかったことが分かる。それゆえ「ローマの帝国は仁慈の泉から生まれ出る」[*4]と正当にも書かれているのである。

(6)しかし、自由な選択によって行為するすべての者たちの意図については、意図する本人以外にとっては外的徴表による他にいかなるものも明らかでないことから、そ

4　同様の表現はダンテが一三一〇年の九月ないし一〇月にイタリアの諸侯と人民に宛てて書いた第五書簡三にも見られる。「しかし、彼（皇帝ハインリヒ七世）は誰にも憐憫の情を抱くことがないのだろうか。否、彼は哀願するすべての者を同情をもって許すだろう。彼はカエサルであり、彼の威厳（maiestas）は仁慈の泉から流れ出るからである」。コンスタンティヌス大帝とローマ司教シルウェステル一世に関する伝説に由来すると思われるこの表現は、四世紀末から五世紀中葉にかけて成立した『聖シルウェステル伝』に見られ（「ローマ帝国の威信（dignitas）は仁慈の泉から生まれ出る」）、更に一三世紀に書かれたヤコブス・デ・ウォラギネの『黄金伝説』第一二章「聖シルウェステルについて」二にも登場している（「ローマ人民の威信は仁慈

の泉から生まれ出る」)。前者の『聖シルウェステル伝』は『聖人殉教者受難物語(Passionale)』の中に含まれており、一二月三一日の聖シルウェステルの祭日に読み上げられていた。ダンテは『黄金伝説』を通じて、あるいはそうでなければ『聖人殉教者受難物語』ないしその抄本を通じて聖シルウェステルの伝説を知っていたと思われるが、これと類似の表現は一二世紀にサン・ドニ修道院長シュジェが書いたルイ六世(肥満王)の伝記や、同じく一二世紀の皇帝フリードリヒ一世によるラヴェンナへの特権授与の中にも見られ、当時広く一般に知られていたと思われる。癩病に冒された皇帝コンスタンティヌスは神官たちの助言に従って三千人の幼児の血で湯浴みしようとしたが、幼児の母親たちの哀願に憐れみをおぼえ血の湯浴みを思いとどまった。その際に皇帝が述べた言葉の中に含まれていたのが問題の表現である。この後コンスタンティヌスが夢に現われた聖ペテロと聖パウロの言葉に従ってローマ司教シルウェステルにより聖なる水で洗礼を施されると癩病は治癒し、皇帝はキリスト教に改宗した。『地獄篇』第二七歌九四―九五参照。

表現の中の「仁慈」と訳した〈pietas〉は広い意味内容を有する言葉であり、神、支配者、父がそれぞれ人間、臣民、子供に対して示す慈愛や寛大さを意味すると同時に、人間、臣民、子供がそれぞれ神、支配者、父に対して示す忠誠や敬愛をも意味し、更に、不正を犯した臣民や敗北した敵方に対して支配者が示す寛大さを意味した。ちなみにダンテは『饗宴』第二論考第一〇章六で次のように述べている。「そして仁慈(pietade)とは、世間の人々がそう考えているようなこと、すなわち他人の不幸を嘆き悲しむことではない。むしろこれ(他人の不幸を嘆き悲しむこと)は、憐れみと呼ばれるその(仁慈の)特殊な結果であり感情である。しかし仁慈は感情ではなく、むしろ愛や憐れみその他慈愛の感情を受容する用意のある、魂の高貴な性向である」。

いずれにしても、「ローマの帝国は仁慈の泉から生まれ出る」という表現の中の「仁慈」は、強者や上位者が弱者や下位者に対して示す思いやりのある寛大さを意味していた。

して既に述べたように、[5]論説というものは扱われている主題に応じて探究されるべきであるから、ここで我々としては、ローマ人民の意図についての疑いえない徴表が団体と同様に個々の人間の中に示されれば十分だと考えることにしよう。(7)団体は人々がこれを通じて国家へと何らかの仕方で結びつけられているものと考えられるが、この団体に関してはキケロの『義務について』第二巻の権威を引用するだけで十分だろう。「国家の支配が不正ではなく善行によって保たれていたかぎり、戦争は我々の同盟者のために、あるいは我々の支配権を守るべく行なわれ、戦争の結末は穏やかであるか不可避的なものだけにかぎられていた。そして元老院は王たちや諸人民や諸民族にとっての避難所であり隠れ家だった。我々の政務官や最高指揮官はとりわけ次の事柄において、すなわち、属州や同盟者たちを公正かつ誠実に擁護することにおいて称賛を勝ち得ようと努力したのである。したがって、これを世界の「支配」（インペリウム）というよりは世界の「守護」（パトロキニウム）と呼ぶことができるであろう」[6]。以上がキケロの言葉である。

(8)更に個々の人間に関して簡単に話を続けることにする。労苦、貧困、追放によって、息子を奪われたり四肢を喪失したりすることによって、そして最後には生命を犠牲にすることによって公の善を増大させようと努力した人々は共通善を志していたと言うべきではないだろうか。(9)かのキンキナトゥスは、任期が終ったときに顕職を自ら進んで辞任するという崇高なる模範を我々に残してはいないだろうか。リウィウスが記しているように、[7]犂《すき》を取り上げられて独裁執政官となったキンキナトゥスは勝利と凱旋の後に最高指揮官の笏《しゃく》を執政官たちに返却し、牛のうしろで犂の柄を持って汗水たらす仕事へと自ら進んで立ち返ったのである。(10)事実、キケロは『善と悪の究極について』の中でエピクロスに対し反論しながら、キンキナトゥスを賛美して彼の功労を想い起こし、「そのようなわけで、我々の祖先たちは、かのキンキナトゥスが独裁官になるように彼を犂から引き離した」[8]と述べている。(11)またファブリキウスは、貧しかったにもかかわらず自分が国家に対して負う忠誠のゆえに、彼に差し出された大量の黄金を嘲笑し、嘲笑の後で、自らにふさわしい言葉を述べながらそれを見下し押し返したとき、貪欲に対して抵抗する高貴な模範を我々に与えてくれていないだろうか。我らが詩人ウェルギリウスは『アエネイス』第六歌で、

5　本書第二巻第二章(1)および(7)参照。
6　『義務について』第二巻第八章二六―二七。
7　『ローマ建国史』第三巻第二六章六から第二九章七参照。
8　『善と悪の究極について』第二巻第四章一二。

貧しいながら勢力あるファブリキウス[9]

と歌ったとき、彼に関する伝承を確証している。(12)またカミッルスは我々にとって、自己の利益より法を優先させたことの記憶すべき模範でなかっただろうか。リウィウスによると、[10]追放へと断罪されていたカミッルスは包囲された祖国を解放し、更には略奪されたローマの品々をローマに取り戻した後で、全人民の彼を引き止める声高の要請にもかかわらず聖なる都を立ち去り、祖国へ帰還する許可が元老院の権威によって自分に届けられる以前にローマに帰ることはなかったのである。そして詩人は第六歌で、

軍旗を取り戻すカミッルスを[11]

と述べるとき、この雅量のある人物を推賞している。(13)また、かの最初のブルトゥス[12]は、祖国の自由のためには息子やその他すべての人々を後回しにすべきことを教えなかっただろうか。このブルトゥスは、リウィウスが述べているように、[13]彼が執政官で

あったとき、自分の息子たちを敵と共謀したかどで死へと引き渡したのである。我らが詩人ウェルギリウスは第六歌で彼について次のように歌い、ブルトゥスの栄光を新たに呼び起こしている。

うるわしき自由のため、
父親は、新たな戦いを扇動せし息子らを、刑に処すべく召喚した。[14]

(14) そしてムキウスは祖国のために何をあえて行なうべきかについて我々を説得しな

9 『アエネイス』第六歌八四三―八四四。
10 『ローマ建国史』第五巻第四六章から第五五章参照。リウィウスはカミッルスの二回目の追放については述べていない。
11 『アエネイス』第六歌八二五。
12 共和政ローマの設立者ルキウス・ユニウス・ブルトゥスはブルトゥスという名の一連の有名なローマ人の最初の人物。ユリウス・カエサルの暗殺者の一人ブルトゥスはデキムス・ユニウス・ブルトゥス・アルビヌス。
13 『ローマ建国史』第二巻第三章から第八章参照。
14 『アエネイス』第六歌八二〇―八二一。ダンテは原句の「召喚するだろう」(vocabit) を「召喚した」(vocavit) に変えている。

かっただろうか。彼は油断していたポルセンナの不意を襲った後で、誤りを犯した自分自身の手が焔に焼かれるのを、まるで敵が拷問にかけられているのを見るときと変わらない表情で眺めていたのである。リウィウスは驚嘆しながらこのことを証言している。[15]（15）ここで以上の人々に付け加えられるのは、リウィウスが物語るように祖国の救済のために命を捧げたデキウス家のかの至聖なる犠牲者たちである。[16]リウィウスは、彼らの功労に見合うほど十分にとは言えないまでも、彼に可能なかぎりの表現を尽くして彼らを頌徳している。更に付け加えられるのが自由の極めて峻厳なる保護者であったマルクス・カトの筆紙に尽くしがたい犠牲である。[17]前者は祖国の救済のために死の闇を恐れることがなく、後者は世界に自由への愛の火を点ずるべく、自由なくして生き続けるよりも自由人として死ぬことのほうを選ぶことで、自由がどれほど価値のあるものかを示した。（16）これらすべての人々の名誉ある名前はキケロの言葉によって再び輝きを取り戻した。というのもキケロは『善と悪の究極について』の中でデキウス家について次のように語っているからである。「この家の出身で初めて執政官となったプブリウス・デキウスは、一身を死に捧げ、馬を疾走させてラティウム人の軍隊のまっただ中に突進したとき、自分の享楽のことなど、自分がどこでいつ享楽を手に入れるかといったことなど考えただろうか。というのも、彼は自分が直ちに死ぬことを自覚しており、エピクロスが享楽を追求するために必要と考えた以上に激しい熱意をもって、その死を希求したからである。しかし、もし彼の行為が正当に称賛されなかったならば、四代目の執政官職にあった彼の息子によって模倣されることはなかっただろうし、またその後この息子の息子が執政官としてピュロスと戦って戦死し、一門の相次ぐ世代の第三の犠牲者として一身を国家に捧げることもなかっただろう」。

(17) そしてまたキケロは『義務について』の中でカトについて次のように述べている。「実際、マルクス・カトの状況は、アフリカでカエサルに降伏した他の者たちの状況と異なってはいなかった。しかし、もしこれら他の者たちが自害していたならば、お[18]

15 『ローマ建国史』第二巻第一二章参照。また『饗宴』第四論考第五章一三参照。エトルリアの都市クルシウムの王、ラルス・ポルセンナがローマを攻囲したとき、ローマの若者ガイウス・ムキウスは敵の陣営に侵入し、王に剣を突き刺したつもりが、突き刺したのは王ではなく、王と似た服装をしていた書記官だった。ポルセンナは、捕えられたガイウス・ムキウスが間違いを犯した自分の右手を燃えさかる祭壇の火で平然と焼くのを見て恐れをなし、その勇気を賛えてガイウス・ムキウスをローマへと立ち去らせた。

16 『ローマ建国史』第八巻第九章および第一〇巻第二八章参照。また『饗宴』第四論考第五章一四、『天国篇』第六歌四七―四八参照。

17 『饗宴』第四論考第五章一六参照。ダンテは『神曲』でマルクス・ポルキウス・カトを煉獄の番人にしている。

18 『善と悪の究極について』第二巻第一九章六一。

そらくそれは罪悪とみなされただろう。というのも彼らの生はもっと優柔であり、彼らの倫理的気質はより安易なものだったからである。しかし自然はカトに信じがたいほどの峻厳さを与えていたことから、そして、彼は絶えざる堅き意志でもってこの峻厳さを強化し、自分が決心したことや企てた計画を常に堅持したことから、暴君の顔を見るよりは死ぬことのほうが彼にとってふさわしかったのである」[19]。

(18)それゆえ、二つのことが説明された。一つは、国家の善を志す者は誰でも法の目的を志しているということであり、もう一つは、ローマ人民は全世界を自らに服従させたとき公の善を志していたということである。(19)今や我々が提示する主張を次のような推論で立証することができるだろう。法の目的を志す者は誰でも法にかなった仕方で正当に事を進めている。ローマ人民は全世界を自らに服従させたとき、本章で既に述べたことによって明白に立証されたように、法にかなった仕方で正当にこのことを行なったのであり、したがって帝権の威厳を法にかなった仕方で正当に自らのものにしたのである。(20)そのすべてが明白である前提からこの結論が推論されるためには、次の言明が明らかなことが示されなければならない。すなわち、法の目的を志す者は誰でも法にかなった仕方で正当に事を進めている、という言明である。これを明らかなものにするためには、どのような事物も何らかの目的のために存在することに注意すべきである。さもないと事物は無益なものとなってしまうが、既に述べられたように[20]、これはありえないことである。(21)そして、すべての事物がそれに固有の目的のために存在しているように、すべての目的はそれを目的とする固有の事物を有している。それゆえ厳密に言うと何か二つのものが、それらが二つであるかぎりにおいて同一の目的を意図することは不可能である。というのも、もしそれが可能だとすると同じく不合理なことが、すなわち、どちらか一方は無益に存在しているという不合理なことが帰結するからである。(22)それゆえ、既に述べられたように、法の目的というものが存在するのであるから、この目的が措定されれば、必然的に法も措定されねばならない。この目的は法に固有のものであり、それ自体において法の効果だからである。そして、あらゆる演繹的推論においては、動物なくして人間が存在しえないように――これは前者を否定し、後者を肯定する命題を考えれば明らかである[21]――後件なくして前件を持つことはできないのであるから、法なくして法の目的を求めることは不可能である。というのも、後件が前件に対してそうであるように、あらゆる事物はそれに

19 『義務について』第一巻第三一章一一二。
20 本書第一巻第三章(3)参照。

固有の目的へと関係づけられているからである。例えば、健康なくして四肢の壮健さを得ることができないように。(23)それゆえ次のことは極めて明白である。法の目的を志す者はそれを法にかなった仕方で正しく志さなければならない。この点に関しては、「エウブーリア」[22]について議論しているアリストテレスの言葉からよく引き出される反論も有効ではない。アリストテレスは「しかし、誤った三段論法によってこのものに到達することがありうる。すなわち、媒辞が誤っていることから、然るべき正しい推論によらずして、然るべき正しい結論に到達することがありうる」[23]と述べている。(24)しかし誤った前提から真理が何らかの方法で結論されるとしても、この場合、真理は単に結論の言葉の上で生じているにすぎず、このかぎりでそれは偶然的なことである。というのも、真理それ自体は決して偽なる前提から帰結することはないが、真理の徴である言葉が偽なることの徴である言葉から帰結することは確かにありうるからである。(25)同じことは行動についてもあてはまる。盗人が盗品によって貧民を助けるとしても、これは慈善と言われるべきではなく、むしろそれは、仮に自分自身の財産によって為されていれば慈善の形相を有したはずの行為にすぎない。(26)法の目的についても同様である。なぜならば、もし法それ自体の目的とされている何事かが法なくして実行されたならば、それは悪行で手に入れたものによって為された供与も慈善に変わりはないのと同じ意味で法の目的すなわち共通善であるにすぎないからである。かくして、我々の命題の中では単に表面的にではなく現実に存在する法の目的について言明されているのであるから、反論は無効である。それゆえここで我々が探究してきたことが明らかとなった。

第六章

(1)そして、自然が秩序づけたことは法にかなった仕方で正当に維持される。確かに自然がその先慮において人間の先慮に劣ることはない。というのも、もし自然が人間より劣っているということになれば、善において結果が原因に優越してしまうことに

21 「人間」は「動物」を論理的に含意することから、「Xは動物でない」という否定命題と「Xは人間である」という肯定命題が矛盾していることは明らかである。「Xは人間である」(前件)から「Xは動物である」(後件)を導出する演繹的推論は妥当な推論であり、後件が真でなければ前件も真でない。

22 思量の優秀。人がそれによって善い目的に達することのできる思慮の正しさ。アリストテレスは『ニコマコス倫理学』第六巻第九章一一四二a三二―一一四二b三三でエウブーリアについて論じている。

23 『ニコマコス倫理学』第六巻第九章一一四二b二二―二四。

1 なり、これはありえないことだからである。(2)しかし我々は、団体を設立するに際しては、成員相互の秩序が団体の設立者によって考慮されるだけでなく、団体の職務を遂行する権能も考慮されることを知っている。これはすなわち、団体ないしその秩序における法の限界を考慮することである。というのも法は、権能を越えたことにまで及ぶことはないからである。したがって自然がものごとを秩序づける際にこのような配慮を怠ることはない。(3)それゆえ、自然が各々の事物の権能を顧慮しながら事物を秩序づけていることは明らかであり、このような顧慮こそ、自然によって事物の中に置かれた法の基礎なのである。ここから次のことが帰結する。すなわち、法の基礎は秩序と不可分に結びつけられているがゆえに、事物の中の自然的秩序は法なくしては維持されえない。それゆえ必然的に秩序は法にかなった仕方で正当に維持されることになる。(4)ローマ人民は自然によって支配すべく定められた。これは次のようにして明らかにすることができる。すなわち、目的である形相だけしか意図せず、この形相へと達するための手段につき配慮しない人には芸術的完成が欠けているように、自然が宇宙において神との類似性の普遍的形相を意図するだけで、そのための手段をなおざりにするならば、自然にも完成が欠けていることになるだろう。しかし自然は神の叡智の所産なるがゆえに、いかなる点においても完成に欠けるところはない。したがって自然は自らの意図の最終目的へと達するためのあらゆる手段を意図していることになる。(5)それゆえ、人類の目的は自然の普遍的な目的を実現するために必要な手段であることから、自然は人類の目的の実現を必然的に意図する。このゆえにアリストテレスは『自然学』第二巻で、[2]自然が常に目的のために動くことを正当にも証明している。(6)目的へと達するためには多数の活動が必要であり、これら多数の活動は活動する多数の人間を必要とするので、自然は唯一人の人間によるだけではこの目的に到達することができない。それゆえ、自然は多様な活動へと指定された数多くの人間を生み出さなければならない。人間のこの多様性には天体からの影響の他に、地上の様々な地域の及ぼす諸力や特性が大いに寄与している。(7)この理由により我々は、単に個々の人間たちだけでなく或る人民が支配するにふさわしい者として生まれ、他の人民は服従し奉仕するにふさわしい者として生まれたことを理解するのであり、これはアリストテレスが『政治学』[3]の中で主張しているとおりである。そしてアリストテ

1　人間は自然を原因として生まれた結果であり、原因である自然が結果である人間より完全性において劣ることはありえない。
2　『自然学』第二巻第二章一九四a二八—三一。
3　『政治学』第一巻第五章一二五四a二一—二四、一二五五a一—二、第六章一二五五b五—九。

レスも述べているように、後者の人々にとって支配されることは、たとえそのために彼らが強制されることになるとしても、単に有益であるだけでなく正義にかなったことでもある。(8)もしこれが真実であるならば、自然が一つの場所と一つの人民を普遍的に支配すべきものとして世界に配置したことは疑いの余地がない。そうでないと自然は自らに背いたことになるが、これはありえないことである。この場所がどこであり、この人民がどの人民であったかは、上に述べられたこととこれから述べられることから十分に明白である。すなわちそれはローマであり、ローマの市民ないし人民であった。(9)我らが詩人ウェルギリウスも第六歌で極めて正確にこのことに言及している。この箇所で彼はアンキセスを登場させ、ローマ人たちの父アエネアスに向かって次のような予言を述べさせている。

余がまさしく信ずるに、他の人々はいっそう柔軟に息づく青銅を鍛え上げ、
また大理石から生きた容貌を彫り出す。
そして他の人々は裁判での弁論をより巧みに行ない、
天体の軌道を棒でもって描写して星の出を言いあてる。
しかしローマ人よ。汝が覚えるべきは権力によって世界の民を統治すること。

平和の法を課し、従順なる者を寛恕し、傲慢なる者を征圧することこそ
汝にとってふさわしき業。[4]

(10)そして詩人は第四歌でユピテルを登場させ、メルクリウスに向かってアエネアスにつき次のように語らせながら、この場所の配置について正確に述べている。

麗しき母君(ウェヌス)は息子(アエアネス)がそのような者になることを
我々に約したのではない。そのようなことのために
彼女はギリシア人の武器から二度も彼を救ったのではない。むしろ、
支配権を孕み、戦いにざわめき騒ぐイタリアを統治する者となるためである。[5]

(11)したがってローマ人民が自然によって支配すべく定められたことが、それゆえローマ人民が全世界を自分に服従させることによって、法にかなった仕方で正当に支配権(インペリウム)を手に入れたことが十分説得的に論証された。

4　『アエネイス』第六歌八四七—八五三。
5　『アエネイス』第四歌二二七—二三〇。

第七章

(1)また、探求されていることの真理を正しく追究するためには次のことを認識しなければならない。すなわち事物に関する神の裁決はしばしば人間に明示され、しばしば人間に隠されていることである。(2)そして神の裁決は二つの方法によって明示されうる。理性および信仰によってである。というのも神のある種の裁決は、人間理性が自分自身の力によってそれに到達できるからであり、例えば人間は祖国の安寧のために自分自身を投げ出さねばならない、といった神の裁決がそうである。確かに、もし部分が全体の安寧のために自らを投げ出すべきであるならば、アリストテレスの『政治学』[1]から明らかなように人間は国家の一部分なのであるから、人間はより小さな善がより大きな善のためにそうするように、祖国のために自分自身を投げ出さなければならない。(3)このゆえにアリストテレスは『ニコマコス倫理学』の中で「(善の実現は)単なる個人にとっても好ましいものであるが、種族や国家にとってはより高貴で、より神的なるものである」[2]と述べている。そしてこれは神の裁決である。もしそうでなければ、人間理性はその正しさにおいて自然の意図に従わないことになるが、これはありえないことである。(4)更に、ある種の神の裁決は、たとえ人間理性が自らの力だけではそこに到達できないとしても、聖書の中で我々に告げられていることを信じ、この信仰の助けをかりてそこへと人間理性は高められる。例えば、或る人間の道徳的および知的な卓越性が性向[3]および活動においてどれほど完全であろうと、キリストについて何も聞いたことがないならば、信仰のないこの人間が救済されることはありえない、[4]という裁決がそうである。(5)なぜならば人間の理性は自分自身ではこれを正しいとみなすことができないが、信仰に助けられればこれが可能だからである。事実、『ヘブル人への手紙』に「信仰がなくては神に喜ばれることはできない」[5]と書かれているとおりである。そして『レビ記』には「イスラエルの家の誰でも、牛、羊あるいは、山羊を宿営の内でほふり、または宿営の外でほふり、それを会見の幕屋の入口に

1 『政治学』第一巻第二章一二五三a二五―二九。
2 『ニコマコス倫理学』第一巻第二章一〇九四b九―一一。
3 ハビトゥス。本書第一巻第一一章(5)註4参照。
4 キリストについて何も聞いたことのない人間の問題については『天国篇』第一九歌七〇―七八参照。トラヤヌスとリペウスが救済されて木星天にいることの説明は同第二〇歌一〇〇―一二九参照。
5 ヘブル人への手紙第一一章六。

携えてきて主の幕屋の前で、供え物として主に捧げないならば、その人は血を流した者とみなされる」[6]と書かれている。(6)ここで幕屋の入口とは、福音書から読み取れるように永遠なる集会の入口であるキリストを意味しており、動物の殺害は人間の活動を意味している。[7](7)しかし神の裁決には人間から隠されたものがあり、人間の理性は自然の法によっても聖書の法によってもこれに到達できず、特別な恩寵によってしばしば到達できるにすぎない。これは数多くの様態において生じ、時には単純な啓示によって、時にはある種の判定に媒介された啓示によって生ずる。(8)そして単純な啓示による場合でも二つのかたちが存在する。一つは神の自発的な意志による場合であり、もう一つは神が祈りに応答することによる場合である。神の自発的な意志による場合は更に二つに区別され、それは明白な仕方によるか、あるいは徴によって行なわれる。明白な仕方による例としてはサウルに対する裁決がサムエルに啓示されたときがそうであり、[8]徴による例としては、神がイスラエルの子たちの解放につき裁決を下したことが徴によってファラオに啓示されたときがそうである。[9]神が祈りに応答することは、『歴代志下』で「何を為すべきかを我々が知らないときは、ただあなたを仰ぎ見ることしか我々に残されていません」[10]と述べた人々が知っていたとおりである。(9)判定によって媒介される場合も二とおりのものがある。すなわち、それはくじによるか競争

(certamen)による。事実、「競争する」(certare)は「確かなものにする」(certum facere)から由来する言葉である。[11] 確かに神判はしばしばくじによって人間に啓示され、これは『使徒行伝』にあるように、[12] マティアが代わりに使徒に加えられたことに明らかなとおりである。更に神判は競争によって二つの様態で明示される。例えばそれは、決闘者とも呼ばれる拳闘士の戦いで生じるように力の衝突によって明示されるか、あるいはゴールを目指して走る競技者の競走で生じるように、何らかの標識に他人より先に到達しようとする大勢の人間の競走によって明示される。(10)これら二つの様態のうち第一のものは異教徒たちの間で例えばヘラクレスとアンタイオスの決闘に象徴的に

6 レビ記第一七章三—四。
7 ダンテはレビ記の一節のこの解釈の典拠を示しておらず、これはダンテ自身の解釈とも考えられる。またヨハネ福音書第一〇章七—九参照。
8 サムエル記上第一五章一—三五参照。
9 出エジプト記第七章八—一二(アロンの杖が蛇になったこと)、第七章一四—第一〇章二九および第一二章二九—三〇(一〇の天災)。
10 歴代志下第二〇章一—二。
11 この語源は正しくない。certus は certare ではなく cernere(決定する)に由来する。
12 使徒行伝第一章二六。

示されており、ルカヌスが『パルサリア』第四巻[13]で、オウィディウスが『変身物語』第九巻[14]でこの決闘を想い起こしている。第二の様態は同じく異教徒の間では『変身物語』第一〇巻のアタランタとヒッポメネスの競走に象徴的に示されている。[15]（11）同様に、戦いのこれら二つの様態に関しては次のことが見過されてはならない。すなわち一方では、例えば決闘のように戦う人は不正を犯すことなく相互に妨害し合うことができるのに対し、他方ではこれができず、競技者は互いに妨害し合ってはならないということである。もっとも我らが詩人は『アエネイス』第五歌でエウリュアルスに報賞を獲得させたとき、[16]別のように考えていたと思われる。（12）それゆえ、より正当にもキケロは『義務について』第三巻でクリュシッポスの見解に従いながら、このようなことを禁止した。というのもキケロは以下のように述べているからである。「クリュシッポスは他の多くの点に関してと同様、この点に関しても適切に次のように語っている。「競技場の走者は勝つために可能なかぎり全力を尽くして頑張るべきであるが、競走相手の足をすくうようなことは決してすべきでない」[17]。（13）それゆえ、本章で以上の区別をもうけることによって我々の企てにとって有効な二つの論拠を、すなわち一つは競技者の競走から、もう一つは拳闘士の争いから二つの論拠を受け容れることができる。これらの論拠を私はすぐ後に続く二つの章で説明することにしたい。

第八章

(1)それゆえ、世界の支配をめぐって競い合う他のすべての人民に対し勝利を収めた人民は神の裁決によって勝利を収めたことになる。というのも、神は特殊的な争いの解決よりも普遍的な争いの解決のほうにより大きな関心を持つが、既に言い古された諺に「神が勝利を認める者をペテロも祝福せんことを」[1]とあるように、ある種の特殊的な争いにおいても我々は競技者を通して神の裁決を要請するのであるから、世界の

13 『パルサリア』第四巻五九三―六五五。
14 『変身物語』第九巻一八三―一八四。
15 『変身物語』第一〇巻五六〇―七〇七。
16 『アエネイス』第五歌二八六―三六一。足の速さを競う競技で、先頭を走っていたニススは牛の血で濡れていた走路で足を滑らせ転んでしまった。ニススは二番手を走るサリウスの前に身を投げ出してサリウスを妨害し、ニススの友人エウリュアルスが優勝した。アエネアスはエウリュアルスを優勝者として認めたが、妨害されたサリウスと転んだニススにも相応の賞品を与えた。
17 『義務について』第三巻第一〇章四二。ダンテは原句にある「手で押しのけるようなことは(決してすべきでない)」を省いている。

1 出典不明。ペテロはローマ教皇。ローマ教皇は争いが決着するのを待ち、勝者の味方になるのがよいという意味。

支配をめぐって競い合う人々の間での勝利が神判に従ったことは疑う余地がないからである。(2)ローマ人民は世界支配のために競い合うすべての人々に対して勝利を収めた。競技者のことを考えれば、そして競技の賞品ないし決勝点を考えればこのことは明白であろう。賞品ないし決勝点とは、あらゆる人間の先頭に立って指揮することであった。このことを我々は「支配権」（インペリウム）と呼ぶのである。しかしローマ人民以外にこのことに成功した人民はいなかった。このことから直ちに明らかになるように、ローマ人民は競争の決勝点に達した最初の人民というだけでなく、唯一の人民であった。(3)というのも、人間の間でこの賞品を手に入れようとした最初の人はアッシリア人の王ニヌスであったが、彼は、オロシウスが述べているように[2]、妻のセミラミスと一緒に九十年以上の間、世界の支配権を武力によって獲得しようと試み、アジアの全体を征服したものの、世界の西方の部分は彼らに決して服従することがなかったからである。(4)オウィディウスは『変身物語』第四巻のピュラムスの話の中でニヌスとセミラミスの両者を想い起こしており、

セミラミスが煉瓦の壁で囲んだと言われる町[3]

と述べ、また更に後のほうで

　彼らはニヌスの墓で落ち合い、木陰に隠れることにした[4]

と述べている。(5)この賞品をねらった第二の人物はエジプトの王ウェソゲス（セソストリス）であった。オロシウスが述べているように[5]彼はアジアの南部と北部を攻略したものの、世界の半分でさえ手に入れることは決してなかった。事実、彼は言わば競争のスターターの地点とゴール地点の中間で、スキュティア人によって彼の無分別な企てをはばまれたのである。(6)次いでペルシア人の王キュロスが同じことを試みた。キュロスはバビロニアを滅ぼし、バビロニアの支配権をペルシア人へと移したものの、西方の地域を目にすることなくして、スキュティア人の女王タミリスの手によって彼

2　『異教徒に反駁する歴史』第一巻四参照。
3　『変身物語』第四巻五八。
4　『変身物語』第四巻八八。
5　『異教徒に反駁する歴史』第一巻一四参照。「ウェソゲス」（Vesoges）——オロシウスはウェソゼス（Vesozes）と表記している——は「セソストリス」（Sesostris）の転訛したラテン語の名称。セソストリスは古代エジプトの伝説上の征服王。

の野望と同時に命までも捨てたのである。(7) 実にこの後、ダレイオスの子にしてペルシアの王クセルクセスが極めて多くの人民と多大な武力をもって世界の侵攻を企てた結果、セストスとアビュドスの間に橋を架けることによって、アジアをヨーロッパから区別している海を渡ることに成功した。クセルクセスの驚嘆すべき所業をルカヌスは『パルサリア』第二巻で想い起こしている。というのもルカヌスはそこで次のように述べているからである。

言い伝えは物語っている。
傲慢なるクセルクセスが海の上にかくの如き道を築いたことを。[6]

しかし結局のところ、彼は悲惨にも企てを拒まれ、競争の賞品を手に入れることができなかった。(8) これらの者たち以外にその後すべての人々の中で世界帝国という勝利の棕櫚の枝に最も近づいたのがマケドニア王アレクサンドロスである。彼は使者を通じてローマ人に降伏するよう警告したものの、リウィウスが語っているようにローマ人の返答を受け取る前に、言わば走路の途中、エジプトで倒れてしまった。[7] (9) エジプトに在る彼の墓についてルカヌスは『パルサリア』第八巻でエジプト王プトレマイオスを非難しながら次のように証言している。

ラグスの家系の、夭死へと宿命づけられた最後の末孫よ、
堕落した者よ、相姦の姉に王笏を譲る定めの者よ、
マケドニア人は汝のもと、聖別された洞に安置されているというのに……。[8]

(10)「ああ深きかな、神の知恵と知識との富は」[9]。この点について御身に対し驚き唖然としない者がいるだろうか。なぜならば御身は、アレクサンドロスが競争に際して競争相手たるローマ人を妨げようと試みたとき、彼の無思慮がそれ以上突き進むことのないように彼を競争から引き離したからである。

6 『パルサリア』第二巻六七二—六七三。『煉獄篇』第二八歌七一—七二参照。
7 『ローマ建国史』第九巻第一六章から第一九章参照。しかしリウィウスにこのような事実の記載はなく、アレクサンドロスがローマを攻撃したならばローマの将軍パピリウス・クルソルはアレクサンドロスに太刀打ちできる人物であっただろうという趣旨のことが語られているにすぎない。また、リウィウスはアレクサンドロスがエジプトで死んだとは述べていない。アレクサンドロスが死んだのはバビロンである。
8 『パルサリア』第八巻六九二—六九四。アレクサンドロスはエジプトに埋葬された。
9 ローマ人への手紙第一一章三三。

(11)しかしローマがかくも偉大な競争の賞品を手に入れたことは、数多くの証言によって確認されている。例えば我らが詩人は『アエネイス』第一歌で次のように語っている。

歳月がめぐり、いつかきっと彼らの間からローマ人が生まれ、
彼らにより再興されたテウケルの血筋から、
完全な権力をもって海と大地を掌握する指導者が現れるだろう、
(と確かにあなたは約束されました)。[10]

(12)そしてルカヌスは『パルサリア』第一巻で次のように語っている。

支配は剣によって分かたれる。
海と大陸、全世界を領有する強力な人民の運命は、
二人を受け容れることはなかった。[11]

(13)そしてボエティウスは『哲学の慰め』第二巻でローマ人の君主について語るとき、

次のように述べている。

だが、この人物が王笏をもって人民を支配していた。
東の果てから現われるポイボス（日輪）が
波の下にその光線を隠すまで眺め遣る人民を。
氷のように冷たい熊星座が重くのしかかる人民を。
灼熱の砂地をなんども焼き直しながら、
激しい南風が、かわいた炎熱で焼き焦す人民を。[12]

(14)キリストの福音記者であり、すべて真実のみを語るルカも、同じような証言を彼の話の例の一節において述べている。「全世界の人口調査をせよとの勅令が、カエサル・アウグストゥスから出た」[13]とルカは述べており、この言葉によって我々は、全世

10　『アエネイス』第一歌二三四―二三六。
11　『パルサリア』第一巻一〇九―一一一。「二人」とはユリウス・カエサルとポンペイウスである。
12　『哲学の慰め』第二部第六の詩八―一三。
13　ルカ福音書第二章一。

界に対する裁治権が当時ローマ人民に属していたことを理解することができる。(15) 以上のことすべてから、世界の支配をめぐって競い合う他のすべての人民に対しローマ人民が勝利を収めたことは明白である。それゆえ、ローマ人民が勝利を収めたことは神の裁決に由来し、したがってローマ人民は神の裁決によって支配権を獲得したことになる。すなわち彼らは法にかなった仕方で正当にそれを獲得したのである。

第九章

(1) そして、決闘によって得られたものは法にかなった仕方で正当に得られたものである。というのも、判断が無知の暗闇に包まれているか審判人の席に着く者がいないことから人間の判断では不十分である場合はいつでも、正義が無視されたままであるようなことのないように、正義をかくも強く愛するがゆえに死ぬことにより正義の要求を自らの血をもって充たした者（神）に援助を頼まなければならないからである。それゆえ『詩篇』にも「主は正しくいまして、正義を愛された」[1] と書かれているのである。(2) ところでこれが為されるのは、憎悪や愛ではなくただ正義への渇望から、当事者たちの自由な同意により、彼らの身体的な力と同様に精神的な力の相互の衝突を通して神の裁決が要請される場合である。このような衝突が一人の人間と一人の人間の間で初めて行なわれたことから、我々はこれを「ドゥエルム」[2]（決闘）と呼んでいる。(3)しかし、以下に述べることに我々は常に注意しなければならない。戦争を引き起こすような問題については先ず何らかの談判によってすべてのことが試みられるべきであり、最後の手段としてのみ戦闘に訴えるべきである。これはキケロとウェゲティウスが一致して忠告しているとおりである。後者は『軍事論』[3]で、前者は『義務について』[4]でこのことを述べている。そして医療においても刃物と火を用いる前にあらゆる方法が試されなければならず、刃物と火は最後の依りどころとされるべきであるのと同様に、我々も争いの解決を見出すために先ず他のあらゆる方法を検討した上で、言わば正義の必要性に強いられ最後の手段としてそのような治療法に頼るようでなければならない。(4)それゆえ、決闘の二つの本質的特徴が明白となる。一つは今しがた述べられたことであり、他の一つはもっと前に触れられたこと、すなわち、競技者や決

1 詩篇第一一篇七。
2 duellum.
3 『軍事論』第三巻九。
4 『義務について』第一巻第一一章三四。
5 手術と焼灼。

闘者は相互の同意によって、憎悪や愛ではなく正義への情熱のみに駆られて闘技場に入るということである。それゆえキケロも目下の問題に触れた際に、正当にも「しかし、支配の王冠を得るための戦いはより苛酷でない仕方で行なわれなければならない」[6]と述べていた。(5)決闘のこれらの条件が充たされていれば――もし充たされていなければ、それは決闘ではないだろう――、正義に強いられ、互いの合意によって正義への情熱のゆえに集まる者たちは神の名において集まった者たちと言えないだろうか。もしそうだとすれば、神が彼らの真中にいるのではないだろうか。というのも神は福音書の中で我々にこのことを約束しているからである。[7](6)そして、もし神がそこに居合わせるならば、上で示されたように神がかくも愛する正義でも敗れることがある、と考えるのは不信心ではないだろうか。そして、正義が決闘において敗れることがありえないならば、決闘によって獲得されたものは法にかなった仕方で正当に獲得されたものではないだろうか。(7)異教徒でさえ、彼らが決闘の運による判定を求めたとき、この真理を福音の喇叭が鳴る前から知っていたのである。(8)それゆえ、アイアコスの子孫たちの徳と血のゆえに高貴なるかのピュロスは、ローマ人の使者が捕虜の身柄を引き取るために彼のもとへと派遣されたとき、正当にも次のように答えた。

私は黄金を要求しないし、あなたがたも私に代価を払うべきでない。
我々は戦争において商いする者ではなく、戦士なのであるから、
双方とも黄金ではなく鉄剣によって命を戦い取ろう。
ヘラはあなたがたと私のどちらが統治するのを欲しているのか、
運命が何をもたらすかを武勇で試してみよう。
武運の女神が武勇のゆえに命を許し与えた者たちに
私は自由を与えることを確約する。
贈物として彼らを連れて行き給え。[8]

ここでピュロスは幸運を「ヘラ」と呼んでいるが、我々はこの原因をより適切かつ正確に「神の摂理」と呼んでいる。(9)それゆえ金銭が戦うことの動機とならないよう

6　『義務について』第一巻第一二章三八。しかしキケロが用いている言葉は「王冠」(corona)ではなく「栄光」(gloria)である。
7　マタイ福音書第一八章二〇参照。
8　キケロ『義務について』第一巻第一二章三八で引用されているこの一節は、ローマ史を題材にしたエンニウスの叙事詩(Annales)の第六巻にある。ダンテが引用しているキケロのテキストは校訂版と部分的に異なっている。

に闘士たちは気をつけるべきである。というのも、そうなると彼らの争いは決闘ではなく血と正義の市場とでも言うべきものになってしまうからであり、[9] このとき審判者たる神が居合わせているのではなく、むしろ争いを扇動する例の古の悪魔がそこに居ると思うべきだからである。(10)もし彼らが決闘者たることを欲し、血と正義の商い人たることを欲さないのであれば、彼らが闘技場に入るとき、既に述べたように支配権をめぐる決戦に際して金銭を見下したピュロスを常に目前に思いうかべなければならない。(11)そして我々が示した真理に対して、闘い合う者の力が同等でないかもしれないといつものように反論されるならば、ゴリアテに対するダヴィデの勝利の例[10]を示すことによってこの反論は論駁されるべきである。そして、異教徒が別の事例を要求するならば、当の反論はアンタイオスに対するヘラクレスの勝利[11]によって論駁されるべきである。神によって強くされた戦闘家の力が劣っているのではないかと疑うことは極めて愚かである。

(12)今や、決闘によって獲得されたものが法にかなった仕方で正当に獲得されたことは十分に明らかである。しかし、ローマ人民は世界に対する支配権を決闘によって獲得したのであり、このことは信じる価値のある証言によって確認されている。証言を列挙することによりこのことが明らかになるだけでなく、ローマ帝国の太初から、裁決されるべきことがすべて決闘によって片づけられてきたことが明らかになるだろう。(13)というのも、先ず最初に、この人民の父祖である父アエネアスの居住について、ルトゥリ人の王トゥルヌスを相手にして争いが生じたとき、神意を尋ねるために最終的には二人の王の共同の合意によって自分たちだけの間で争闘することが約されたからである。これは『アエネイス』の最終部で歌われているとおりである。[12] (14)確かに、我らが詩人ウェルギリウスの最終の詩歌が証言しているように、[13]この試合において勝利者アエネアスの慈悲はかくも深かったことから、もしトゥルヌスがパラスを殺したあとで後者から取り去った剣帯をアエネアスが目にしていなかったならば、勝利者は敗北者に対して直ちに命と平和とを許し与えていたことだろう。(15)そして、同じトロイアの根からイタリアの地に二つの人民、すなわちローマ人とアルバ人*が芽を出し、両者が鷲の旗印とトロイア人の他の守護神、そして支配の威信を求めて相互に長い間争

9 金銭のために闘う戦士は正義を売る者、正義を交換の対象にして正義の品位を低下させる者である。
10 サムエル記上第一七章四―五一参照。
11 例えばルカヌス『パルサリア』第四巻五九三―六五三参照。
12 『アエネイス』第一二歌六九三―九三八。
13 『アエネイス』第一二歌九三八―九五二参照。

いが続いたことから、最終的に当事者の共同の合意によって、正義を見極めるべく、一方の側ではホラティウス家の三人の兄弟、他方の側では同じ数のクリアティウス家の兄弟によって、それぞれの側で戦いの結末を待つ王や人々が見守る中で決戦が行なわれた。そしてアルバ人の三人の闘士とローマ人の二人の闘士が殺されたとき、勝利の棕櫚の枝が王ホスティリウスの支配するローマ人のものになった。このことをリウィウスは『ローマ建国史』の第一巻で入念に叙述しており、[14] オロシウスもまたこれを証言している。[15] (16) そしてリウィウスが語っているように、その後ローマ人がサビニ人やサムニウム人といった隣接する人民と支配権をめぐって戦ったときも、戦争に関するあらゆる法が遵守され、戦士が多数いる場所でも戦いは決闘の形式で行なわれたのである。サムニウム人とのこのようなやり方の戦いの中で運命の女神は言わば自分が着手した企てをほとんど後悔するほどであった。(17) このことをルカヌスは『パルサリア』第二巻で例として取り上げている。

> 世界の首都、世界の支配権が別の場所にあわや移るかと思われたとき、
> どれほど多くの打ち殺された者たちがコッリナ門に積み重なっていたことか。
> サムニウム人がカウディウムの隘路におけるよりも

大きな打撃を、ローマに与えることを期待していたときに。[16]

(18)しかしイタリア人たちの間の争いが収まった後も、支配権を手に入れようとしていたギリシア人ともカルタゴ人とも未だ神判を求めて争いが始まっていなかった。そこで、ローマ人側のファブリキウスとギリシア人側のピュロスが、数多くの戦士と共に支配権の栄光を求めて戦い、ローマ人が勝利を収めた。更に、リウィウスやローマの他のすべての歴史家たちが証言しようと試みたように、[17]イタリア人側のスキピオとアフリカ人側のハンニバルが決闘の形式で戦いを行ない、アフリカ人はイタリア人に屈服したのである。(19)それゆえ、栄光ある人民が全世界の王冠を決闘の法によって手に入れたことをこの時点で理解できないほど蒙昧な精神の持ち主はいったい誰だろうか。使徒パウロがテモテに書いた「私のために正義の冠が取って置かれている」[18]とい

14 『ローマ建国史』第一巻第二四章から第二六章参照。
15 『異教徒に反駁する歴史』第二巻四参照。しかしオロシウスは詳しく叙述していない。
16 『パルサリア』第二巻一三五—一三八。紀元前三二一年ローマはサムニウム人との戦い（第二サムニウム戦争）で、サムニウムの町カウディウム近くのカウディウムの隘路（フルクラエ・カウディナエ）でサムニウムに敗北していた。
17 リウィウスは『ローマ建国史』の第二一巻から第三〇巻で第二ポエニ戦争を叙述している。

う言葉を、ローマ人も正当に述べることができた。ここで「取って置かれている」というのは、すなわち神の永遠なる摂理において取って置かれているという意味である。(20)そして今や、傲然たる法学者たちは、人間精神がこれらの原理をそこから見渡すかの理性の望楼からどれほど低いところに自分たちがいるかを知り、沈黙するがよい。そして法の意味内容に従って助言と判決を述べるだけで満足するがよい。(21)そして今や、ローマ人民が決闘によって、それゆえ法にかなった仕方で正当に世界の支配権を獲得したことは明らかである。＊そしてこのことが本巻の中心的なテーゼである。

第一〇章

(1)ここまでこのテーゼはその大部分が理性的な原理に支えられた論拠によって明らかにされた。しかし、これからはキリスト教の信仰上の原理によって、もう一度これを明らかにしなければならない。事実、ローマの首長権に対してぶつぶつといちばん文句を言い、無益なことを最も多く思いめぐらしてきたのは、自分のことをキリスト教の熱烈な信者だと言っている人々である。しかし、これらの人々はキリストの貧者たちに憐憫を抱くことはない。教会の収益が貧者から詐取されるばかりか、実に貧者自身の財産が日々略奪され、教会が貧しくなっている一方で、彼らは正義を行なうふりをしながら、正義を遂行しようとする者[1]を認容しないのである。(2)しかし、教会のこのような貧困化は神の判断なくして生ずるものではない。というのも、教会の資産は貧者の財産であるにもかかわらず、貧者はこの資産によって援助を受けることがなく、また、帝国から贈られた資産も謝恩の念をもって保持されてはいないからである。(3)資産はそれがそこから来たところに返されるほうがよい。*それは正しく来たが、悪しく返される。すなわち、それは善意で与えられたものの、悪しく保持されてきたからである。[2]けれども、このような牧者たち[3]にとってこれが何だというのか。彼らの近親の所有物が大いに増えているかぎり、教会の資産が流出してもそれがどうだというのか。しかし、我々のテーゼについての考察を更に続け、我らが救世主の助けを敬虔な沈黙をもって待ち望むほうがおそらくよいだろう。

18 テモテへの第二の手紙第四章八。
1 世界君主すなわち皇帝。
2 コンスタンティヌス帝の寄進を指す。『天国篇』第二〇歌五五―六〇参照。コンスタンティヌス帝の寄進は本書第三巻第一〇章で論じられている。
3 高位聖職者。

(4)それゆえ私は、もしローマ帝国が法にかなった正当なものでなかったならば、キリストは生まれることによって不正を是認した*ことになる、と考える。しかしこの後件は偽であり、したがって前件とは矛盾する命題が真ということになる。[4] というのも、相互に矛盾する命題は、まさにそれらが正反対の意味を持つことから、一方から他方を推論することができるからである。[5] (5)上記の後件が誤っていることを信徒に説明する必要はない。或る者が信徒であるならば、これが誤っていることを認めるからである。もし彼がこれを認めないならば、彼は信徒ではなく、もし信徒でなければここでの論証は彼に向けて為されることはない。(6)私は次のように推論過程を提示する。すなわち、自由な選択によって或る命令に従う者は誰でも、その命令が正しいことを行為によって自ら是認している。そしてアリストテレスが『ニコマコス倫理学』の最後[6]で主張しているように、行為は言葉より説得力があるので、その者は言葉によって是認した場合よりも強く是認していることになる。しかしキリストは、その福音記者ルカが証言しているように、[7] ローマの権威から発する勅令のもと、処女なる聖母から生まれることを欲した。これは神の子が人間となり、この人類の比類なき記録[8]の中に人間として登録されるためであった。これすなわち、キリストが勅令に従ったということである。(7)この勅令は、人間社会において長い間待ち望まれた者が自らを人間たちと共に登録できるように、カエサルを通じて神意から発したと考えるのがおそらくより敬虔なことだろう。(8)それゆえキリストは、ローマ人民の権威を執行するアウグストゥスの勅令が正しいことを行為によって是認したのである。そして正しい仕方で命令を出すことには裁治権が前提とされていることから、命令が正しいことを是認する者は、必然的に裁治権をも是認していることになる。しかしこの裁治権はもし法にかなっていなければ不正であろう。(9)そして、次のことに注意すべきである。すなわち後件[9]を否定することに基づいた[10]論証は、たとえその形式から見てある種のトポス[11]によ

4 もしAならばBである。しかしBではない。それゆえAではない。例えば、もしXが人間ならばXは動物である。それゆえXが動物でなければXは人間でない。

5 したがって、相互に矛盾する二つの命題の一方が偽ならば、他方は必然的に真である。

6 『ニコマコス倫理学』第一〇巻第一章一一七二a三四―三五。

7 ルカ福音書第二章一参照。

8 皇帝アウグストゥスが命じた人口調査による登録。

9 「キリストは（ローマ帝国に）生まれることによって不正を是認した」。前件は「ローマ帝国は法にかなった正当なものでなかった」。

10 ダンテの原句では「後件を否定するための論証」となっているが、後件の否定は、キリスト教徒がこれを認めるはずはないことを根拠にしており、ダンテは後件を否定する論証を行なっているわけではない。したがって「後件を否定するための論証」を「後件を否定することに基づいた論証」へと訂正して読むのが正しい。

って妥当するにしても、それを第二格の三段論法[12]に変えればその効力を明らかに示すことになり、これは前件を肯定することに基づいた論証が第一格の三段論法[13]によってその効力を示すのと同様である。しかし、(10)三段論法は次のようになるだろう。あらゆる不正は不正に是認される。しかし、キリストは不正に是認したことはなかった。それゆえ、キリストは不正を是認したことはなかった。[14]もし前件を肯定すれば次のようになる。あらゆる不正は不正に是認される。キリストは或る不正を是認した。それゆえキリストは(不正を)不正に是認した。[15*]

第一一章

(1)そして、もしローマ帝国が法にかなった正当なものでなかったならば、アダムの罪がキリストにおいて罰せられたことにもならない。しかし、この後件は偽である。それゆえ、この後件がそこから帰結した命題とは矛盾する命題が真だということになる。(2)この後件が偽であることは、次のことから明白である。「一人の人によって罪

11 topos あるいは locus communis. あらゆる論題に応用できる論法。上記(4)の註5の「相互に矛盾する二つの命題の一方が偽ならば、他方は必然的に真である」がそうである。

12 本書第一巻第一一章(9)の註8参照。三段論法は、結論「SはPである」を導出する大前提と小前提の中に存在する媒辞M——大前提はPとMの組み合わせ、小前提はSとMの組み合わせから成る——の位置によって四つの格に区別される。このうち、「…PはM…」を大前提、「…SはM…」を小前提として結論「…SはP…」を導出するのが第二格の三段論法である。

13 「…MはP…」を大前提、「…SはM…」を小前提として結論「…SはP…」を導出するのが第一格の三段論法である。

14 三段論法の四つの格は、大前提と小前提と結論が全称肯定命題、全称否定命題、特称肯定命題そして特称否定命題のいずれであるかに応じて幾つかの式に区別される。第二格の三段論法のうち、大前提が全称肯定命題「あらゆるPはMである」、小前提が特称否定命題「或るSはMでない」、結論が特称否定命題「或るSはPでない」となっている推論形式は〈baroco〉と言われる。「あらゆる不正は不正に是認される」。しかし、「キリストは不正に是認したことはなかった」。それゆえ、「キリストは不正を是認したことはなかった」という三段論法は第二格の〈baroco〉である。

15 第一格の三段論法のうち、大前提が全称肯定命題「あらゆるMはPである」、小前提が特称肯定命題「或るSはMである」、結論が特称肯定命題「或るSはPである」となっている推論形式は〈darii〉と言われる。「あらゆる不正は不正に是認される」。しかし、「キリストは或る不正を是認した」。それゆえ「キリストは不正を不正に是認した」という三段論法は第一格の〈darii〉である。要するにダンテによれば、この推論の大前提は自明の理であり（不正を是認することは必然的に不正に是認することである）、それゆえキリストが（ローマ帝国に）生まれることにより不正を是認したならば、キリストは不正に不正を是認したことになる。しかしキリストは不正を是認しただけではなく、不正に——意図的に——不正を是認したというこの結論はキリスト教徒にとって到底容認しがたい。したがってキリスト教徒はローマ帝国が法にかなった正当なものであることを容認しなければならない。

がこの世に入り、また罪によって死が入ってきたように、こうして、すべての人が罪を犯したので、死が全人類に入り込んだのである」[1]と使徒パウロが述べている如く、アダムの罪によって我々すべてが罪人だからである。もし、この罪がキリストの死によって贖われなかったならば、我々は自然によって――すなわち堕落した自然によって――依然として（神の）怒りの子であっただろう。[2] (3) しかし、これは事実ではない。というのも聖パウロが『エペソ人への手紙』で父なる神について語りながら次のように述べているからである。「父なる神は、御旨のよしとするところに従い、イエス・キリストによって我々を御自分の子にしようと預定された。これは、その愛する御子によって賜わった栄光ある恵みを、我々がほめたたえるためである。我々は、御子にあって、神の豊かな恵みのゆえに、その血による贖い、すなわち罪過の赦しを受けたのである」[3]。そして、キリスト自身も刑罰を自ら甘受しながら、『ヨハネ福音書』の中で、「すべては成し遂げられた」[4]と述べている。というのも、すべてが成し遂げられた場合には、為すべきいかなることも残されていないからである。(4) 推論の正しさに関して次のことを知るべきである。すなわち「刑罰」とは単に「不正を行なう者に対する罰」ではなく、「法的刑罰権を有する者によって科せられる罰」だということである。それゆえ、罰が正規の裁判官によって科せられないかぎり、それは「刑罰」ではなく、むしろ「不正」と言われるべきである。それゆえ、かのヘブル人がモーセに「誰があなたを我々の裁判人として立てたのか」[5]と述べたのもこのためである。(5)したがって、もしキリストが正規の裁判官のもとで苦しみを受けたのでなかったならば、その罰は刑罰ではなかっただろう。そしてその裁判官は、人類全体に対して裁判権を有していないかぎり、正規の裁判官ではありえなかった。というのも、預言者イザヤが語っているように、[6]我々の悲しみを担ったキリストの肉体において罰せられたのは人類全体だったからである。そして、もしローマ帝国が法にかなった正当なものでなかったならば、ピラトがその代理者であったカエサルのティベリウスは人類全体に対して裁判権を有していなかったことになるだろう。(6)それゆえ、ルカがその福音書で伝えている如く、[7]ヘロデは――ちょうどカヤパが天の命令によって真理を述べたとき

1 ローマ人への手紙第五章一二。
2 エペソ人への手紙第二章三参照。
3 エペソ人への手紙第一章五―七。
4 ヨハネ福音書第一九章三〇。
5 出エジプト記第二章一四。
6 イザヤ書第五三章四参照。
7 ルカ福音書第二三章一一参照。

もそうだったように[8]――たとえ自分が何をしているかを知らなかったにせよ、裁きを受けさせるべくキリストをピラトへと送り返したのである。というのも、ヘロデは鷲の旗印のもと、あるいは元老院の旗印のもとにティベリウスの代理を務めていたのではなく、ティベリウスによって特定の王国の王に任命され、自分に委ねられた王国の旗印のもとに統治していたからである。[9]

(7) したがって、自らを教会の息子と詐称する者たちは、教会の花婿であるキリストがこの世における彼の戦いの始めと終りにローマ帝国を是認していたことを理解して、ローマ帝国を非難することを止めなければならない。ローマ人民が法にかなった仕方で正当に全世界の支配権を自分のものにしたことが今や十分に立証されたと私は考える。

(8) おお幸多き民よ、栄光に輝く汝アウソニアよ。[10] 汝の帝国を弱化させた者[11]が生まれなければよかったものを。あるいは、この者の敬虔なる意図が彼を惑わすことがなければよかったものを。[12]

8　ヨハネ福音書第一一章四九―五二、第一八章一四参照。
9　ティベリウスはローマの「支配権（インペリウム）」をヘロデに委任したのではなく、ヘロデをその王国において独立した統治権を持つ王として置いた。それゆえヘロデはローマの普遍的「インペリウム」を行使していたわけではなく、したがってキリストにおいて全人類の罪を罰することもできなかった。これに対しピラトはローマの裁判権を行使していたのでこれが可能であった。
10　イタリア。
11　コンスタンティヌス大帝。
12　コンスタンティヌス帝の寄進については第三巻第一〇章参照。

第三巻

第一章

(1)「神が獅子たちの口をふさいだので、獅子たちは私に害を加えなかった。これは私の中に正義の存在することが神の前に認められたからである」[1*]。

本書の冒頭において、主題が許すかぎりにおいて三つの問題を論究することが提示された。そのうち初めの二つの問題については、前の二つの巻において十分に論述されたと私は思う。(2)今や第三の問題について論ずることが残されている。もっとも、この問題に関する真理は或る人々を赤面させることなしに立ち現われることがないので、おそらくそれは、或る人々が私に対して憤りを感ずる原因となることだろう。(3)しかし真理がその不変なる王座からこのことを懇願し、ソロモンも『箴言』[2]の森に踏み入る際に、真理につき思索し邪悪を嫌悪すべきことを、これから自らも実行しようとすることを模範として[*]我々に教示しており、また徳の教師であるアリストテレスも、真理のためには親しきことをも拒むべきであると説いている[3]ので、私は神の力が真理の擁護者たちの楯であると言われている上述のダニエルの言葉に勇気づけられ、そしてパウロの警告[4]に従い信仰の胸甲を身につけ、セラピムの一人が天上の祭壇から取ってイザヤの唇にあてた例の炭火の熱さを帯びて、[5]眼前の闘技場に入っていくだろう。そして、その血をもって我々を闇の力から救い出してくれたかの御方の腕によって私[6]は世界の人々が注視する中、邪悪な者と虚言者をリングから投げ出すことだろう。

(4)私は何を恐れる必要があるだろうか。というのも、父と子と共に永遠なる聖霊がダヴィデの口を通して次のように述べているからである。「正しき人はとこしえに記憶にとどめられ、他人の誹謗を恐れることはないだろう」[7]。

(5)それゆえ、これから論究が為される目下の問題は、二つの大きな光体、[8]すなわちローマ教皇とローマの君主に関するものであり、ここでは、第二巻で立証されたように法にかなった仕方で正当に全世界の君主であるローマの君主の権威は神から直接に

1　ダニエル書第六章二三。
2　箴言第八章八参照。
3　『ニコマコス倫理学』第一巻第六章一〇九六a一三―一五参照。
4　テサロニケ人への第一の手紙第五章八参照。
5　イザヤ書第六章六―七参照。
6　コロサイ人への手紙第一章一三参照。
7　詩篇第一一二篇六―七。ダンテは詩篇第一一二篇七を、正しい人間は悪口を――真理に対し憤る人々が正しい人間にあびせる悪口を――恐れないだろう、という意味で理解している。
8　創世記第一章一六参照。また『煉獄篇』第一六歌一〇六―一〇八（二つの太陽）参照。

由来するのか、それとも、真に天の王国の鍵[9]を持つ神の或る代理者ないし神に仕える或る者――私はペテロの後継者のことを言っているのであるが――から由来するのか、という問題が探究される。

第二章

(1)目下の問題を議論するためには、既に前の二つの問題において行なわれたように、[1]真理を明らかにするための諸論証がその妥当性を根拠にして形成されるような何らかの原理が採用されなければならない。確かに、措定されるべき媒辞の根拠となるのはこのような原理だけなのであるから、何らかの原理が前提とされないかぎり、たとえ真理を述べたところで、そのような努力が何の役に立つというのだろうか。(2)それゆえ、論争の余地のない次の真理を先ず前提にすることにしよう。すなわち、「自然の意図に違背することは神の意志に反している」という原理である。確かに、もしこれが真でないとすると、これと矛盾する命題、すなわち「自然の意図に違背することは神の意志に反していない」*という命題は偽でないことになるだろう。(3)そしてこの命題が偽でなければ、当の命題から論理的に帰結する命題も偽ではない。なぜならば、論理的に必然的な推論においては、前件が偽でなければ後件も偽ではありえないからである。(4)しかし、「意志に反していない」から次の二つのどちらかが必然的に帰結する。すなわち「欲している」か「欲していない」かである。これは「憎んでいない」から「愛している」か「愛していない」のどちらかが必然的に帰結するのと同様である。というのも、自明なこととして、「愛していない」ことは「憎んでいる」ことではなく、「欲していない」ことは「意志に反している」ことではないからである。[2]したがって、これらの帰結が偽でなければ、「神は自分が欲していないことを欲している」も偽ではないだろう。しかしこのこと以上に偽なることはない。(5)ここで言われていること[3]が真であることを私は次のように証明する。* 自然の目的を神が欲していることは明らかである。そうでなければ、神は天体を無益に動かしていることになる

9 マタイ福音書第一六章一九。

1 本書第一巻第二章(4)および第二巻第二章(4)。

2 「欲していない」(non velle)は意志作用の否定であるのに対し、「意志に反している」(nolle)は意志作用の対象の否定である。

3 「神は自分が欲していないことを欲している」という明白に不合理な命題が、「意志に反していない」は「欲している」か「欲していない」かのどちらかを論理的に含意するという異論の余地のない言明から論理的に帰結すること。

だろうが、このようなことを主張することはできない。仮に神が目的の阻止を欲するのであれば、神は阻止の目的を欲していることになる。さもなければ、この場合もまた神はそれを無益に欲していることになるだろう。そして阻止の目的は、阻止されるものが実現しないことであるから、神は自然の目的が実現しないことを欲している、という結論になるだろう。しかし神は自然の目的が実現することを欲している、というのが我々の最初の前提であった。(6)他方で、もし神が目的の阻止を欲していないならば、神がそれを欲していないかぎりにおいて、神が阻止を欲していないことからは、阻止が存在しているかいないかについて神が全く気にかけていないことが帰結するだろう。*しかし、阻止を気にかけない者は、阻止されうるものについても気にかけることはなく、したがって、このものを意に介することはない。そして、或るものを意に介さない者は、そのものを欲してはいない。(7)それゆえ、もし自然の目的が阻止されうるならば——事実、これは阻止されうる——、必然的に、神が自然の目的を欲していないことが帰結する。かくして我々の上記の結論、すなわち神は自分が欲していないことを欲しているという命題が帰結する。それゆえ、或る原理と矛盾する原理からかくも不合理な命題が帰結するならば、前者の原理は明白に真だということになる。

第三章

(1)第三の問題の検討に入るに際して次のことに注意しておく必要がある。すなわち、第一の問題[1]に関する真理は、論争を取り除くためではなく、むしろ無知を取り除くために明らかにされねばならなかったということである。しかし第二の問題[2]に関して真理とされたものは、無知と論争の双方にほぼ同じように関係していた。というのも、我々が無知でありながら論争もしていない数多くのことが存在するからである。(2)例えば幾何学者は円を正方形にする方法を知らないが、そのことについて論争もしていない。また確かに神学者は天使の数を知らないが、このことについて論争してはいない。またエジプト人はスキュティア人の文明を知らないが、だからといって彼らの文明について論争することはない。(3)しかし、目下の第三の問題に関する真理は大いなる論争の対象となっており、他の問題に関しては無知が論争の原因となるのが常であ

1　世俗的君主国（帝国）は世界が善い状態にあるために必要かという問題（第一巻第二章）。
2　ローマ人民は法にかなった仕方で正当に君主の職務を自分たちのものにしたか否かという問題（第一巻第二章）、あるいは、ローマ人民は法にかなった仕方で正当に帝国の威厳を自分たちのものにしたのかという問題（第二巻第二章）。

るように、この問題に関してはむしろ論争が無知の原因となっているほどである。(4)なぜならば理性の洞観より先に欲求によって衝動的に行動する人々には常に次のことが起こる*からである。すなわち、悪しき感情に動かされると理性の光を後に置き、盲人のように感情に引きずられ、自分が盲目であることを頑固に否定する、ということである。(5)それゆえ、次のようなことが極めてしばしば生じている。すなわち、虚偽が庇護されるだけでなく、多くの人々が自らの限界を越え出て他人の領分に侵入し、そこでは何も理解していない彼らは、彼ら自身何ら理解されることもなく、かくして或る人々の怒りを買い、また或る人々の軽蔑を呼び起こし、多くの人々の嘲笑の的となっている。(6)したがって、ここで探究されている真理に対しては特に三種類の人間*が戦いをしかけている。(7)すなわち、我らが主イエス・キリストの代理にしてペテロの後継者たるローマ教皇*——我々が教皇に対して負っている義務は、我々がキリストにではなくペテロに対して負っている義務である——はおそらくは鍵の権力への渇望によって、そしてまたキリスト教徒の群を司牧する他の人々や、私が思うに母なる教会への熱愛のみによって動かされているこれ以外の人々は、——既に述べたように——高慢さからではなくおそらく情熱によって、私がこれから明らかにする真理に反駁している。(8)しかしまた、頑固な貪欲さによって理性の光が消されてしまった他の人々は[3]――これらの人々は悪魔の父親から生まれた[4]にもかかわらず自分たちのことを教会の子と称している――、目下の問題に関して争いを扇動しているだけでなく、至聖なる君主権という言葉を憎悪して、既に論じた諸問題と目下の問題の基礎にある原理を恥知らずにも拒否するだろう。(9)更にまた、第三の人々――これらの人々は教皇令集註釈学者[5]と呼ばれている――がおり、彼らはどのような神学や哲学も学んだことがなく、これらについて無知であり、ただひたすら自分たちの教皇令のみを頼りにし、――確かに私も教皇令を尊重に値するものと考えてはいるが――私の信じるところでは、それらの優越性に望みをかけながら帝権を貶めている。*(10)これは驚くにあたらない。というのも既に私は彼らの中の或る者が、*教会の伝統[6]が信仰の基礎であると述べ厚顔にも主張することを耳にしたことがあるからである。実にこのような瀆神が、教会の伝統に先立ち神の子キリストを――やがて来るキリスト、あるいは現存するキリスト、あるいは既に受難したキリストを――信じ、信じつつ希望を抱き、希望を抱きつつ愛に燃え、愛に燃えながらキリストと共同の相続人となった[7]ことをこの世の誰もが疑わない者たちによって、人間たちの精神から取り除かれんことを。(11)そして、上

3 皇帝に敵対する君主や王たち、そしてイタリアのグェルフィ派を意味すると思われる。
4 ヨハネ福音書第八章四四参照。

記の第三の人々を目下の戦いの土俵から全面的に排除するためには、或る聖なる書は教会以前から存在し、或る聖なる書は教会と同時に、そして或る聖なる書は教会以後に存在することに注意すべきである。(12) 教会以前から存在しているのは、預言者が述べているように「主がとこしえに立てられた」[8] 旧約聖書と新約聖書である。教会が花婿[9]に「あなたの後について、行かせてください」[10]と語りながら述べているのもこのことである。(13) そして教会と同時に存在しているのは、キリストがそこに居合わせたことを信徒の誰も疑っていない、かの尊ぶべき最初の諸公会議[11]である。なぜならば我々は、マタイが証言しているように、キリストが天に昇ろうとしているとき、使徒たちに「見よ、わたしは世の終りまで、いつまでもあなたがたと共にいる」[12]と述べたことを知っているからである。更にアウグスティヌスやその他の博士たちの書いたものが存在する。これらの博士が聖霊によって鼓舞されていたことを疑う者は、博士たちの果実を全く見なかったか、たとえ見てもそれを少しも味わうことがなかった。(14) そして教会の後に存在するのが「教皇令」と呼ばれる諸伝統である。これは確かに使徒的な権威のゆえに尊ばれるべきものであるが、根本的な聖なる書の次に位置づけられるべきことは疑いえない。というのも、キリストはこれと逆のことをした祭司たちを非難したからである。(15) すなわち、祭司たちが「なぜあなたの弟子たちは、古人の習わ

5 decretalistae. グレゴリウス九世教皇令集(Decretales Gregorii Papae IX)(一二三四年)の註釈学者たち。ダンテは教皇令集註釈学者を批判するが(『天国篇』第九歌一三三―一三五、同第一二歌八二―八三参照)、グラティアヌスが天国に置かれていることからも理解されるように(『天国篇』第一〇歌一〇三―一〇五参照)、グラティアヌス教令集(Decretum Gratiani)(一一四〇年頃)を高く評価しており、教令集註釈学者たち(decretistae)――教令集註釈学者の活動は一二一五年頃に著わされたヨハネス・テウトニクスの『標準註釈』で終結する――を批判することはなかった。グラティアヌス教令集には教父のテキストも数多く含まれており、神学者たちはペトルス・ロンバルドゥスの『命題集』と共に、既に一二世紀後半から教令集を神学上の問題に関する権威あるテキストとして認めていた。グラティアヌスが天国においてペトルス・ロンバルドゥスのかたわらに置かれているのもこのことによる。また、ダンテが教令集註釈学者ではなく教皇令集註釈学者を批判した主な理由は、ホスティエンシス(一二〇〇頃―一二七一年)に代表されるように教皇令集註釈学者には教皇至上主義的傾向が見られることである。これに対して教令集註釈学者はフグッキオ(一一四〇年頃―一二一〇年)に代表されるように教皇権と皇帝権に関して二元論的な見解をとっていた。

6 ダンテは「伝統」という言葉を、教皇が発布してきた諸教令という意味で使用しているが、厳密には「伝統」は、聖書に記されておらず使徒たちから口承で伝えられた神の啓示を意味する。

7 ローマ人への手紙第八章一七参照。

8 詩篇第一一一篇九。

9 イエス・キリスト。

10 雅歌第一章四。

11 第一ニカイア公会議(三二五年)、第一コンスタンティノポリス公会議(三八一年)、エペソス公会議(四三一年)、カルケドン公会議(四五一年)の四つの公会議。

12 マタイ福音書第二八章二〇。

しを守らないのですか」と問うたとき――事実、弟子たちは手を洗わなかったからである――、キリストはマタイが証言しているように、祭司たちに次のように答えた。「なぜまたあなたたちは、自分たちの習わしのために神の掟にそむくのか[13]」と。ここにおいてキリストは、伝統が後に置かれるべきことを十分明白に示唆しているのである。(16)しかし、ここで明らかにされたように、教会の諸伝統が教会の後に存在するものであるならば、必然的に、教会は諸伝統によって権威を与えられるのではなく、むしろ諸伝統が教会から権威を与えられることになる。したがって、論拠として諸伝統しか持っていないような者たちは、既に述べられたように、この戦いの土俵から排除されなければならない。というのも、今問題になっている真理を追究する人々は、探究に際して、教会の権威がそこから発するものから出発して前進しなければならないからである。(17)かくして、上記のような者たちが排除された後に、更に、鴉の羽でおおわれているにもかかわらず、見栄をはって主の群の中の白い羊であることを誇示する他の者たちも排除されなければならない。これらの者は不敬虔の子ら、自分たちの破廉恥さを実行に移すために母親に売春させ、兄弟を追い出し、更にその上審判人の判決に服することを欲さぬ者たちである。確かに、これらの者たちは自らの貪欲さに妨げられ、原理を見ることがないのであるから、なにゆえ彼らに対して反論する必要があるだろうか。

(18)以上のような理由で、残されているのは、母なる教会に対する何がしかの情熱に駆り立てられていることで、ここで追究されている真理そのものを知らない者たちとの論争だけである。そこで私は真理を救済するために、本巻においてこれらの者たちとの戦いを開始することにする。孝心の息子が父に対して負う、そして孝心の息子が母に対して負う畏敬の念に依りながら、また、キリスト、教会、牧者、そしてキリスト教の信仰を公言するすべての人々に対する敬虔の念を持って。

第四章

(1)しかし、以下に続く全議論がそれへと向けられている人々、すなわち、帝国の権威は下っ端の職人が建築家に依存するように教会の権威に依存すると主張する人々は、数多くの様々な論証によってこの主張へと動機づけられている。彼らは例えばこれらの論証を聖書から取り出し、またローマ教皇と同様に皇帝自身の何がしかの言行から

13　マタイ福音書第一五章一―三。本文の「祭司たち」は、パリサイ派の者たちと律法学者。

導き出しているが、理性の若干の判断を得ようと努めてもいる。[1] (2) すなわち、第一に彼らは聖書の『創世記』[2] に従って、一方が昼を支配し、他方が夜を支配するように神が二つの大きな光体――より大きな光体とより小さな光体――を創造したことを指摘する。彼らはこれらを二つの統治、すなわち霊的統治と世俗的統治について比喩的に述べたものと理解してきた。(3) 次に彼らは、より小さな光体である月が太陽から光を受け取らないかぎり光を発さないのと同様に、世俗の王権も霊的統治権から権威を受け取らないかぎり権威を持たないことを主張する。*

(4) 彼らのこのような見解やこれ以外の見解を論駁するために、あらかじめ次のことを銘記しておかなければならない。アリストテレスが『詭弁論駁論』[3] の中で好んで述べているように、論証に決着をつけることは誤謬を明示することである。そして誤謬は論証の内容と形式の中に存在しうることから、誤謬は二つの仕方で、すなわち、誤ったことを前提にするか正しく三段論法を用いないことから生ずる。アリストテレスは「というのも、彼らは誤ったことを受け容れ、正しく三段論法を用いていないからである」[4] と述べて、これら二つの仕方で論証したことに対してパルメニデスとメリッソスを批判している。私はここで「誤ったこと」という言葉を、「ありそうにないこと」をも含む広義の意味で理解する。というのも、「ありそうにないこと」は蓋然性が問題になっているときは誤謬の性格を帯びるからである。(5)確かに、もし誤りが形式にあるならば、結論を論駁したいと思う者は、三段論法の形式が正しく用いられていないことを示すことによって当の結論を除去しなければならない。しかし誤りが内容にあるならば、それは「全面的に」誤ったことが前提とされているか、「或る側面で」誤ったことが前提とされているからである。もし「全面的に」であれば、前提されていることの抹消によって結論は論駁されるべきであり、もし「或る側面で」であれば区別をもうけることによって論駁されるべきである。

(6)以上のことが理解されたならば、このような論駁や、後に行なわれることになる他の論駁をより明白なものにするために、神秘的な意味については二つの仕方で誤謬が生ずることに注意しなければならない。すなわち、神秘的な意味など存在しないところにそれを探究することによるか、あるいは理解されるべき仕方とは別の仕方でその意味を理解することによって誤謬は生ずる。(7)前者の誤謬についてはアウグスティ

1　ダンテの論敵が聖書から取り出す論証は第四章から第九章、教皇と皇帝の言行から導き出す論証は第一〇章と第一一章、理性による論証は第一二章で提示されている。
2　創世記第一章一六。
3　『詭弁論駁論』第一八章一七六b二九参照。
4　『自然学』第一巻第三章一八六a七。

ヌスが『神の国』の中で次のように述べている。「物語られているすべての出来事に何か別の意味があると考えてはならない。しかし、何か別の意味のあることのために、他に何の意味もないことが付け加えられることがある。土地は鋤の刃のみによって耕されるが、これが為されうるには鋤の他の部分も必要なのである」[5]。(8) 後者の誤謬については同じアウグスティヌスが『キリスト教の教え』の中で、聖書を書いた人が述べていることとは異なることを聖書の中に読み取る者[6]について語りながら、「このような者は、正しい道を離れてあちこち歩き回るが、この道が彼を連れていったはずの場所と同じ場所に結局は到達する者と同じ誤りを犯している」と述べ、「正道から逸れることを習わしとすると、横道や誤った道に入り込まざるをえないことが示されねばならない」と付言している。(9) そして更にアウグスティヌスは「聖書の権威がゆらげば信仰がぐらつくだろう」と述べて、このようなことを聖書について行なわないよう注意すべき理由を示唆している。(10) しかし私としては、雲の中に獅子がいるといって怖がる[7*]人を大目に見るべきであるように、このような誤りが無知のゆえに為されるときは、熱心にその者を正した上で誤りを寛恕すべきであると言いたい。しかし、誤りが故意に為されるとき、我々は誤った者に対して、公の法を共通の利益のために遵守することなく自分自身の利益のためにねじ曲げようと企てる暴君に対してと異なると、永遠なる聖霊の意図を悪用するとは。たとえそれが夢の中で起ころうと、態度をとるべきではない。(11)おお、悪行の極みよ。事実、罪が犯されているのはモーセに対してではなく、ダヴィデやヨブ、マタイやパウロに対してでもなく、これらの人々の中で語る聖霊に対してである。[8]なぜならば、神が語ることを書き記す者は多くても、彼らに口授するのは唯一神のみ、多くの人々の筆を通して我々にその意志を表わし給う神のみだからである。

(12)したがって、以上のことをあらかじめ指摘した上で、先に述べられた点に関して私は例の言明を論駁することによって答えたい。すなわちこの言明によって彼らは、かの二つの光体がこれら二つの統治を象徴的に表現していると主張しており、確かに彼らの議論の全効力はこの言明に基づいている。(13)しかし、この象徴的な解釈が決して支持されえないことは二つの方法で示すことができる。第一に、このような統治は人間自体が帯びるある種の付帯性であるがゆえに、もし神が付帯性に固有の主体に先

5 『神の国』第一六巻第二章。
6 『キリスト教の教え』第一章三六—三七。
7 雷鳴を獅子の吠え声だと思って怖がる人。
8 ペテロの第二の手紙第一章二一参照。

立って付帯性のほうを先ず産出したとすれば、神は転倒した秩序を利用したと思われることになるが、神についてこのようなことを主張するのは不合理だからである。[9] 確かに、聖書のテキストから明らかなように、これら二つの光体は四日目に創造され、人間は六日目に創造された。[10] (14)更にこれらの統治は、後で明らかになるように、ある種の目的へと人間たちを導くものであるから、もし人間が神によって創られたままの無垢の状態にあり続けたならば、このような導きは必要でなかっただろう。それゆえこの種の統治は罪の疾患を治療する手段ということになる。[11*] (15)したがって、四日目には人間は罪人でないばかりか端的に存在してさえいないのであるから、治療手段の創造は無用のことであっただろうし、このようなことは神の善性に反している。確かに、人間が生まれる前から未来の腫物のために人間に膏薬を調合するような医者は愚かだろう。(16)それゆえ、四日目に神はこれら二つの統治を創造したと主張すべきではなく、したがってモーセの意図は彼らが案出したようなものではありえなかった。(17)しかし、たとえこのような捏造を大目に見たとしても、この主張は区別をもうけることによって反駁されうる。確かに、区別をもうけることによる解決のほうが、論敵に

9　付帯性(accidentia)はその主体(subiectum)――すなわち実体(substantia)――に依存し、後者なくしては存在しえない。

10 創世記第一章一九、第一章三一参照。

11 しかし世俗的統治（国家）を原罪による疾患の治療手段とみなすアウグスティヌス的見解は、本書第一巻第五章と第六章の議論の中に含意されているアリストテレス・トマス的見解、すなわち世俗的統治（国家）の形成を人間本性から自然的に生じた結果とみなし、原罪以前の無垢な状態においても世俗的統治（国家）は存在しえたとする見解と齟齬をきたしているように思われる。人間は本性上政治的ないし社会的動物であると言われるとき、その理由は様々である。例えばトマス・アクィナスにおけるように、言語の使用は人間に固有な能力であるが、自然はいかなるものも無益には創らなかったのであるから、人間は自然的に相互に言葉を交わす存在であり、言葉を交わすことは家や国家の中で生ずるがゆえに、人間は自然的に家や国家の中で生きる存在であると主張されたり、人間は有益なものや有害なものを他の動物のように本能的に的確に把握することができず、単独では満足のいく生活を送ることができないので他の人間との共同生活を必要とすると主張され、更には、家という共同体は人間の生命維持を保障するだけであるのに対し、国家は人間が善い生活を送るために必要な条件であり、道徳的存在としての人間の完成に寄与すると主張されたりする。これに対してダンテにおいて人間がその本性上、社会的ないし政治的動物であることの意味は、第一巻第三章で述べられているように、人間に固有の目的は理性の——理性が個人の理性として捉えられていようと個々の人間の魂から分離したアヴェロエス的な理性として捉えられていようと（第一巻第三章(9)註6参照）——潜在能力の現実化であり、ただ国家のみが——ダンテの場合は普遍的な帝国のみが——この目的の実現を可能にするということである。しかし齟齬をきたしているという指摘に対しては、人間の社会的本性と政治的本性を区別して、原罪以前の人間は社会的動物として平和で平等な社会を形成し、無垢なるがゆえに政治的動物ではなく強制的な政治権力を必要としなかったが、原罪の後に初めて政治的動物たる人間が強制的な政治権力である世俗的統治（国家）を平和維持のために形成したと理解することで、ダンテの表面的な矛盾を解消することもできるだろう。

対してより温和なやり方である。すなわち、完全に否定してしまうやり方を用いると彼らが全くもって虚偽を述べているように見えるのに対し、より温和なやり方を用いれば彼らがそう見えることはないからである。それゆえ私は次のように述べる。月は太陽から光を受け取らないかぎり十分に光を持たないとしても、だからといって月そのものが太陽から生まれたということにはならない。(18)したがって、月そのものの存在と、月の力、そして月の働きはそれぞれ別のものであることを知るべきである。存在に関して月はいかなる意味においても太陽に依存してはおらず、また力に関しても、そして働きそのものに関しても同様である。なぜならば、月の運動は月に固有の動者[12]から発し、月の影響力は月に固有の光線によるからである。月は月蝕のときに明らかなように、自ら何がしかの光を有している。[13](19)しかし、よりよく、そしてより強く作用することに関しては月は太陽から或るものを、すなわち十分な光を受け取り、これを受け取ることによってより強く作用することになる。(20)かくして私は次のように主張する。世俗的統治権は霊的統治権から存在を受け取ることはなく、その力すなわち権威も、また単にその働きでさえ霊的統治権から受け取るわけではない。むしろ世俗的統治権は、教皇の祝別が天と地においてそれに注入する恩寵の光によってより強く作用する力を、霊的統治権から正しく受け取るのである。*(21)それゆえ推論は形式上の誤りを犯していたわけである。というのも、明らかに、結論における述語は大前提の述語と同じではないからである。すなわち推論は次のように進行する。月は霊的統治権である太陽から光を受け取る。そして世俗的統治権は月である。それゆえ世俗的統治権は霊的統治権から権威を受け取る。(22)確かにここでは大前提の述語として「光」が置かれており、結論の述語としては「権威」が置かれているが、上で見た如く、これら二つは主体においても意味においても異なっているのである。[14]

第五章

(1)また彼らはモーセのテキスト[1]から論拠を引き出し、ヤコブの大腿からこれら二つの統治権の形象が流れ出したこと、二つの形象とはすなわちレビとユダであり、一方は司祭職の父であり、他方は世俗的統治権の父であったと述べている。そこで彼らは

12 天使。
13 月蝕のときに見られる月の微弱な光が太陽光線の反射により引き起こされる現象であることはガリレオによって立証された。
14 同じ議論は本書第三巻第七章(3)にも見られる。
1 創世記第二九章三四―三五。

このことから次のように論じている。すなわちユダに対するレビの関係は帝国に対する教会の関係に相当する。そして、聖書のテキストから明らかなように、レビは誕生においてユダに先行しているのであるから、教会は権威において帝国に先行していることになる、と。(2)しかしこれは容易に論駁されうる。すなわち、ヤコブの息子であるレビとユダがこれら二つの統治権を象徴していると彼らが主張するとき、私は前と同じようにこの想定を斥けることによって論駁することができるだろう。しかし譲歩してこの想定を認めたとしよう。(3)しかし、彼らが論証において「レビが誕生において先行しているように、教会は権威において先行している」と推論するとき、私は前と同じようにこの場合も結論の述語と大前提の述語が異なっていると主張する。というのも、「権威」と「誕生」は主体においても意味においても異なっているからであり、したがって推論は形式において誤っている。これは次の推論に類似している。「AはCにおいてBに先行している。DとEの関係はAとBの関係に相当する。それゆえDはFにおいてEに先行している」。しかしFとCは異なっている。(4)そして、もし彼らがこれに反論して、CからFが、すなわち誕生から権威が論理的に帰結することを主張し、「人間」の代わりに「動物」を置くことができるように、前提（すなわちC）の代わりに帰結（すなわちF）を正当に置くことができると主張するならば、[2] 私はそれは誤りであると答える。というのも、先に誕生してもより若い人々より大きな権威を持たず、むしろ権威においてより若い人々に先を越されてしまうような数多くの年長者が存在するからである。例えばこのことは、自分に服する首席司祭より年下の司教がいることから明らかである。(5)かくして彼らの反論は「原因でないものを原因とみなす」誤謬[3]のゆえに無効とみなされる。

第六章

(1)更に彼らは『列王記』第一巻のテキストからサウルの王選出と廃位を引用し[1]、王サウルが聖書のテキストに明らかな如く、神の指図に従って神の代理を務めていたサムエルにより王位を授けられ、そして廃位されたことを主張する。(2)そして彼らはこのことを根拠として、神の代理であったサムエルが世俗統治権を授与したり取り上げ

2 「人間」が「動物」を論理的に含意するように、「先に誕生すること」は「権威がより大であること」を論理的に含意する、とダンテの論敵は主張する。

3 アリストテレス『詭弁論駁論』第六章一六八b二二―二六。また同第五章一六七b二〇―三六参照。

1 列王記第一(サムエル記上)第一〇章一、同第一五章二三―二八、同第一六章一三参照。

たり、他の者に移譲する権威を有していたように、現今、神の代理にして普遍教会の首長たる者は、世俗統治権の王笏を授与したり取り上げたり、また他の者に移譲する権威をも有していると主張する。このことから疑いもなく、帝国の権威が彼らの言うように教会に従属していることが帰結するだろう。(3) しかしこれに対しては、サムエルは神の代理であったと言う彼らの主張を拒絶することによって答えられるべきである。というのも、サムエルは神の代理としてではなく、その場かぎりの神の特使として、あるいは神の明示的な委任を身に帯びた使者として行動したからである。このことは明らかである。なぜならば、サムエルは神が述べたことだけを行ない、神が述べたことだけを伝達したにすぎないからである。(4) したがって、代理人たることと、使者ないし奉仕者たることが異なっていることを知るべきである。これは教師たることと解釈者たることが異なっているのと同様である。[2] (5) というのも代理とは、法に従って、あるいは自らの裁量によって[3]行使される裁治権を委ねられた者のことであり、それゆえ代理人は自分に委ねられた裁治権の範囲内で、主人が全く関知しない事柄に関して法に従った、あるいは裁量による行動をとることができるからである。しかし使者は使者たるかぎりにおいてこのようなことは行なえず、鎚がただ鍛冶屋の手のみによって仕事をするように、使者も使者を送った者の意向のみによって仕事をする。(6)

したがって、神が使者サムエルを通じてこのことを行なったならば、神の代理もこのことを行なうことができる、という推論は妥当しない。神は使者を通じて、神の代理であるペテロの後継者が行なうことのできない多くのことを行なったし、行なうし、これからも行なうだろう。(7) それゆえ、彼らの推論は「全体から部分への」推論であり、「人間は見ることができ聞くことができる」というように、肯定形でこの推論を行なっている。それゆえ耳は見ることができ聞くことができる。この推論は妥当しない。しかしこれを「人間は飛ぶことができない。それゆえ人間の腕は飛ぶことができない」というように否定形にすれば妥当な推論となる。そして「――アガトンの意見[4]に従えば――使者を通じて神は起こったことを起こらなかったことにすることはでき

2　解釈者はテキストに拘束され、その意味を明らかにするだけであるのに対し、教師はテキストからある程度独立しており、テキストを使って自分自身の考えを示すことができる。同様に、使者は主人の言葉を単に伝えるだけなのに対し、代理人は主人に対して一定限度の裁量を有しており、主人の意向に明白に反しないかぎり自由な行動をとることができる。

3　代理人は法に従って行動しなければならないが、法に違反しないかぎりで自由裁量を行使することができる。それゆえ「法に従って、あるいは自らの裁量によって」の「あるいは」は相互に排他的な「あるいは」ではない。

4　アリストテレス『ニコマコス倫理学』第六巻第二章一一三九b八―一一参照。原句は神についてのみ語っており、「使者を通じて」はダンテが付加した言葉。アガトンはアテナイ出身の悲劇詩人。

ない。それゆえ神の代理もそのようなことができない」という推論も同様である。

第七章

(1)更に彼らは『マタイ福音書』[1]から東方の三博士の奉献を援用し、キリストが乳香と共に黄金を受け取ったことは、キリストが霊的事項と世俗的事項の支配者であり指導者であることを意味すると述べ、このことからキリストの代理が同じ霊的事項と世俗的事項の支配者であり指導者であること、したがって両方の事項に対して権威を有することを推論している。(2)これに対する返答として、私はマタイのテキストの字義的な意味とその比喩的な意味を認めるが、彼らがそこから推論しようと試みていることを拒否する。なぜならば彼らは次のように推論するからである。「神は霊的事項と世俗的事項の支配者である。教皇は神の代理である。それゆえ教皇は霊的事項と世俗的事項の支配者である」。(3)確かに二つの前提命題は真であるが媒辞が同じではなく、推論は四つの概念によって行なわれている。この推論はアリストテレスの『分析論前書』[2]から明らかなように、三段論法の正しい形式に違反している。というのも、大前提の主語である「神」と、小前提の述語である「神の代理」は異なるからである。(4)

そして、もし誰かが代理も本人と同じ権限を有していると主張し続けても、この反論は無益である。というのも、神の代理であれ人間の代理であれ、代理は本人と同じ権限を持たないからであり、このことは容易に理解することができる。(5)確かに我々は、ペテロの後継者が少なくとも自然の働きに関するかぎり、神の権威に匹敵するものではないことを知っており、自分に委ねられた任務によって大地を上へと上昇させたり、火を下へと下降させたりすることができないことを知っている。(6)更にペテロの後継者が神からすべてのことを委ねられたこともありえない。なぜならば、明白に立証されるように、神は創造する力や、同じく洗礼を施す力をいかなる仕方においても委任することができないからである。たとえ、ペトルス・ロンバルドゥス師が『命題集』の第四巻[3]でこれと反対のことを述べていても。[*](7)我々はまた、或る人間の代理は、代理たるかぎりにおいて当の人間と同じ権限を有していないことを知っている。というのも、誰も自分のものでないものを与えることはできないからである。ところで、君

1 マタイ福音書第二章一―一三。
2 『分析論前書』第一章二五、四一b三六、四二a三一参照。
3 ペトルス・ロンバルドゥスは『命題集』第四巻(distinctio 5, cap. 3)で、神は洗礼を施す力――洗礼によって罪を赦す力――を或る者に委任し、この者は洗礼の施し主である神に仕える者として、――単独ではなく神と共に――洗礼を施すことができると述べていた。

主の権威は使用のためにのみ君主に属している。いかなる君主も自分自身に権威を与えることはできないからである。君主は権威を受け取ったり放棄したりすることはできるが、他の君主を創造することはできない。君主の創造は君主に由来するわけではないからである。(8)もしそうならば、いかなる君主も自分自身に代えて、すべてにおいて自分自身と同じ権限を持った代理を置くことができないことは明らかである。それゆえ上記の反論はいかなる効力も有していない。

第八章

(1)同様に、同じマタイのテキストから彼らは、キリストがペテロに述べた次の言葉を援用している。「そして、あなたが地上で繋ぐことは何であろうと天でも繋がれ、あなたが地上で解くことは何であろうと天でも解かれるだろう」[1]。彼らはマタイの他のテキスト[2]、そして同様にヨハネのテキスト[3]では同じこの言葉が他のすべての使徒に対しても述べられたと解釈している。(2)これを根拠として彼らは、ペテロの後継者は神の承認によってすべてのことを繋ぎ解くことができると主張し、このことからペテロの後継者は帝国の法律や勅令の拘束力を解くことができ、世俗的統治権に代わって拘束力ある法律や教令で人々を繋ぐことができると推論している。そしてこのことから彼らが主張することが確かに論理的に帰結するだろう。(3)これに対しては、彼らが用いている三段論法の大前提に関して区別をもうけることで答えるべきである。事実、彼らは三段論法によって次のように推論している。「ペテロはすべてのことを解き、すべてのことを繋ぐことができた。ペテロの後継者はペテロが為しえたすべてのことを行なうことができる。それゆえペテロの後継者はすべてのことを解き、すべてのことを繋ぐことができる」。そしてここから彼らは、ペテロの後継者には帝国の権威と勅令の拘束力を解くことも、同じ権威と勅令で人々を繋ぐことも可能であると推論している。(4)私は小前提を認めるが、大前提に関しては区別をもうけることなしにこれを認めることはできない。それゆえ私は、「すべての」という全称記号——これは「何であろうと」という言葉の中に含意されている——は、当の全称記号によって周延されている名辞の指示対象の範囲を越えて当の名辞を周延することはない[4*]、と主張する。(5)というのも私が「すべての動物は走る」と述べるならば、「すべての」は、

1 マタイ福音書第一六章一九。
2 マタイ福音書第一八章一八。
3 ヨハネ福音書第二〇章二三。

動物という類概念の下に含まれるすべてのものへと「動物」（という名辞）を周延し、私が「すべての人間は走る」と述べるならば、このとき「すべての」という全称記号は、「人間」という名辞の指示対象以外のものへと「人間」（という名辞）を周延することはないからである。* そして私が「すべての文法家」と言うとき、周延は更にいっそう縮小することになる。

(6)それゆえ全称記号が周延しうるものが何であるかに常に注意しなければならない。このことに注意すれば、全称記号が付されている名辞の性格と指示対象の範囲を認識することで、全称記号による周延がどの程度にまで及ぶかが容易に明らかになるだろう。(7)したがって、「あなたが繋ぐことは何であろうと」と言われるとき、もし「何であろうと」が絶対的な意味で理解されるべきであるならば、彼らが主張することは正しいだろう。ペテロは彼らが主張することを為しえるだけでなく、妻を夫から解いたり、最初の夫が未だ生きているのに妻を別の夫に繋いだりすることもできるだろう。しかしペテロにはこのようなことはできない。また、ペテロは悔悛していない私を罪から解くことができることになるだろうが、神でさえこのようなことはできないだろう。(8)したがって、以上のような理由からして、周延は絶対的な意味ではなく、或るものとの関係において理解されるべきことは明らかである。しかしそれがどのようなものとの関係においてであるかは、ペテロにどのような権限が与えられたかを見れば十分に明らかである。周延は権限として与えられたことに結びつけられているからである。[9]すなわちキリストはペテロに「私はあなたに天の王国の鍵を与えるだろう」と述べており、これは「私はあなたを天の王国の門衛にするだろう」という意味である。これに続いてキリストは「〜ことは何であろうと」と付け加えているが、これは「すべてのこと」という意味、すなわち、「あなたが解き繋ぐことのできる、この職務に属するであろうすべてのこと」という意味である。[10]このようにして「何であろうと」に含まれている全称記号は、天国の鍵の職務によってその周延が限定されている。

4 ペトルス・ヒスパヌスは「周延（distributio）とは全称記号によって生じる一般名辞の拡充（multiplicatio）である。例えば「すべての人間」と言われるとき、この「人間」という名辞はこの「すべての」という記号によって、人間の下にあるすべての個体へと周延ないし拡散され、かくしてこの場合、一般名辞の拡充が存在している。しかし私が「一般名辞の」と述べる理由は、個体名辞は周延されえないからである」（『論理学綱要』第一二章一）と述べている。例えば、「すべての人間は動物である」という命題を例にとれば、一般名辞である「人間」の外延のすべてに関して当の命題が主張されていることから「人間」は周延されているのに対し、「動物」の外延のすべてに関して主張されてはいないので「動物」は周延されていない。これに対して「すべての人間は動物でない」という命題については、「人間」だけでなく「動物」も周延されている。

5 マタイ福音書第一六章九。

そしてこのように理解すれば上記の命題は真であるが、絶対的な意味で理解すればそれは明らかに真ではない。(11)したがって私は次のように主張する。すなわち、ペテロの後継者は、ペテロに委任された職務が要求するところに従って解いたり繫いだりすることができるにしても、このことから、彼らが主張したようにペテロの後継者が帝国の勅令や法律を解いたり繫いだりすることができるといった帰結は生じない。このように結論するためには、鍵の職務にそのような権限が属していることを更に別の論拠によって立証する必要がある。しかしこれと反対のことが後で示されるだろう。[6]

第九章

(1)更にまた彼らは『ルカ福音書』から、ペテロがキリストに対し述べた「主よ、ご覧ください、ここに剣が二振りございます」[1]という言葉を引用し、この二つの剣は既述の二つの統治権力を意味するものとして理解されることを主張し、ペテロが、自分のいるところにそれらはある——すなわちそれらは自分のものである——と述べていることを理由に、二つの統治権力は、その権威に関するかぎり、ペテロの後継者のもとにあることを論じている。(2)これに対しても、彼らが自分たちの論証をその上に基礎づけている比喩的な解釈を否定することによって答えなければならない。すなわち、彼らはペテロが示している二つの剣は既述の二つの統治権力を意味すると述べているが、これは全くもって否定されるべきである。その理由の一つは、ペテロの返答はキリストの意図に合致していなかったからであり、もう一つの理由は、ペテロは彼のいつものやり方で、よく反省せず、ものごとの単に表面だけを見て答えていたにすぎないからである。

(3)ところで、ペテロの返答がキリストの意図に合致していなかったことは、先行する言葉と、その言葉が述べられた理由を考慮すれば不明確ではなくなるだろう。そのためには、これが最後の晩餐の日の話であったことを知らなければならない。このゆえにルカはもっと前に「過越《すぎこし》の子羊をほふるべき種無しパンの祭りの日が来た」[2]という言葉でもって話を始めているのである。しかしこの晩餐においてキリストは、自分が使徒たちと離別しなければならない差し迫った受難について予言した。(4)同様に、

6　本書第三巻第一四章。
1　ルカ福音書第二二章三八。しかし、この言葉は実際にはペテロではなく全使徒によって語られた言葉である。
2　ルカ福音書第二二章七。

これらの言葉が語られたとき、一二人の使徒がすべてその場に居合わせたことを知るべきである。それゆえ、上で引用された言葉の少し後でルカは「食事の時間になったので、イエスは食卓につかれた。一二人の使徒たちも一緒だった」[3]と述べているのである。(5)ここから話を続けてルカは次のように語ることになる。「「私が財布も旅袋もはきものも持たせずにあなたたちをつかわしたとき、何か不足のものがあったか」。彼らは「何もありませんでした」と答えた。そこでイエスは彼らに言われた。「しかし今は、財布を持っている者はそれを持って行け。旅袋も同様に持って行け。また剣を持っていない者は自分の上衣を売って剣を買うがよい」[4]」。(6)この言葉においてキリストの意図が十分明白に示されている。事実、キリストは「二つの剣を買うか手に入れなさい」とは述べておらず、一二人の弟子たちに向かって「持っていない者は買いなさい」と述べているのであるから、各人が一つの剣を持つようにむしろ一二の剣を買うか手に入れるように述べているのである。(7)そしてキリストはこのように述べて、これから弟子たちに苦難と蔑みがふりかかることを彼らに前もって警告しているのである。つまりキリストはおよそ次のようなことを述べていると言えるだろう。「私があなたたちとともにいるかぎり、あなたたちは受け容れられていた。今やあなたたちは排斥されるだろう。それゆえあなたたちは、これまで私があなたたちに禁じていたものであっても、必要性のゆえにそれを準備しなければならない」。(8)したがって、もしこの言葉に対するペテロの答が彼らの主張するような意図のもとに為されたものならば、[5]それはキリストの意図に全く合致してはいなかっただろう。そしてキリストはペテロが無分別な答をしたときにしばしばペテロを叱責していたように、上記のような答に対してもペテロを叱責したことだろう。しかしここではキリストはそのようなことはせず、ペテロの答を黙過して「それで十分である」[6]と述べているのである。キリストはおよそ次のような意味でそう言ったのだろう。「必要性のゆえに私はそう述べるのであるが、もし必ずしもすべての者が持つことができないのであれば、二つで十分である」と。

(9)相手の言葉の表面的な意味をとらえて話すのがペテロの習い性であったことは、よく考えないで性急に早合点する彼の性格がそれをよく物語っている。このような性格へと彼を動かしていったのは、人の言うことを信じる実直さだけでなく、私が思うに、彼の生まれながらの純粋さと純朴さであった。ペテロのこのような早計さをすべ

3　ルカ福音書第二二章一四。
4　ルカ福音書第二二章三五—三六。
5　ペテロには二つの剣すなわち権力があるという意図。
6　ルカ福音書第二二章三八。

ての福音史家が証言している。(10) マタイは、イエスが弟子たちに「あなたがたは私を誰だと言うのか」と問うたときにペテロが他の誰よりも早く「あなたはキリスト、生ける神の御子です」と答えたことを記している。[7] また、マタイは次のように記している。[8] キリストが弟子たちに、なにゆえ自分がエルサレムに行き、多くの苦しみを受けなければならないかを述べたとき、ペテロがキリストをわきへ引き寄せて、「主よ、そんなことがあなたの身の上に起こりませんように。いやいや、そんなことが起こることはないでしょう」と言ってキリストを咎め始めると、キリストは振り向いてペテロを叱責しながら「サタンよ、引きさがれ」と言った。(11) 同様にマタイは次のことを記している。変容の山上でペテロはキリスト、モーセとエリヤそしてゼベダイの二人の息子の面前で「主よ、私たちがここにいるのは、すばらしいことです。もし、おさしつかえなければ、私はここに小屋を三つ建てましょう。一つはあなたのために、一つはモーセのために、一つはエリヤのために」[9] と言った。(12) またマタイは次のようにも記している。夜に弟子たちが舟の中にいて、キリストが水の上を歩いたとき、ペテロは「主よ、あなたでしたら、私に命じて、水の上を渡ってみもとに行かせてください」[10] と述べた。(13) またマタイは次のように記している。キリストが弟子たちのつまずきを予言したときペテロは「みんなの者があなたについてつまずいても、私は決してつまずきません」と述べ、更にその後で「たといあなたと一緒に死なねばならなくなっても、あなたを知らないなどとは、決して申しません」[11]と言った。(14)このことはマルコも証言している。[12]そしてルカは、ペテロが剣についての上述の言葉を述べる少し前に「主よ、私は獄にでも、また死に至るまでも、あなたとご一緒に行く覚悟です」[13]とキリストに語ったことを記している。(15)更にヨハネはペテロについて次のように語っている。キリストがペテロの足を洗おうとしたとき、ペテロは「主よ、あなたが私の足をお洗いになるのですか」と言い、その後で「私の足を決して洗わないでください」と述べた。[14][15](16)また更にヨハネは、ペテロが大祭司のしもべに剣で切り付けたことを語っており、このことは四人の福音史家がすべて記している。[16]そしてヨハネは、ペテロが墓に来たとき、もう一人の弟子が入口でためらっているのを見ながら、すぐに

7　マタイ福音書第一六章一五―一六。
8　マタイ福音書第一六章二一―二三。
9　マタイ福音書第一七章三―四。
10　マタイ福音書第一四章二八。
11　マタイ福音書第二六章三一―三五。
12　マルコ福音書第一四章二七―三一。
13　ルカ福音書第二二章三三。
14　ヨハネ福音書第一三章六―八。

墓に入ったことを述べている。[17] 同様にヨハネは、キリストが復活の後、岸に立っていたとき、「シモン・ペテロは主であると聞いて、裸になっていたため、上着をまとって海にとびこんだ[18]」と語っている。最後にヨハネは、ペテロがヨハネ[19]を見たとき、イエスに「主よ、この人はどうなのですか[20]」と述べたと語っている。(17) 我らの司牧者の長[21]の純真さを賛美して、このような言動を枚挙したことは確かに有益なことである。これらの言動から、ペテロが二つの剣について語ったとき、そこに深い意味はなく、率直な気持でキリストに答えていたことが明白に読み取れるのである。(18) それゆえ、もしキリストとペテロの上記の言葉が比喩的に理解されるべきであれば、これらの人々[22]が主張しているような意味で言葉を解釈すべきではなく、むしろマタイが記しているような剣の意味でこれを理解しなければならない。マタイは次のようにキリストの言葉を記している。「地上に平和をもたらすために、私が来たと思うな。平和ではなく、剣を投げ込むために来たのである。私が来たのは、仲たがいさせるためである、人をその父と[23]」云々。(19) このことは行ないによってと同様に言葉によって起こった。それゆえルカはテオピロに「イエスが行ない、また教えはじめた[24]」ことについて話したのである。このような剣をキリストは買うよう指示したのであり、ペテロが二つあると答えたのもこのような剣のことだった。すなわち彼らは、上で述べられたように、キリストが剣によってそれを行なうために自分は来たのだと言ったことを実行するために言葉と行ない(の二つ)を用いる用意があった、ということである。

第一〇章

(1)更に或る人々は、皇帝コンスタンティヌスが当時の教皇シルウェステルの執り成しによって癩病を浄められたとき、帝権の座すなわちローマを他の多くの帝国の顕職

15 ヨハネ福音書第一八章一〇。
16 マタイ福音書第二六章五一—五二、マルコ福音書第一四章四七、ルカ福音書第二二章五〇—五一。しかしこれら三つの箇所ではペテロの名は挙げられていない。
17 ヨハネ福音書第二〇章四—六。
18 ヨハネ福音書第二一章七。
19 ヨハネ福音書第二一章二〇の「イエスの愛しておられた弟子」は伝統的に使徒ヨハネとされている。
20 ヨハネ福音書第二一章二一。
21 Archimandrita. 修道院長や司教を意味する言葉であるが、羊飼いの長をも意味する。
22 帝国の権威は教会の権威に依存すると主張する人々。本巻第三章(18)と第四章(1)参照。
23 マタイ福音書第一〇章三四—三五。
24 使徒行伝第一章一。

とともに教会に寄進したと主張している。[1*] (2)このことから彼らは、これ以降はいかなる者も教会からそれらを受け取ることがないかぎりこのような顕職を身に帯びることはできないと論じている。彼らに言わせれば、これらの顕職は教会のものだからである。そしてこのことからは確かに、彼らが望むように、一方の権威は他方の権威に依存していることが帰結するだろう。

(3)かくして、聖書の言葉に基礎づけられていると思われた論拠が提示され、論駁されたので、今や残されているのは人間の歴史と人間の理性に基礎を置く論拠を提示し、論駁することとである。これらの論拠の中で第一のものはすぐ上で言及されたものであり、彼らは次のような三段論法を用いている。「教会に属するものは、いかなる者も教会からそれを受け取ることなくして正当に保持することはできない。――これは承認できる――。ローマの統治は教会に属する。それゆえローマの統治は、いかなる者

1　おそらく八世紀中葉に偽造された「コンスタンティヌス帝の寄進状」と呼ばれるコンスタンティヌス大帝の勅令（Constitutum Constantini）によれば、ローマ司教シルウェステルにより洗礼を施され癩病が治癒したコンスタンティヌスは（第二巻第五章(5)註4参照）このことに感謝して、アンティオキア、アレクサンドリア、コンスタンティノポリス、エルサレムの東方教会を含む世界の全教会に対するローマ司教の首位権を認め、ラテラーノ、サン・ピエトロ、サン・パオロ・フオーリ・レ・ムーラの大聖堂、ローマ帝国の諸属州の財産、ラテラーノ宮殿、

皇帝の諸権標、ローマ市、イタリアを含むローマ帝国の西方の領域をシルウェステルとその後継者に贈与し、自らは東方のビザンティウムに退くことを宣言した。この偽書が作成された背景は定かでないが、一説では次のように説明されている。七五四年にローマ教皇ステファヌス二（三）世は、ランゴバルド人の脅威にさらされていたローマの守護をフランク王ピピン三世（小ピピン）に要請するために教皇として初めてアルプスを越えてピピンのもとに赴いた。既に教皇ザカリアスはメロヴィング朝最後の王キルデリクス三世を廃位させ、カロリング朝のピピンをフランク王として承認し、マインツ大司教ボニファティウスがピピンを塗油により聖別していたが、教皇ステファヌスは改めてピピン三世とその二人の息子（一人は後のカール大帝）を塗油によって聖別し、カロリング家をフランク王国の支配者として承認した。教皇によるこの聖別の代償としてピピン三世はランゴバルド王国に攻め入り、ランゴバルド人が占領していたビザンティン帝国のラヴェンナ地方総督領などを奪取し、これらの領域をローマ教皇に寄進した（「ピピンの寄進」）。そしてラヴェンナ地方総督領の返還を要求するビザンティン皇帝に対抗し、この領域がローマ教皇領であることを主張するローマ教皇の論拠となったのが「コンスタンティヌス帝の寄進状」である。

「コンスタンティヌス帝の寄進状」は九世紀に『偽イシドルス教令集』に、更に一二世紀に『グラティアヌス教令集』(distinctio 96, cap. 14) に収められた。ダンテは『グラティアヌス教令集』を通じて「コンスタンティヌス帝の寄進状」を知っていたと思われ、寄進の事実は認めながら、その法的効力を否定している。『神曲』におけるコンスタンティヌス帝の寄進への言及は、『地獄篇』第一九歌一一五—一一七、『煉獄篇』第三二歌一二四—一二九、一三六—一四一、『天国篇』第二〇歌五五—六〇。

なお、本文の「帝権の座すなわちローマを他の多くの帝国の顕職とともに教会に寄進した」という文章の中の「顕職」は〈dignitates〉の訳であるが、中世においてこの言葉は支配者の権力の基礎になりうる土地や財産をも意味していた。

も教会からそれを受け取ることなくして正当に保持することはできない」。そして彼らは小前提を、上でコンスタンティヌス帝について触れられたことによって証明する。⑷それゆえ私はこの小前提を否定し、彼らがそれを証明してもその証明は無効であると主張する。なぜならばコンスタンティヌスは帝国の顕職を譲渡することはできず、教会がそれを受け取ることもできないからである。*⑸それにもかかわらず彼らが頑固に自分の見解を主張するときは、私が述べることは次のようにして立証されうる。すなわち、誰も自分に委ねられた職務に反することを当の職務を通じて遂行することは許されない。なぜならば、もしそうだとすれば同一のものが同一であるかぎりにおいて自己自身と反対のものになるということになるが、このようなことは不可能だからである。しかし、帝国の一部を切り離すことは皇帝に委ねられた職務に反している。というのも、本論考の第一巻から容易に理解されるように、人類を単一の意志、単一の命令および禁止に服さしめることが皇帝の職務だからである。したがって帝国を切り離すことは皇帝に許されてはいない。⑹それゆえ――彼らが主張するように――コンスタンティヌス帝によって何らかの顕職が帝国から譲り渡され、教会の権力へと移ったならば、真なる神キリストを槍で刺した者たちでさえあえて引き裂こうとはしなかった縫い目なき衣が引き裂かれることになるだろう。[2] ⑺更に、教会にその土台があるように帝国にも土台がある。教会の土台は確かにキリストである。それゆえ使徒パウロも『コリント人への第一の手紙』の中で「すでに据えられている土台以外のものを据えることは、誰にもできない。そして、この土台はイエス・キリストである」[3]と述べている。キリストは教会がその上に建てられた岩なのである。しかし帝国の土台は人間の法[4]である。(8)そこで私は次のように主張する。教会が自らの土台に反することは許されず、『雅歌』にある「自分の愛する者によりかかって、歓喜に溢れながら荒野から上って来る者は誰ですか[5]」という言葉に従って教会は常に土台によりかかっていなければならない。これと同様に、帝国も人間の法に反して何かを為すことは許されない。しかし、もし帝国が自らを破壊するようなことがあれば、それは人間の法に違反していることになるだろう。それゆえ帝国が自らを破壊することは許されない。(9)したがって、帝国は普遍的君主国の統一体に存するのであるから、帝国の一部分を

2 ヨハネ福音書第一九章二三―二四参照。
3 コリント人への第一の手紙第三章一一。またエペソ人への手紙第二章二〇、ペテロの第一の手紙第二章六参照。
4 ius humanum. ダンテはこの言葉の意味を説明していない。人定法と訳すべきではないだろう。神法と対置された自然法の意味か。
5 雅歌第八章五。

切り離すことは帝国を破壊することであり、それゆえ帝国の権威を担う者が帝国の一部分を切り離せないことは明らかである。しかし、帝国を破壊することが人間の法に違反することは、既に述べられたことから明らかである。

(10)更に、あらゆる裁判権は裁判官に先行する。裁判官は裁判権を行使する者として任命され、その逆ではないからである。しかし帝権はあらゆる世俗的裁判権を自らの射程範囲に含む裁判権である。それゆえ帝権は、皇帝であるその裁判官に先行する。皇帝は帝権を行使する者として任命され、その逆ではないからである。このことから明らかなのは、皇帝は帝権から皇帝としての存在を受け取るのであるから、皇帝は皇帝であるかぎり帝権に変更を加えることができない、ということである。(11)そこで私は次のように主張する。教会に帝権を譲り渡したと言われるとき、譲り渡した者は皇帝であったか、そうでなかったかのいずれかである。もし皇帝でなかったならば、その者は帝国のいかなる部分も譲り渡すことはできなかったことは明白である。もし皇帝であったならば、このような譲渡は裁判権を縮小させることであるから、皇帝であるかぎりそのようなことを行なうことはできなかった。(12)その上更に、もし或る皇帝が帝国の裁判権の一部分を切り離すことができたならば、同じ理由で他の皇帝もそのようなことができただろう。そして世俗的裁判権は有限であり、有限なるすべてのものは有限回の分割によって消耗してしまうことから、最初に存在した裁判権が無化されるようなことも起こりうることが帰結するだろう。しかしこのようなことは不合理である。(13)更にまた、アリストテレスが『ニコマコス倫理学』第四巻で述べているように[6]、譲渡する者は能動者の様態において存在し、譲渡される者は受動者の様態において存在するのであるから、譲渡が正しくあるためには、譲渡する者が譲渡するにふさわしい状態にあることだけでなく、譲渡される者も譲渡されるにふさわしい状態にある必要がある。というのも能動者の作用は、その作用を受け容れうる状態にある受動者の中に内在すると思われるからである[7]。(14)しかし『マタイ福音書』に「財布の中に金、銀または銭を入れて行くな。旅行のための袋も」[8]云々とあるように、教会は明白なる禁止命令によって、世俗的財産を受け取るには全くもってふさわしくないとされている。確かに我々はこの禁止命令がルカ[9]によりある種の財産に関しては緩和されれている。

6 『ニコマコス倫理学』第四巻第一章一一二〇a一四参照。
7 アリストテレス『魂について』第二巻第二章四一四a一一—一二参照。ダンテは『饗宴』第二論考第九章七でも「アリストテレスが『魂について』において述べているように、どのような能動者の影響も、当の影響を受け容れられる状態にある主体の中にその効果を生み出す」と述べている。また同第四論考第二〇章七参照。
8 マタイ福音書第一〇章九—一〇。

ていることを知っているが、この禁止命令の後に教会が金や銀の所有を許可されたことを私はどこにも見出すことができなかった。*(15)それゆえ、コンスタンティヌス帝自身はそのようなことを行ないえたと想定しても、教会のほうがそれを受け取ることができなかったのであれば、受動者たる受け取り手が受け取るにふさわしい状態になかったのであるから、コンスタンティヌスのそのような行為は不可能であったことになる。したがって、教会がそれを所有物として受け取ることができなかったことも、コンスタンティヌスが放棄することによってそれを教会に譲渡することができなかったことも明らかである。(16)しかし皇帝は、その統一性のゆえに分割を受け容れない上位の支配権（所有権）が常に損なわれずにいるかぎり、教会を守護するために財産やその他のものを教会にあてがうことはできた。*(17)そして神の代理者も、所有者としてではなく、人の知るごとく使徒たちがそう行なったように、10教会のために、そしてキリストの貧者のためにその収益を管理する者として財産を受け取ることができた。*

第一一章

(1)更に彼らは、ランゴバルド人の王デシデリウスの治世時、ランゴバルド人によって為された不正のゆえに、教皇ハドリアヌスが自分自身と教会のためにカール大帝の援助を求めたこと、そして皇帝ミカエルがコンスタンティノポリスにおいて支配していた事実にもかかわらずカール大帝が教皇ハドリアヌスから皇帝職を受け取ったことを主張している。[1] (2)そしてこのことを理由に彼らは、カール大帝以後ローマ人たちの皇帝であったすべての者は教会の守護者であり、教会の求めによって皇帝職に就かなければならないと主張する。そしてこのことから、彼らが論証しようと欲している、教会に対する皇帝の従属性が帰結するだろう。(3)この論証を破砕するために私は彼らが実は全く何も語っていないことを指摘したい。要するに権利の不法な使用が権利を

9　ルカ福音書第二二章三五—三六。
10　使徒行伝第四章三四—三七。
1　ダンテは史実を誤解している。七七三年に教皇ハドリアヌス一世はランゴバルド人の王デシデリウスに対抗するためにフランク人の王カールに援助を求め、これに応えてカールは七七四年にイタリアに侵攻し、デシデリウスを廃位して自らランゴバルド人の王となった。しかしカール大帝が八〇〇年に皇帝として戴冠したとき、教皇ハドリアヌス一世は五年前に死去しており、カール大帝は教皇ハドリアヌス一世ではなく教皇レオ三世により皇帝として戴冠した。またミカエル一世が東ローマ帝国皇帝になったのは、教皇レオ三世によりカールが皇帝として戴冠して一〇年後の八一一年だった。当時コンスタンティノポリスで支配していた東ローマ帝国皇帝はミカエル一世ではなく女帝エイレーネーだった。

生み出すことはないのである。確かに、もしそうだとすると、教会の権威が皇帝に依存することも同じ論法で立証されるだろう。すなわち、オットー皇帝は教皇レオを復位させ、教皇ベネディクトゥスを廃位してサクソニアへと追放したからである。[2*]

第一二章

(1)次に彼らは理性を根拠として以下のような仕方で論じている。すなわち彼らはアリストテレスの『形而上学』第一〇巻[1]にある原理を援用して次のように主張する。同じ一つの種に属するすべてのものは一つのものに還元され、この一つのものは当の種に含まれるすべてのものの尺度である。しかし、すべての人間は同じ一つの種に属している。それゆえすべての人間は、すべての人間の尺度としての一なる人間へと還元されなければならない。(2)そして教皇と皇帝は人間であるから、もしこの結論が正しければ、両者は一なる人間へと還元されなければならない。そして教皇は他の人間へと還元されるべきではないから、残されているのは、皇帝が他のすべての人間とともに、尺度にして規準である教皇へと還元されなければならないということである。このようにして彼らが望んでいる同じ結論が帰結する。(3)この議論を論駁するために私は次のように主張する。彼らが「同じ一つの種に属するものたちは当の種に属する或る一つのものに還元されなければならず、この一つのものはそれ自体において尺度である」と述べるとき、彼らは真なることを述べている。そして彼らがすべての人間は同じ一つの種に属していると述べるときも同様に真なることを述べており、彼らがこれらのことから、すべての人間は人間という種における一つの尺度へと還元されなければならないと推論するときも同様に真なることを結論している。しかし彼らがこの結論から教皇と皇帝に関する推論を行なうとき、彼らは「付帯性による」誤謬[2]を犯しているのである。(4)このことを明確に理解するためには、人間であることと教皇であることが異なっていることを知るべきである。同様に、人間であることと皇帝であることは、人間であることと父や主人であることが異なっているように異なっている。(5)というのも人間は実体的形相によって人間であり、この形相によって種や類へと定められ、この形相によって実体のカテゴリーの下に置かれるのに対して、父は関係[3]と

2　九六四年、教皇レオ八世は前任教皇ヨハネス一二世により廃位され、後者が復位するがすぐに死去。ベネディクトゥス五世が承継したが、その後皇帝オットー一世はレオを再び教皇に擁立し、ベネディクトゥス五世をサクソニアへと追放した。

1　『形而上学』第一〇巻第一章一〇五三a一八―二〇参照。

2　付帯性を実体と混同する誤謬。

いう付帯的形相によって父なのであり、この形相によって人間は何らかの種や類へと定められ、「他のものに対してそうあること」[4]ないし「関係」のカテゴリーの下に置かれるからである。[5]もしそうでなければ、いかなる付帯的形相も、実在する実体に支えられることなくしてそれ自体で存在することはないのであるから、すべてのものが実体的形相に帰することになるが、これは偽である。(6)それゆえ教皇と皇帝は、ある種の関係である教皇職と皇帝職によって——前者の関係は父性[6]の領域に属し、後者の関係は支配[7]の領域に属する——それぞれ教皇と皇帝なのであるから、そのような存在者であるかぎりにおいて関係のカテゴリーの下に置かれるべきであり、したがって関係のカテゴリーの下に実在するものへと還元されなければならないことは明らかである。(7)以上のことから私は、両者が人間としてそれへと還元されるべき尺度と、教皇および皇帝としてそれへと還元されるべき尺度が異なっていることを主張する。というのも人間としては両者は他のすべての人間の尺度、こう言ってよければイデアである完全（最善）な人間——これが誰であろうと——へと、自らの種において最高の程度において一なるものへと還元されなければならない。これは『ニコマコス倫理学』の最終巻[8]から理解されうるとおりである。(8)これに対し、教皇と皇帝が明らかに関係的な語であるかぎり、両者のうち一方が他方に還元されるか、両者が第三の何らかのものへと還元されるかのいずれかである。もし両者のうち一方が他方に従属していたり、関係的性格のゆえに両者が同一の種に属していたりすれば一方は他方に還元されるし、もしそうでないのであれば、両者は言わば共通の一なるものへと還元されるように何らかの第三の存在者へと還元されることになる。(9)しかし一方は他方に従属すると述べることはできない。なぜならば、もしそうだとすると一方は他方に述語づけられることになるが、これは偽だからである。確かに我々は「皇帝は教皇である」と述べることはできないし、「教皇は皇帝である」と述べることもできない。また、両者は同一の種に属していると述べることもできない。なぜならば、教皇と皇帝をその

3　relatio.
4　ad aliquid.
5　アリストテレスの言う一〇個のカテゴリーのうち、実体以外の九個のカテゴリーは付帯性のカテゴリーであり、関係は付帯性のカテゴリーである。「人間」は実体的形相であり、「教皇であること」や「皇帝であること」は実体たる人間が帯びる付帯的形相である。そして「教皇であること」や「皇帝であること」は他の存在者への関係を含意することから関係のカテゴリーに属する付帯的形相である。
6　paternitas. 教皇を意味する〈Papa〉は語源的に父を意味する〈pater〉に由来する。
7　dominatio.
8　アリストテレス『ニコマコス倫理学』第一〇巻第五章一一七六a六―一九か。しかしここでダンテが『ニコマコス倫理学』のどの箇所を念頭に置いているか定かではない。

ように関係的なものとして理解するかぎり、教皇の意味と皇帝の意味は異なっているからである。それゆえ教皇と皇帝は、両者がそれにおいて一つのものとなりうる或る存在者へと還元されることになる。

(10)したがって一つの関係的なものは他の関係的なものに対し、一つの関係が他の関係に対してあるのと同じ状態にあることを知るべきである。それゆえ教皇職と皇帝職は「上位者たること」[9]という関係であるから共に「上位者性それ自体」という関係[10]へと還元され、上位者性それ自体に差異化する特徴が加わることで教皇職と皇帝職という関係が生じる。もしそうならば、教皇と皇帝は関係的なものであるから、共に或る一つのものへと、すなわち差異化する他の特徴が加わらない上位者性それ自体がそこに見出される或る一つのものへと還元されることになる。[11] (11)そして、この一つのものとは、そこにおいてすべての関係が普遍的に一つのものとなる神それ自体であるか、そこにおいて上位者性の関係が上位者性の差異化によって単純な関係それ自体から下位の関係へと移り特殊化される、神より下位の何らかの実体[12*]のいずれかだろう。(12)それゆえ教皇と皇帝は人間たるかぎりにおいては或る一つのものへと還元されえ、教皇と皇帝たるかぎりにおいてはこれとは別の一つのものへと還元されうることが明らかとなった。かくして、理性を根拠とした彼らの論証に対する答えは明らかである。[*]

第一三章

(1)ローマ人民の帝位の権威はローマ教皇に依存すると主張する人々が主として依拠している誤謬が示され、排除されたので、議論されるべきこととして私が初めに提示しておいた第三の主題について真理を明らかにすることへと話を戻さなければならない。この真理は、既に確立された原理[1]に則って論究を進めることにより、前述の帝位の権威が万物の頂点である神から直接に由来することを私が明示するならば、十分に明瞭なものとなるだろう。(2)そしてこのことは、教会の権威は帝位の権威から分離さ

9 superpositio.

10 respectus. スコラ哲学の関係論においては、〈respectus〉は上述の〈relatio〉や〈ad aliquid〉と同義である。

11 教皇職が皇帝職に対してあるように、教皇は皇帝に対してある。したがって、教皇職と皇帝職の両者が「上位者性」に還元されうるならば、教皇と皇帝の両者も、より一般的な何者かに還元されうる。

12 能天使(potestates)と呼ばれる位階の天使たちにより動かされる太陽天のことか。ダンテは中世の占星学者と同じように太陽天を父、支配者、王と結びつけていた。

1 本書第三巻第二章(2)参照。

れるべきことが示されるか——というのも教会以外の権威についてはこのことに異論の余地がないからである——、あるいは帝位の権威が神から直接由来することが積極的に立証されるならば明白なものとなるだろう。(3)ところで、教会の権威が皇帝の権威の原因でないことは次のように立証される。或るものが実在しないか力を発揮しないときに、これと別のものが完全な力を有しているならば、前者は後者の力の原因ではない。しかし、帝権は教会が実在しないか力を発揮していなかったときに完全な力を有していた。それゆえ教会は帝権の力の原因ではなく、したがって帝権の権威の原因でもなかった。というのも帝権の力と権威は同一だからである。(4)教会をA、帝権をB、帝権の権威ないし力をCとする。Aが未だ実在しないときにCがBの中にあれば、AはCがBの中にあることの原因ではありえない。結果が存在において原因に先行することはありえないからである。その上更に、Aが未だ全く作動していないときにCがBの中にあれば、必然的にAはCがBの中にあることの原因ではない。というのも結果を生み出すためには先ず原因が——特に我々がここで念頭に置いている動力因が——作動しなければならないからである。(5)この論証の大前提[2]は、それを構成する語の意味自体から明らかである。小前提[3]はキリストと教会によって確証されている。キリストは、前に述べられたように、誕生と死によってこれを確証しており、また、教会は次のことによってこれを確証している。すなわちパウロは『使徒行伝』の中でフェストゥスに「私は今、カエサルの法廷に立っています。私はこの法廷で裁判されるべきです」[4]と述べており、また、この少し後で神の使いがパウロに「パウロよ、恐れるな。あなたは必ずカエサルの前に立たなければならない」[5]と述べ、そしてこの後で再びパウロがイタリアにいるユダヤ人たちに「ユダヤ人たちがこれに反対したため、私はやむを得ず、カエサルに上訴するに至ったのである。しかし私は、わが同胞を訴えようなどとしているのではない。[6]私の魂を死から救おうとしているのである」[7]と述べたからである。(6)もしカエサルが当時既に世俗的事項を裁決する権威を有していなかったのであれば、キリストはこのような権威がカエサルにあることを是認することはなかったであろうし、天使が上記の言葉を発することもなかったろう。そしてまた、

2　「或るものが実在しないか力を発揮しないときに、これと別のものが完全な力を有しているならば、前者は後者の力の原因ではない」。

3　「帝権は教会が実在しないか力を発揮していなかったときに完全な力を有していた」。

4　使徒行伝第二五章一〇。

5　使徒行伝第二七章二四。

6　使徒行伝第二八章一九。

7　詩篇第三三篇一九、ヨシュア記第二章一三参照。ダンテはこれら二つの旧約聖書の箇所から取られた言葉を使徒行伝第二八章一九に付加している。

「私の願いを言えばこの世を去ってキリストと共にいることである」[8]と述べた者が、正当な権限を持つ裁判官へと控訴することもなかっただろう。(7)更に、もしコンスタンティヌスが権威を有していなかったならば、彼が教会を守護するために教会にあてがった帝国の財産も、実際には正当にあてがうことができなかったはずであり、かくして教会は当の寄贈によって不正に利益を享受したことになるだろう。なぜならば、「あなたがたが主に捧げる素祭《そさい》は、すべて種を入れて作ってはならない」[9]というレビ記の言葉によると、神は奉献が汚れていないことを欲するからである。(8)確かに、この訓戒は奉献する者に対して向けられているように見えるが、奉献を受ける者にも向けられていることがそこに含意されている。というのも、同じレビ記の中でレビ人に対し「また、これをもって身を汚し、あるいはこれによって汚されてはならない」[10]と命じられていることから、神が引き渡されることを禁じたものが、受け取られることは欲している、と信じることは愚かだからである。(9)しかし、教会はこのような仕方で教会にあてがわれた財産を不正に享受していると言明することは極めて不適切である。したがって、このような言明がそこから帰結する命題[11]は偽だということになる。

第一四章

(1)更に、もし教会がローマの君主に権威を授与する権能を有しているならば、教会はこの権能を神から受け取ったか、自己自身から受け取ったか、誰か或る皇帝から受け取ったか、万人の同意によって有しているか、あるいは少なくとも人間の中でより卓越した者から受け取ったかのいずれかである。このような権能が教会へと流入しうるこれ以外の径路は存在しない。しかし教会はこの権能を上記のいずれからも受け取ってはいない。それゆえ教会は上に述べた権能を有していないことになる。(2)教会が上記のいずれからも権能を受け取っていないことは次の理由からして明らかである。もし教会が神からそのような権能を受け取ったとすれば、それは神法によるか、あるいは自然法による。というのも、自然から受け取ることは神から受け取ることだからである。たとえこの逆は真ではなくても。(3)しかし、それは自然法によるものではな

8　ピリピ人への手紙第一章二三。
9　レビ記第二章一一。
10　レビ記第一一章四三。
11　「コンスタンティヌスが権威を有していなかった」（本章(7)）という命題。

かった。というのも第二動力因なしに神が或るものを生み出すとき、神の力が不十分であるようなことはありえず、それゆえ自然は、自然が生み出した結果以外のものに法を課することはないからである。かくして、教会は自然が生み出した結果ではなく、「私はこの岩の上に私の教会を建てよう」[1]と述べ、他のところで「私は、あなたが私にさせるためにお授けになった業を為し遂げました」[2]と述べている神が生み出した結果なのであるから、教会に法を与えたのは自然でないことは明らかである。(4)しかしそれは神法によるわけでもなかった。なぜならば、神法はそのすべてが二つの聖書の中に含まれているが、私は聖書の中に、世俗的事項の配慮と監督が最初の司祭職に、あるいは新しい司祭職に委ねられた事実を確認することができないからである。(5)むしろ反対に私が見出すのは、モーセに向けられた神の言葉[3]から明らかなように最初の司祭たちが、また弟子たちに向けられたキリストの言葉[4]から明らかなように新しい司祭たちが、この種の配慮と監督から離れるように神に命じられていたことである。しかし世俗的統治の権威が司祭職に由来するならば、この種の配慮と監督から離れていることなど不可能である。というのも、司祭職には少なくとも権威を授与するときに事前に配慮する責務があり、その後も、権威を授与された者が正しい道から逸れないように絶えず気を配る責任があることになるからである。(6)更に、教会が上記の権能を自分自身から受け取っていないことも容易に明示される。自分が持っていないものを与えることができるような者は存在しない。それゆえ、『形而上学』[5]で述べられているように、あらゆる行為者は、それが生み出そうと意図するものと現実態において同じようなものでなければならない。しかし、もし教会が上記の権能を自分自身に与えたのであれば、教会が権能を自分自身に与える以前に権能を有していなかったことは明らかであるから教会は自分が有していなかったものを自分自身に与えたことになるだろう。このようなことは不可能である。(7)また教会が誰か或る皇帝からそのような権能を受け取らなかったことは、既に明示されたことから十分に明らかである。[6]そして、教会が万人の同意、あるいは卓越した人々の同意によって権能を受け取った事実のないことを誰が疑うだろうか。すべてのアジア人やアフリカ人のみならず、ヨー

1　マタイ福音書第一六章一八。
2　ヨハネ福音書第一七章四。イエス・キリストが父なる神に向かって述べた言葉。
3　中命記第一八章一―二参照。また民数記第一八章二〇（神はモーセにではなくアロンに語っている）参照。
4　マタイ福音書第一〇章九―一〇参照。
5　アリストテレス『形而上学』第九巻第八章一〇四九b二四―二七参照。
6　本書第三巻第一〇章参照。

ロッパに住む大部分の人々もこのような考え[7]を嫌悪しているからである。確かに、分かりきった事柄について証拠を挙げるのはいとわしいことである。

第一五章

(1)同様に、或る事物の本性に反していることが、当の事物の力の中に数えられることはない。というのも、各々の事物の力は、目的達成のために当の事物の本性から結果として生ずるからである。しかし、我々可死的な人間の現世の王国に権威を授与する力は教会の本性に反しており、それゆえ教会の力の中に数えられることはない。(2)小前提を明らかにするためには、教会の本性は教会の形相であることを知るべきである。というのも、「本性」という言葉は質料と形相の両者について言われるが、『自然学』[1]で示されているように、先ずもってそれは形相について言われるからである。(3)しかし教会の形相はキリストの生に、その言葉と行ないを含むキリストの生に他ならならない。なぜならばキリストの生は戦う教会の、特に子羊や羊の司牧を任務とする牧者たちの、そして就中至高の牧者のイデアにして模範だったからである。[2](4)それゆえキリスト自身、自分の生の形相を『ヨハネ福音書』の中に遺しながら、「私があなたがたにしたとおりに、あなたがたもするように、私は手本を示したのだ」[3]と述べており、特にペテロに司牧者の職務を委ねた後で、同じ福音書にあるように、「ペテロよ、私に従ってきなさい」[4]と述べたのである。(5)しかしキリストはピラトの面前でこの世の王国を否認した。「私の国はこの世のものではない。もし私の国がこの世のものであれば、私に従っている者たちは、私をユダヤ人に渡さないように戦ったであろう。しかし事実、私の国はこの世のものではない」[5]とキリストは述べているのである。(6)この言葉は、神であるキリストはこの世の王国の支配者ではないという意味で理解されてはならない。というのも『詩篇』作者が「海は主のもの、主はこれを造られた。またその御手はかわいた地を造られた」[6]と語っているからである。キリストの言葉は、教会の模範としてキリストはこの世の王国に対していかなる関心も抱いていなかった

7　教会はローマの君主に権威を授与する権能を有している（本章(1)という考え。
1　アリストテレス『自然学』第二巻第一章一九三b六。
2　ヨハネ福音書第一三章一六―一九参照。
3　ヨハネ福音書第一三章一五。
4　ヨハネ福音書第二一章一九。
5　ヨハネ福音書第一八章三六。
6　詩篇第九五篇五。

という意味で理解されなければならない。(7)それはあたかも黄金の印判が自分のことを「私はいかなる類の尺度でもない」*と言っているかのようである。この言明は、黄金の印判が金であるかぎりにおいては妥当な言明ではない。金は金属類の尺度だからである。しかし、それが押印によって再生されうる何らかの像のことを言っているのであれば妥当な言明である。(8)したがって教会の形相は、教会がキリストと同じように語り、同じように考えることを要求する。これと反対のことを語ったり考えたりすることは教会の形相に、あるいは同じことであるが教会の本性に明らかに反している。

(9)以上のことから、この世の王国に権威を授与する力は教会の本性に反している、と結論することができる。というのも、思考や言明における両立不可能性は、思考され言明される事物における両立不可能性に由来するからである。これは『カテゴリー論』[7]が我々に教えているように、命題の真偽が命題で指示されている事物の存在、不存在から生ずるのと同様である。(10)したがって、「帰謬法」[8]による以上の論証により、帝国の権威がいかなる意味においても教会に依存しないことが立証された。

第一六章

(1)前章で帝国の権威が教皇の権威に由来しないことが帰謬法により示されたとしても、帝国の権威が神から直接に由来することは、これが推論によって導出されないかぎり、完全に立証されたことにはならない。この推論とは、もし帝国の権威が神の代理人に由来するのでなければ、それは神に由来する、という推論である。(2)それゆえ、ここで企てられている立証を完全に遂行するためには、皇帝ないし全世界の君主が、宇宙の君主である神と直接に関係づけられていることを積極的な論法で立証しなければならない。(3)しかしこのことを理解するためには、被造物の中で人間のみが可滅的なものと不滅なものとの中間を占めることを——このことのゆえに哲学者たちも正当に、人間を二つの半球体の中間にある水平線になぞらえている[1]——認識すべきである。*(4)というのも人間は、その二つの本質的部分、すなわち魂と肉体として考察されれば可滅的であり、ただ一つの部分すなわち魂としてのみ考察されれば不滅だからである。それゆえ、アリストテレスが『魂について』の第二巻で「これ(魂)のみが、永遠なるものがそうであるように、可滅的なものから切り離されうる[2]」と語ったとき、正当

7 アリストテレス『カテゴリー論』第一二章一四b一八—二二参照。

8 reductio ad absurdum. もしダンテの論敵の議論が正しいならば、教会は自分の本性に反したことを行なわなければならない、という論証。

にも人間の魂についてそれが不滅であることを述べているのである。(5)したがって、もし人間が可滅的なものと不滅なものの間にあるある種の中間的存在者であるならば、あらゆる中間的存在者は両極にある存在者の本性を分有するのであるから、人間は必然的に両者の本性を分有していることになる。(6)そしてあらゆる本性は或る究極目的へと秩序づけられていることから、人間には二つの目的が存在することが帰結する。かくして、あらゆる存在者の中で人間のみが不滅性と可滅性へと参与するように、あらゆる存在者の中で人間のみが二つの究極目的へと秩序づけられており、このうち一つは可滅的存在者としての人間の目的であり、もう一つは不滅な存在者としての人間の目的である。

(7)それゆえ、筆舌に尽くしがたきかの神の摂理は人間に対し、目指すべき二つの目的を提示した。すなわち現世の幸福と永遠なる生の幸福である。現世の幸福は人間に固有な力の働きに存し、地上の楽園によって象徴的に表現されている。これに対して永遠の生の幸福は、神の光に助けられることなくしては人間に固有な力が到達することのできない見神の享受に存し、天上の楽園の形象によって我々が理解するところのものである。[3] (8)ところで人間は、異なった推論を通じて異なった結論へと到達するように、異なった方法を通じてこれら二つの幸福へと到達しなければならない。すなわち我々は哲学の教えを通じて――我々が道徳的および知的な諸力を働かせることによってこの教えに従うならば――前者の幸福に到達するのに対して、後者の幸福には人間の理性を超越した霊的な教えを通じて――我々が神学的徳すなわち信仰、希望そして愛を働かせることによってこの教えに従うならば――到達する。*(9) それゆえ、これら二つの目的と二つの手段のうち、一方は哲学者たちを通じてそのすべてが我々に知られるようになった人間理性により我々に明示され、他方は聖霊により、すなわち、

1　例えばトマス・アクィナスは『反異教徒大全』第二章六八で、「(人間の)理性的魂は、それが無体的な実体である一方で肉体の形相であるという点で、有体的なものと無体的なものとの間の水平線や境界線上にあると言われる」と述べ、同第四章五五では「人間は霊的本性と肉体的本性から構成されており、言わば各々の本性の境界線上にある」と述べている。この点アクィナスは、著者不明の『原因について』(Liber de causis) 第二章二二の「魂は、それが永遠性の下位にあると同時に時間の上位にある水平線上に存するかぎりで、永遠性の下位にあると同時に時間の上位にある存在者である」に依拠している。

2　『魂について』第二巻第二章四一三b二六。

3　トマス・アクィナスの『神学大全』では次のように述べられている。「ものごとを目的へと秩序づけることは神の摂理に属している。しかし、被造物が神によってそれへと秩序づけられる目的は二つある。一つは被造物の本性と能力が為しうることを越えた目的であり、この目的は見神において存在する永遠なる生であり、これはどの被造物の本性をも越えている。もう一つ別の目的は被造物の本性につり合った目的、すなわち被造物が自らの本性の力によって到達す

預言者や聖文書[4]の作者を通じて、そして聖霊とともに永遠なる神の子イエス・キリストとその弟子たちを通じて我々に必要な超自然的真理を啓示した聖霊により我々に明示された。しかしそれにもかかわらず、この世を旅する人間が馬のように獣性にまかせて歩き回り、「くつわと手綱によって」[5]旅の歩みを制御されなければ、人間の貪欲さは上記の目的と手段に背を向けてしまうだろう。(10)このことのゆえに人間は二つの目的に応じて二つの指導者を必要とした。すなわち、啓示された真理に従って人類を永遠の生へと案内する教皇と、哲学の教えに従って人類を現世の幸福へと導いていく皇帝である。*(11)そして人間を誘惑する貪欲の波が静められ、自由になった人類が平和の静けさの中で休らうことがないかぎり、誰もこの港に辿りつけないだろうし、辿りつける人がいるとしても、それは少数であり、しかもこれには多大なる困難が伴うことだろう。それゆえ、ローマの君主と言われる全世界の保護者がとりわけて志向すべき目標はまさに次のこと、すなわち、可死的な人間たちのこの小さな麦打ち場[6]で自由に、そして平和に生活が送れるようにすることである。(12)そして、この世の秩序は天体の運行に内在する秩序に従うのであるから、自由と平和に関する有益な教えが場所と時に応じて適切に適用されるためには、この全世界の保護者が天体の全秩序を常に眼前に眺める者によって配置される必要がある。しかしこの者は、天体の全秩序を前

もって定め、自らこの秩序によって万物を順序正しく結び合わせるように配慮する者

ることのできる目的である」(Summa Theologiae I, q. 23, art. 1, resp.)。「幸福という名辞によって理解されるのは理性的ないし知性的本性の窮極的完成である。それゆえ、万物はその窮極的完成を自然的に欲求することから、この幸福は自然的に欲求される。ところで、理性的ないし知性的本性には二つの窮極的完成が存在する。第一は、この本性が自己自身の自然的な力によって生み出すことのできる完成であり、これは或る意味において至福とか幸福と言われる。それゆえアリストテレスは、人間の窮極的幸福が最も完全なる思索――すなわち、それによって至高の可知的存在者たる神が現世において思索されうるところの最も完全なる思索――に存することを主張している。しかしこの幸福の上位に、我々が未来において追求するもう一つ別の幸福が存在し、これによって「わたしたちは神のまことの御姿を見る」(ヨハネの第一の手紙第三章二)。この幸福は神によって創造されたすべての理性の本性を越えている」(Summa Theologiae I, q. 62, art. 1, resp.)。トマスにとり現世の幸福は絶対的なものではなく、「或る意味において」幸福であるにすぎず、天上の幸福はより高次のレヴェルに存在している。

4 旧約聖書の第三部「諸書」。

5 詩篇第三二篇九。

6 areola(area の指小辞)。イタリア語は aiuola.『天国篇』第二二歌一五一、同第二七歌八五―八六参照。「麦打ち場」の比喩についてはマタイ福音書第三章一二、ルカ福音書第三章一七参照。areola は語源的には狭い場所を意味するが、しばしば花壇、苗床、中庭、脱穀場などを意味するために用いられる。ダンテは areola を、人間が住む世界、すなわち中世において人間が住む唯一の領域と考えられていた地球の北半球を意味する言葉として用いている。

以外にはありえない。(13)もしそうであるならば、神は上位者を持たないのであるから、神のみが皇帝を選び、神のみが自ら皇帝を承認することになる。そしてこのことから更に次のことを結論することができる。すなわち、今日「選帝侯」と呼ばれている者たちも、その他どのような言い方であれそのように呼ばれてきた他の者たちも、そのような名で呼ばれるべきでないということである。むしろそのような者たちは「神の摂理の告知者」とみなされるべきである。(14)それゆえ、このような告知を行なう栄誉を授与された者たちの間でしばしば見解の不一致が生じたのは、彼ら全員が、あるいは彼らのうちの何人かが貪欲の霧で目が曇り、神の定めの何たるかを判別できなかったからである。(15)かくして世俗君主の権威はいかなる仲介者もなくして普遍的権威の源泉から当の世俗君主へと降下したことは明らかである。この源泉たるや、その単純性の城砦において一でありながら、その溢れるばかりの善性のゆえに数多くの水路へと流れ出る。*

(16)今や私には意図された目的が十分に達成されたと思われる。すなわち世界が善い状態にあるためには君主の職務が必要か否かという問題、そして、ローマ人民は法にかなった仕方で正当に帝権を自分たちのものにしたのかという問題、そして最後に、君主の権威は神から直接に由来するのか、それとも他の者から直接に由来するのかという問題、我々が探究するこれら三つの問題に関する真理が明らかになった。(17)しかし最後の問題に関する真理は、ローマの君主はいかなる点においてもローマ教皇の下位に置かれることはない、といった厳格な意味で受けとめられてはならない。というのも、現世の幸福は或る意味において永遠の幸福へと向かって秩序づけられているからである。*(18)それゆえカエサルは、長子が父に対して示すべき畏敬の念をペテロに対して示さなければならない。確かにカエサルを全世界の首長として置いたのはただ独り神のみ、霊的および世俗的な万物の統治者たる神のみである。しかしカエサルは父の恩寵の光に照らされ、より強く全世界を照明できるように、ペテロに対し畏敬の念を示さなければならない。7*

7　この最後の一節は、皇帝の世俗的統治権と教皇の霊的統治権の厳格な区別をダンテが緩和させたという趣旨で解釈されてはならない。既にダンテは本巻の第四章(20)で、世俗的統治権はその存在と権威を、そしてその働きでさえ霊的統治権から受け取ることはなく、ただ教皇の祝別——皇帝の戴冠式での祝別——によってより強く作用する力を受け取るにすぎないと述べているが、本節も同じ趣旨で理解すべきである。また本章(17)で、ローマの君主は或る点でローマ教皇の下位に置かれると述べられているが、この理由は(皇帝が人類をそれへと導く)現世の幸福が、(教皇が人類をそれへと導く)来世の永遠なる幸福の下位に置かれるからであり、したがってこの一節を、或る点でローマ教皇は世俗的事項に介入することができるという趣旨で理解すべきではない。ダンテは「罪を理由にした」教皇の世俗的事項への介入——世俗的事項に対する教皇の間接的権力――を拒否したことだろう。どのようなことも罪と関係することがありえ、ひとたび教皇に間接的権力を認めれば、世俗的事項に対する教皇の全面的介入を認めざるをえなくなる可能性があるからである。したがって本節の「畏敬」は服従を意味してはいない。

註解

第一巻

◎第二章

（1）「一般に理解されていることに従って概略的に」は〈typo ut dicam et secundum intentionem〉の訳であるが、この難解な語句の訳は Bruno Nardi, *Nel mondo di Dante*（Roma, 1944）, pp. 93-96 に従った。ナルディによれば〈typo dicare〉という表現はアリストテレスに由来し、或るものを厳密に科学的に説明するのではなく概略的におおまかに説明することを意味する。そして〈intentio〉は目的や意図ではなく――本章（2）に見られる「世俗的君主国」についてのダンテの説明には世俗的君主国の目的は述べられていない――、厳密に科学的な概念に至る以前の単に一般的で漠然とした観念を意味する。

（8）「社会」は〈civilitas〉の訳である。Lorenzo Minio-Paluello, 'Tre note alla «Monarchia»'（*Medioevo e Rinascimento, Studi in onore di Bruno Nardi*, 2, Firenze, 1955, pp. 501-524）, pp. 511-522 によれば、アリストテレスの『ニコマコス倫理学』が一二世紀にラテン語に翻訳されたとき、〈πολιτεία〉

は〈civilitas〉と訳され、一三世紀には〈politia〉とも訳されたが、それは政体を意味していた。ダンテは〈civilitas〉について何の説明もしていないことから、当時一般に〈civilitas〉に与えられていた意味でこの言葉を用いていたと考えるべきである。そしてダンテが『帝政論』で用いている〈civilitas humana〉は人類全体が形成する〈civilitas〉を意味する。Fritz Kern, *Humana civilitas (Staat, Kirche und Kultur), Eine Dante-Untersuchung*（Leipzig, 1913）は〈civilitas〉を①個々人の意志が何らかの体制において一つの全体的な意志へと組織化されること（Verbürgerung）、②個々人の意志が全体の目的へと主観的に帰服すること（Bürgergesinnung）、③全体の組織化と個々の成員の心情によって社会の目的が客観的に形成されること（Kultur）、という三つの要素から成る観念として説明し、文脈に応じて〈civilitas〉を〈Gemeinschaft〉と訳したり〈Kultur〉と訳したりしている。

ケルンのダンテ論は個人の魂と社会の相互作用に焦点をあてたものであり、この脈絡の中で〈civilitas〉は豊かな意味内容を帯びた言葉として解釈されている。しかし、上記のように〈civilitas〉はダンテによりアリストテレスの「ポリテイア」と同義の言葉として用いられており、「政体」、「政治社会」などと訳すのが正しいと思われる。本訳ではより広い意味を持たせるために「社会」と訳した。したがって〈humana civilitas〉は端的に「人類社会」を意味する。また、Alessandro Passerin d'Entrèves, *Dante as a Political Thinker*（Oxford, 1952）, pp. 47-48 参照。

ただし、ダンテの「人類社会」には本巻第三章の叙述から明らかなように、可能理性を現実化することを目的として結合した諸個人の集団という意味合いがあり、この点で〈civilitas〉に文化というニュアンスが含まれていることは確かである。また Ernst H. Kantorowicz, *The King's Two Bodies. A Study in Medieval Political Theology* (Princeton, 1957), pp. 467-468 参照。Donna Mancusi-Ungaro, *Dante and the Empire* (New York, 1987) は civilitas を civilization と訳している。本訳書も、例えば第三巻第三章(2)では〈civilitas〉を「文明」と訳している。

◎第三章

(7)「その存在は自己の本質が存在することを認識すること以外の何ものでもない」は、〈earum esse nichil est aliud quam intelligere quod est quod sunt〉の訳である。〈quod est quod sunt〉は写本によっては〈quid est quod sunt〉となっており、どちらを採用するかによって意味が異なってくる。Pier Giorgio Ricci (a cura di), Dante Alighieri, *Monarchia* (Milano, 1965) は〈quod est quod sunt〉を採用しており、本訳の底本である Prue Shaw (a cura di), Dante Alighieri, *Monarchia* (Firenze, 2009) も〈quod est quod sunt〉を採用している。

また、Dino Bigongiari, 'The Text of Dante's Monarchia' (*Speculum*, 2, 1927, pp. 457-462), pp. 460-461 (id., *Essays on Dante and Medieval Culture*, Firenze, 1964, pp. 29-30) は〈quod quid est〉と読むべ

きことを提唱している。André Pézard (trans.), Dante, *Œuvres complètes* (Paris, 1965), p. 637 は「天使の本質の実在を認識すること」と訳し、リッチと同じ読み方をしているが、id., "*La rotta gonna*", *gloses et corrections aux textes mineurs de Dante*, tome II: *De vulgari eloquentia, Monarchia* (Firenze, Paris, 1969), pp. 55-59 は、〈intelligere〉の後に何も付加せず「天使の存在は認識すること以外の何ものでもない」と読むことも可能であると指摘する。

Pier Giorgio Ricci, 'Un difficile e importante passo della «Monarchia»' (*Studi danteschi*, 42, 1965, pp. 361-368) は、〈quod est quod sunt〉が正しいことを次のように論じている。〈quod est quod sunt〉の後半の〈quod sunt〉は〈essentiae〉——(複数の)天使の本質——を意味し、前半の〈quod est〉の〈est〉は「存在する」という動詞であり、したがって〈quod est〉は、〈quod sunt〉すなわち(複数の)天使の本質が存在することを(認識する)——〈quod est quod sunt〉は〈intelligere〉の目的語節である——という意味で理解される。したがって上記の文章の意味は、天使たちの存在(esse)は天使たちの本質が存在することを(天使たちが)認識する(intelligere)ことに他ならない、ということになる。

これに対して〈quid est quod sunt〉(そして〈quod quid est〉)は、「(天使たちの)本質(quod sunt)が何であるか(quid est)」という意味であり、上記の文章の意味は、天使たちの存在(esse)は天使たちの本質が何であるかを天使たちが認識する(intelligere)ことに他ならない、ということになるだろう。

しかし、リッチによれば、〈quid est quod sunt〉（そして〈quod quid est〉）は、天使の「存在」を天使の「認識」と同一視するアヴェロエス主義を含意し、このような見解をダンテに帰すことはできないので、〈quod est quod sunt〉が正しく、したがってダンテは、「天使の本質が何であるか」ではなく「天使の本質が存在すること」を天使が認識することと、天使の存在を同一視していることになる。リッチによれば「天使の存在」を「天使の本質が何であるかを天使が認識すること」と同一視することはアヴェロエス主義であるのに対し、「天使の存在」を「天使の本質が存在することを天使が認識すること」と同一視することはアヴェロエス主義ではない。

天使の存在（esse）を天使が認識する（intelligere）ことと同一視するアヴェロエス主義的見解をダンテに帰したのが、ダンテの死後七年経って一三二八年に書かれた教皇派のドミニコ会士グイード・ヴェルナーニの『帝政論批判』（De reprobatione Monarchie）である。ヴェルナーニは、ダンテが『帝政論』第一巻第三章で「我々が天使と呼ぶ思惟的実体においては〈esse〉と〈intelligere〉は同一であり、それゆえ天使は恒常的に認識しないかぎり永遠ではないと語っている」ことを指摘し、これは「許されざる誤謬である」と述べた後、次のように続けている。

というのも、自然哲学によれば、天体は永遠であるが認識することがなく、また人間の魂は永遠であるが必ずしも常に認識するとはかぎらないからである。それゆえ、必ずしも常に認識するわけではない実体が永遠であることはありえない、という推論は偽である。神がその作用（actio）と同一であることは純粋現実態（purus actus）たる神においてのみあてはまり、神にのみ特殊で固有のことであり、それゆえ神のみが同時にその認識作用および意志作用と同一なのである（Thomas Käppeli, 'Der Dantegegner Guido Vernani O.P. von Rimini'（*Quellen und Forschungen aus italienischen Archiven und Bibliotheken*, 28, 1937-1938, SS. 107-146), S. 127; Nevio Matteini, *Il più antico oppositore politico di Dante: Guido Vernani da Rimini: Testo critico del "De reprobatione Monarchiae"*, Padova, 1958, pp. 96-97; Paolo Chiesa, Andrea Tabarroni（a cura di), *Monarchia*（*Opere di Dante* IV, Roma, 2013), appendice II, p. 334)。

ヴェルナーニが天使の存在と認識の同一性をダンテに帰していることは、〈quod est quod sunt〉よりも〈quid est quod sunt〉（あるいは〈quod quid est〉）のほうが正しいことを想定させるが、リッチが指摘するようにヴェルナーニが読んだダンテ『帝政論』のテキストが毀損していた、あるいはヴェルナーニが故意にテキストを曲解していたとも考えられるだろう。しかし、リッチのように〈quod est quod sunt〉が正しく、ダンテは「天使の本質が存在することを天使が認識すること」を「天使が存在すること」と同一視したと理解しても、依然として〈esse〉と〈intelligere〉が同一視されていることに変わりはなく、認識の対象が「天使の本質」から「天使の本質が存在することと」へと変えられたにすぎない。したがってダンテからアヴェロエス主義を払拭することはできないだろう。

ダンテは、例えばトマス・アクィナスなどと同様に、天使を質料から分離した純粋形相と考えている。すべて被造物は質料と形相から成り、したがって被造物である天使も形相とある種の霊的質料の結合体である、と考える見解も嘗ては存在したが、一三世紀には——特に一二一五年の第四ラテラーノ公会議以後は——天使を純粋形相として理解する見解が通説となった。しかし天使が非質料的な純粋形相であれば、質料を個体化原理とみなすトマス・アクィナスのような哲学者にとり、天使の非質料性と個体性はどのような関係にあるのだろうか。この点トマスは、質料を持たない各々の天使がそれぞれ別個の種（species）であると考えることで、天使の非質料性と個体性を説明した。ダンテは天使がそれぞれ別個の種であるとは明言していないが、『天国篇』第二九歌一三六—一三八をこのような趣旨で理解することも可能だろう。

ダンテの天使論において特に議論されてきたのが『天国篇』第二九歌三三で天使が純粋現実態（puro atto）と言われていることである。しかし天使すなわち思惟的実体（intelligentiae）を純粋現実態として理解することはアヴェロエス主義に特徴的な見解であり、トマス・アクィナスは純粋現実態を神のみに限定し、天使は質料から分離した純粋形相ではあるが純粋な現実態ではなく、可能態を帯びた存在者であると考えた。すなわちトマスによれば、純粋現実態である神においては本質（essentia）と存在（existentia）は合致し、神は神の存在であると言えるのに対し、神以外の全被造物は天使も含めて「存在」に関しては可能態を帯び、したがって天使はその存在であるとは言えず、天使はその存在を有するとしか言えない。被造物は神の存在に参与することを通じてのみ存在を有するにすぎず、純粋形相としての天使はその「本質」に関しては常に現実態にあるとしても、被造物としての天使の存在は神に依存し、それゆえ天使はその本性上、純粋現実態ではなく、その「存在」に関しては現実態と可能態が結合した存在者である。

それゆえ、ダンテのように天使を純粋現実態とみなすことは、神と天使の存在論的区別を困難なものにするだろう。しかしダンテは自覚的にトマスに反対しアヴェロエス主義的な見解をとっていると考えられるだろうか。この点、一つの考え方は、ダンテが「純粋現実態」を純粋形相の意味で使用していると想定することである。もしこの想定が正しければ、今問題になっている論点に関してダンテにアヴェロエス主義を帰すことはできない。これに対し、Bruno Nardi, *Dal "Convivio" alla "Commedia"* (Roma, 1960), p. 47 は『天国篇』第二九歌三三の〈puro atto〉を「嘗てダンテを魅了したと思われるアヴェロエス的観念の残滓」とみなしている。

しかし『帝政論』第一巻第三章(7)に関しては天使の〈esse〉と〈intelligere〉は明白に同一視されており、この同一視は、一二七七年にエティエンヌ・タンピエにより断罪されたアヴエロエス主義者の見解であった（Roland Hissette, *Enquête sur les 219 articles condamnés à Paris le 7 mars 1277*, Louvain, Paris, 1977, pp. 95-97; Kurt Flasch, *Aufklärung im Mittelalter? Die Verurteilung von 1277*, Mainz, 1989, S. 171 参照）。〈essentia〉と〈existentia〉が純粋現実態たる神においてのみ合致するように、〈esse〉と〈intelligere〉が合致するのも純粋現実態たる神においてのみであり、純粋現実態ではない天使においては両者が合致することはない、というのがスコラ哲学の正統な教説であった。

天使の存在論的な性格に関するダンテの思想については、Stephen Bemrose, *Dante's Angelic Intelligences*（Roma, 1983）, pp. 56-76; Susanna Barsella, *In the Light of the Angels*（Firenze, 2010）, pp. 9-18 参照。バルセッラ（pp. 16-17）は、天使がその「存在」に関しては可能態にあるのに対し、その「本質」に関しては現実態にあるとダンテが考えていたことの典拠として、『帝政論』第一巻第三章(7)における天使の〈esse〉と〈intelligere〉の同一視を挙げているが、この同一視が典拠と言えるか疑問である。またバルセッラはこの同一視がアヴェロエス主義を含意することに言及しておらず、〈quod est quod sunt〉を、ダンテからの引用文では上述のリッチの解釈を採用して「(天使たちの）本質が存在することを」と訳す一方で、本文では「(天使たちが）何であるかを」と訳し、リッチの問題提起を顧慮していない。

最後に(7)の後半にある「この理性的認識は中断することがない。そうでないと、この存在者が永久に存続するようなことはないだろう」という見解が、『天国篇』第二九歌七九―

八〇と同様にアヴェロエス主義を含意し、一二七七年にエティエンヌ・タンピエにより断罪されていることは R. Hissette, *Enquête*, op. cit., pp. 97-98; K. Flasch, *Aufklärung*, op. cit., S. 166 参照。

(8) ダンテは「現実態から分離した可能態（潜在能力）が存在することを認めなければならなくなるが、このようなことは不可能である」と述べているが、これは当時のスコラ哲学において一般的に認められていた見解であった。ところがダンテは『天国篇』第二九歌三二―三五では、神によって創造された三つの実体（le sustanze）のうち、純粋現実態（puro atto）である天使が宇宙の頂点に、純粋可能態（pura potenza）である質料が最底部に、現実態と結合した可能態（potenza con atto）である天体が中間部に置かれたと述べ、純粋可能態である質料がそれ自体で存在することを明白に認めている。しかし純粋可能態が神の創造行為の対象となりうることはスコラ哲学において否定されていた。確かに、いかなる形相も帯びない第一質料が実在することは一部のスコラ哲学者（例えばドゥンス・スコトゥス）によって認められており、『天国篇』第二九歌二二でダンテも〈Forma e matieria, congiunte e purette〉と述べ、純粋な質料（materia puretta）――すなわちいかなる形相も帯びない第一質料――が神によって創造されたことを認めている。

アリストテレスやトマス・アクィナスは形相なき第一質料がそれ自体で存在することを否定していたが、ダンテはこの点に関しては両者に従うことがなかった。そしてダンテは第二九歌五一で、神に反抗した一部の天使たちが〈turbò il suggetto d'i vostri alimenti〉と述べているが、〈suggetto〉はしばしばそう解釈されているような最下層の元素である土を意味するのではなく、元素（水、空気、火、土）の「基体」である第一質料を意味すると解釈されうるならば、神により創造された直後に一部の天使たちに攪乱された第一質料はいかなる形相も帯びることなくそれ自体で存在していた、ということになるだろう。

しかしダンテは第二九歌三二―三五で形相なき第一質料の存在のみならず単なる可能態としての第一質料が存在することを認め、これは本書第一巻第三章(8)と明白に矛盾している。既に第一巻第三章(7)への註で指摘したように、『天国篇』第二九歌三三で天使が〈puro atto〉とされていることは、ダンテがアヴェロエス主義を採用していることを想定させるが、ダンテが〈puro atto〉を純粋現実態ではなく純粋形相の意味で用いていると理解すれば、ダンテのアヴェロエス主義を回避することができる。これと同じように第二九歌三四の〈pura potenza〉を純粋可能態ではなく形相なき第一質料の意味で理解すれば、第一巻第三章(8)との矛盾を回避することができる。以上の点に関しては S. Bemrose, *Dante's Angelic Intelligences*, op. cit., pp. 185-201 参照。

(8)―(9) アリストテレスの『魂について』に対するアヴェロエスの註解はアラビア語の原典が残存しておらず、中世ではミカエル・スコトゥスによる羅訳が用いられていた。この羅訳は、F. Stuart Crawford (recensuit), *Averrois Cordubensis Commentarium magnum in Aristotelis De anima libros*（Cambridge, Massachusetts, 1953）。可能理性——しかしアヴェロエスは intellectus possibilis ではなく「質料的理性」（intellectus materialis）という言葉を用いている。「可能理性」はブラバンのシゲルスやトマス・アクィナスのアリストテレス『魂について』註解で用いられ、一般化した。質料的理性と可能理性の意味は同一である——を論じた第三巻の註解は pp. 379-546. また第三巻の註解の仏訳は Alain de Libera (trad.), *Averroès, L'intelligence et la pensée, Grand commentaire du De Anima, livre III*（429a10-435b25）(Paris, 1998)。

アヴェロエスは能動理性だけでなく可能理性（あるいは質料的理性。以下同様）も万人にとって唯一と考えた。アリストテレスによれば、肉体に依存する感覚と異なり理性は肉体と混合しておらず、理性による認識は肉体から分離可能であるが、もし可能理性が肉体の能力でないならば、どのようにしてそれは個体化されうるのか（*Commentarium magnum*, op. cit., p. 402 (432-440); Alain de Libera（trad.), op. cit., p. 71）。この個体化の問題に答えるために、そして、もし可能理性が個体化されているならば、どのようにしてそれは普遍的な形相を受容することができるのかという問題に答えるために、アヴェロエスは個人の数と同数の可能理性が存在するのではなく可能理性は単一であると主張した。しかしアヴェロエスはこの主張に大きな難点のあることを認めていた。可能理性が単一ならば、あなたが或るものを理性によって認識したとき、私も必然的にそのものを認識することになるが、これはありえないことである（*Commentarium magnum*, p. 403（463-465）; Alain de Libera, p. 72）。

この問題に答えるためにアヴェロエスは次のように考えた。すなわち、可能理性は、能動理性によって感覚的表象から抽出された可知的形相を受容することで現実化し、「思弁的理性」(intellectus speculativus) となる。感覚的表象は単に潜在的に可能理性に作用を及ぼしうるにすぎず、これが現実に作用を及ぼすのは能動理性の働きによる。能動理性は光、可能理性は半透明の表面、感覚的表象は半透明の表面の色のようなものであり、光で照らされることによってのみ表面が色を受け取るように、能動理性の働きによってのみ可能理性は可知的形相を受け取る (*Commentarium magnum*, pp. 410 (688)-411 (702); Alain de Libera, pp. 79-80)。そして、能動理性と可能理性はそれぞれ単一であるのに対し、感覚的表象は各々の人間ごとに個的に存在している。

これら個的な感覚的表象から取り出される可知的形相は、可能理性を質料とするところの形相であり、それゆえ各々の人間は感覚的に知覚するのと同じように理性的に認識すると言いうるが、感覚的知覚と理性的認識には次のような相違が存在する。すなわち、或る感覚的知覚が私の知覚であるのは、感覚的形相を受け取る質料――すなわち感覚器官――が私のものだからであるのに対し、或る理性的認識が私の認識であるのは、この認識の質料が単一の可能理性であるにもかかわらず、この認識の形相は私自身の個的な感覚的表象から取り出されるからである (*Commentarium magnum*, p. 405 (517-520); Alain de Libera, p. 74)。

ダンテが本書第一巻第三章で述べている「可能理性」はアヴェロエスの単一の「可能理

性」のことだろうか。グイード・ヴェルナーニは『帝政論批判』でダンテの可能理性をアヴェロエス主義として断罪し、次のように述べている（T. Käppeli, 'Der Dantegegner', op. cit., S. 127; N. Matteini, *Il più antico oppositore*, op. cit., p. 97; P. Chiesa, A. Tabarroni（a cura di）, *Monarchia*, op. cit., appendice II, pp. 334-335）。

第三の誤りは最悪である。事実、ダンテは同じ章とその次の章で、生成する多数のものによることとなくしては第一質料の潜在能力が全面的に現実化し完成されえないように、可能理性は人類全体によることとなくしては現実化されえない、すなわち完成されえないと述べている。そしてこの点に関してダンテは、『魂について』第三巻への註解でこのことを述べているアヴェロエスの権威を援用し、これは一人の人間ではなく総体として考えられた人類全体の目的であり完成であると述べている。このように述べれば、ここからは明白に万人にとって唯一の理性が存在することが帰結する。しかしこのようなことを述べたり考えたりすることは最悪の誤りであり、この誤りを考え出した張本人は、ダンテが言及するアヴェロエスであった。第一にこれは自然哲学に関する誤りであり、自然哲学は『魂について』第二巻で、魂とはそれによって我々が生き、感覚し、理性的に認識するところのものであると教えている。それゆえ我々の魂は理性的でなければならず、すなわち、それによって我々が認識するところの力を持たなければならない。そして『魂について』第三巻では、魂がそれによって知り、考えるところの理性は魂の一部分、すなわち魂の諸力の一つであると言われている。したがって、可能理性は魂から分離した実体ではなく、全人類にとって同一のものでもない。

現在ではほとんどの研究者がダンテの可能理性をアヴェロエス主義的に解釈することを否定しているが、John Marenbon, 'Dante's averroism' (John Marenbon (ed.), *Poetry and Philosophy in the Middle Ages*, Leiden, 2001, pp. 349-374) は一種の二重真理説をダンテに帰し、ダンテは『帝政論』においてアヴェロエスの可能理性を純粋に哲学的な真理として受容したと主張する。マレンボンは、ダンテの可能理性を個々人の可能理性として解釈する通説をいくつかの論拠によって批判しているが、最も有力な論拠は次の点に存する。

すなわち第一巻第三章(8)でダンテは「この能力（人類の最高の潜在能力である可能理性）は一人の人間や上述の様々な特殊的社会のいかなるものによっても直ちに全面的に顕勢化されえない」と述べているが、もし多数の個人がそれぞれ有する可能理性がダンテの言う可能理性であれば、この一節の意味するところは、多数の個人がそれぞれ有する可能理性が直ちに全面的に顕勢化されないかぎり、いかなる個人の可能理性も直ちに全面的に顕勢化されることはない、という不合理なことになるだろう。したがってダンテの可能理性はアヴェロエスと同じ単一の可能理性でなければならない。

しかしこのように解釈すると、ダンテは『煉獄篇』第二五歌でアヴェロエスの可能理性を否定していることから、哲学的真理と宗教的真理を峻別する二重真理説をダンテに帰さなければならないだろう。『煉獄篇』が書かれた時期と『帝政論』が書かれた時期の間には、可能理性に関するダンテの見解の変化を想定できるほどの時間的な隔たりがないとすれば、ダンテはアヴェロエスの可能理性を哲学的真理として認め、これを『帝政論』における論証で用いる一方で、宗教的真理としてはこれを否定したと考えざるをえない。

しかしダンテの言う可能理性がアヴェロエスの可能理性――個々人の魂から分離した単一の可能理性――と同じだとしても、ダンテはアヴェロエスとは異なり、可能理性の全潜在能力は非常に多くの人間、すなわち人類全体によってのみ現実化されうると考えている。可能理性の全能力を現実化するためには人類全体の協動が必要である、という見解はアヴェロエスには見られない。ダンテによれば、可能理性は多数の人間によってのみ現実化されるがゆえに、世界には非常に多くの人間が存在しているのである。多数の人間がいないとすると「現実態から分離した可能態（潜在能力）が存在することを認めなければならなくなるが、このようなことは不可能である」（⑧）。

ここでダンテはアリストテレスに従い、いかなる可能性も永久に現実化されないようなことはない、という原則に立っている。すなわち、時間的に限定されていない或る命題が永久に真でなければそれは不可能な命題、それが常に真であれば必然的な命題であるが、これに対して可能な命題は或る時点で真である（現実化する）ような命題である。この点についてはSimo Knuuttila, *Modalities in Medieval Philosophy*（London, 1993）, pp. 4-5参照。

更に、マレンボンと同様に、『帝政論』におけるダンテの可能理性がアヴェロエス的に解釈されるべきことを主張するのがRobert Ogor, 'Das gemeinsame Ziel des Menschengeschlechts in Dantes «Monarchia» und des Averroes Lehre von der Einheit des separaten Intellekts'（*Freiburger Zeitschrift für Philosophie und Theologie*, 40, 1993, SS. 88-106）。オゴールによれば、可能理性が能動理性の働きによって可知的形相を受け取ることで現実化することは人間にとって目的であると同時に人間の本質に属しており、ダンテの言う「可能理性の全潜在能力を常に顕勢化させること」（第一巻第四章(1)）は人間の本質を現実化することである。そしてダンテがこの目的を人類全体に共通の目的として観念するとき、アヴェロエスを自己流に解釈しているのではなく、分離した質料的理性についてのアヴェロエスの説をそのまま受容しているのである。

そしてダンテのように可能理性の完全な現実化を人類共通の目的とみなすことは、この可能理性自体が全人類にとって単一であるというアヴェロエスの説を前提として初めて有意味なものになる。もし可能理性が人類共通の同一で単一のものでなかったならば、人類全体による可能理性の集団的現実化について語ることは意味をなさないだろう。したがって、人類に固有の窮極的目的についてのダンテの説は、可能理性が単一であることを論理的に含意している（Ogor, ibid., S. 100）。

しかしオゴールは更に続けて次のように論ずる。可能理性はこれに形相を付与する能動理性に対して純粋に質料的で無規定であることから、アリストテレスによれば必然的に現実態へと移行し、思弁的理性にならなければならない。というのも、質料と実体的形相から構成される実体において、質料は既に現実化している実体の観点から想定されるものであり、質料はそれ自体では存在せず単なる可能性にすぎないのと同様に、質料的理性（可能理性）は、現実化した思弁的理性が既に存在しているときに単に想定されうるにすぎないからである。更に、アリストテレスに由来し、ダンテによって受容された「神と自然はいかなるものも無益には創らなかった」（第三章⑶）という原理のゆえに、能動理性と可能理性が人間の思弁的理性の創出という定めを全うしないことはありえない。

アヴェロエスによれば、可能理性は人類の間断なき集団的思考を通じて自然必然的に現実化される。それゆえ人類は既に現実化された精神的実体である思弁的理性を有していることになる（Ogor, ibid., S. 101）。ダンテも同様に考えていた。「可能理性の全潜在能力を常に顕勢化させることが、全体として理解された人類に固有の活動である」（第四章⑴）という言葉が示すように、ダンテにとり可能理性の現実化は恒常的な状態であり、この状態を保証することが人類の本質に固有な目的であり活動である（ibid., S. 102）。

しかし可能理性が必然的に現実化するのであれば、世界平和、それゆえ普遍的帝国は不必要になるのではないだろうか。これに対しては次のように答えられる。ダンテは普遍的帝国が世界平和実現のための必要条件であると述べているが、世界平和——それゆえ普遍的帝国——が可能理性の現実化のために必要な条件であるとはどこにも述べていない。ダンテはただ「人類全体も平和の静けさないし安らぎの中で自己に固有の行為……を最も自由に、そして最も容易に（liberrime atque facillime）遂行できることは明らかである」（第四章(2)）と述べているだけであり、その意味するところは、平和は「自己に固有の行為」——すなわち可能理性の現実化——にとって不可欠の必要条件とは言えないまでも、それを促進する要因であるということである。

したがって、普遍的帝国が存在しなければ世界平和はありえず、世界平和が存在しなければ可能理性は現実化しえない、という趣旨でダンテを解釈することは誤りである。世界平和が存在しようとしまいと可能理性は自然必然的に現実化するが、世界平和が存在していれば人類は「最も自由に、そして最も容易に」可能理性を現実化できる、という趣旨でダンテを解釈しなければならない（ibid., S. 103）。

以上のオゴールの主張に対しては次のように答えられるだろう。可能理性は純粋な可能態にあることから能動理性の作用により必然的に現実化され、何らかの思弁的理性として存在しなければならないが、可能理性の全潜在能力が必然的に現実化されているわけではなく、このためには世界平和が必要不可欠である。ダンテは可能理性の全潜在能力を現実化することが人類の目的であると考えているのであり、可能理性の何らかの部分が必然的に現実化されていても、その全体が現実化されるためには世界平和の中で人類が認識という精神的行為を遂行する必要があり、この意味でダンテにおいて世界平和は可能理性が全面的に現実化されるための必要条件とみなされるべきである――世界平和が、それゆえ世界君主が可能理性の現実化のための必要条件であることを強調し、世界君主の裁治権を形而上学的裁治権として特徴づけるものとして、Iacopo Costa, 'Principio di finalità e fine nella *Monarchia* dantesca' (Stefano Caroti, Ruedi Imbach, et al. (eds.), "Ad ingenii acuitionem": Studies in Honour of Alfonso Maierù, Louvain-la-Neuve, 2006, pp. 39-65), p. 63 参照。またオゴールは、『帝政論』における可能理性がアヴェロエス的に理解されるべきことを主張するが、このことと、『煉獄篇』においてアヴェロエスの可能理性が否定されていることがどのような関係にあるか、という論点について説明していない。

ほとんどの研究者がダンテの可能理性をアヴェロエス的に解釈することを否定しているが、エティエンヌ・ジルソンとB・ナルディはダンテがアヴェロエスから着想を得ていること、あるいはアヴェロエスを自己流に解釈し、自分の論証の中で利用していることを主張している。

ジルソン（Étienne Gilson, *Dante et la philosophie*, Paris, 1953, pp. 169-171）は、ダンテの見解が可能理性に関するアヴェロエスの理論と何の関係もなければアヴェロエスをダンテが引用することはなかっただろうと述べ、ダンテがアヴェロエスの単一の可能理性を人類全体に置き換えたことを指摘する。アヴェロエスは可能理性を単一の存在者（un être unique）、あらゆる肉体から分離した知的実体（substance intellectuelle）——ジルソンの解釈によれば、これはキリスト教における天使に相当する——として観念し、個々の人間にとり認識することは可能理性の認識に単に参与することにすぎないと考えた。

このように観念されたアヴェロエスの可能理性がダンテにおいては、その統一性が常に具体的に実現されているある種の個的な人類と観念され、人類は人間にとってアクセス可能な認識の全体をあらゆる時点で現実化する。認識することが人間の目的であれば、この分離した可能理性において人間は永遠かつ恒常的に自己の目的を実現していることになる。それゆえダンテは自分自身の理論を構成するためにアヴェロエスの可能理性を人類に置き換えて、各々の時点において地上に存在する諸個人の集合体である人類を、アヴェロエスの単一の可能理性に相当するものと考えた。しかしこれはダンテが自己の理論の出発点をアヴェロエス主義の中に見出したことを意味するにすぎず、ダンテがアヴェロエス主義を採用したことを意味してはいない（Gilson, ibid., pp. 169-170）。

アヴェロエスとダンテの見解は根本的に異なっている。アヴェロエスが可能理性の全面的現実化のために必要としたのが端的に「存在すること」であるのに対し、ダンテが必要としたのは人類を構成するすべての個人の可能理性から成る普遍的人間社会である。もしダンテがアヴェロエスの分離した単一の可能理性の存在を認めていたとすれば、普遍的人間社会が存在しようとしまいと、人類の目的は分離した可能理性の恒常的存在のゆえに永遠に現実化することになり、ダンテの理論は存在理由を失うだろう。ダンテにとり人類全体の知的可能性を現実化することは、諸個人から成る普遍的統一体の可能性を現実化することとして理解されるべきである。要するに、普遍的人間社会は多数の人間に単一性——アヴェロエスの分離した可能理性にとって本質的な単一性、しかしダンテの人間社会が未だ有しておらず、皇帝の単独支配を受け容れることによってのみ享受しうる単一性——を付与し、多数の人間が自己の目的を達成するのを可能にする（Gilson, ibid., pp. 170-171）。

しかしジルソンの以上の解釈はアヴェロエスの可能理性の根本的な誤解に基づいている。可能理性は単に存在するだけでは潜勢態にとどまり、現実化するには、人間たちが感覚によって得た表象から能動理性が普遍的形相を取り出し、それを可能理性の中に置く必要がある。したがって、アヴェロエスの単一の分離した可能理性をダンテが認めたとすると、ダンテの言う人類の目的はこの単一の可能理性の単なる存在によって永遠に実現していることになってしまう、というジルソンの見解は全くの誤りと言わなければならない。B・ナルディ（B. Nardi, *Nel mondo di Dante*, op. cit., p. 233）は次のように指摘している。

しかしジルソンはこの点に関して次のように述べている。たとえダンテがアヴェロエスの中に自分の議論の出発点を見出したとしても、そこで立ち止まることはなかった。というのもダンテとアヴェロエスのテーゼの間には次のような重要な相違が存在するからである。アヴェロエスにとっては、人類が存在しようとしまいと理性は常に現実態において存在している。これに対しダンテにとっては、理性の潜在能力の完全な現実化のために人間社会が必要である。なぜならば単独の個人だけではこの目的を達成するために不十分だからである。しかし（ジルソンの）この見解が正しければ、ダンテがいかなる意図でアラブの注釈者（アヴェロエス）を引用できたのか理解不可能である。実のところ、アヴェロエスにとって可能理性は、全人類にとって単一の、（質料から）分離した実体（ナルディは sostanza という言葉を用いている）なので、アリストテレスが述べたように、何らかの感覚的表象なくしては、すなわち、能動理性がこの表象から観念を引き出し、この観念が可能理性によって理解されることなくしては、何も理解することはないからである。それゆえ、それ自体において単一で永遠なるこの可能理性は多数の個人と永遠に結合している必要があり、多数の個人なしで済ますことはできない。

そしてナルディ（ibid., p. 234）は、仮にダンテがアヴェロエスの『魂について』註解を直接読んだことがなくても、またアヴェロエス主義者たちの著書を手にしたことがなくても、友人のアヴェロエス主義者グイード・カヴァルカンティとの議論を通じて、可能理性についてのアヴェロエスの説を知っていたはずである、と付言している。

ジルソンの見解に対する同様の批判は R. Ogor, 'Das gemeinsame Ziel des Menschengeschlechts', op. cit., SS. 97-99 にも見られる。オゴールは次のように論じている。アヴェロエスによれば人間の理性的能力は当初、純粋な可能態において存在し、その後能動理性から可知的形相を継続的に受け取ることで思弁的理性へと移行する。それゆえ、人間の理性的魂は受動的という点で感覚的魂の感覚的知覚能力と共通の特徴を有している。しかし、感覚的能力が感覚的対象を実際に知覚する作用に対しては可能態にある一方で、知覚作用の現実化に先立って、そして知覚作用とは独立に、肉体の感覚器官として現実態にあるのとは異なり、理性的能力は、能動理性によって動かされる認識の遂行においてのみ現実態として存在しうるにすぎない。

したがって能動理性の働きにより思弁的理性とならないかぎり、人間の理性的能力すなわち可能理性は純粋な可能態にある能力にすぎず、この点で可能理性と能動理性の可知的形相との関係は、第一質料と実体的形相との関係に類似している。それゆえ、ジルソンの「単一の存在者」とか「知的実体」という表現は能動理性や思弁的理性についてはあてはまっても、第一質料と同じように純粋な可能態にある可能理性についてこれらの表現を用いることはできない。特に、「実体」は質料と形相の結合体であるのに対し、形相を帯びず、単に質料的理性にすぎない可能理性は実体ではない。したがって、ジルソンはアヴェロエスの可能理性を根本的に誤解している。

これに対してナルディ（B. Nardi, *Saggi di filosofia dantesca*, Firenze, 1967, 2a ed. 初版は Milano, 1930, pp. 237-244）は、ダンテの可能理性を次のように解釈している。アヴェロエスは可能理性から人間を分離したことで、理性の共通の絆によって結合した多数の個人のみならず、人類の永遠性を想定する必要があった。この理論において人間の自然的社会性と、個人に対する国家の論理的先行性についてのアリストテレスの思想は新しい光に照らされることになる。すなわち国家だけでなく人類全体が揺るぎない統一性を形成し、この中で諸個人は超個人的な単一の理性を通じて考えていることを伝達し合う（Nardi, ibid., pp. 237-238）。

ダンテは普遍的君主国の必要性を合理的な基礎の上に立証しようとしたとき、アヴェロエスの理論を利用した。しかし、個々の人間の魂から分離した単一の理性の存在を認めるアヴェロエスの見解は当時の神学者によって異端とみなされていた。ダンテも『煉獄篇』第二五歌六一—七八で明白に、そして『饗宴』第四論考第二一章では黙示的にアヴェロエスの見解を否定している。トマス・アクィナスと同様にダンテにとっても可能理性は人間の肉体の形相である魂の一部分であり、したがってそれは単一ではなく、個人の数と同数の可能理性が存在する。しかしダンテは理性の単一性のテーゼは否定しても、アヴェロエスのこれ以外の基本的な考え方のいくつかを保持した（Nardi, ibid., p. 238）。

ダンテによれば、可能理性は植物的感覚的魂と結合し、この魂を自己の実体へと引き寄せて、この魂と共に単一の霊魂を形成する。しかしダンテは当時通説となっていたトマスの見解に反して、可能理性は植物的感覚的魂と結合していても、それ自体としてはこの魂とは異なる本性と起源を有していると考えた。そしてダンテは、魂に関する自分の見解においてそうしたように、異端に陥ることなく当時の神学の通説に明白にアヴェロエス的な考え方を融合させ、理性の単一性や人類の永遠性のテーゼを採用する必要なしに、自らの政治的テーゼのためにアヴェロエスの理論を利用することができた（Nardi, ibid., pp. 238-239）。

ダンテにとり人間の理性は、アヴェロエスが考えたように万人に共通の、数において一つの理性ではなく、各々の人間が神——第一の思惟体ないし天体の第一の動者——から自分に固有の可能理性を受け取る。しかしこの可能理性は植物的感覚的魂と結合することで父の精子の体質や父の体質、そして天体の影響に由来する当の魂の個的諸条件に服すことになり、この諸条件に応じてより純粋な、あるいはより純粋でない霊魂が生まれる（『饗宴』第四論考第二一章七）（Nardi, ibid., p. 239）。

しかし霊魂は、したがってその一部分である可能理性は個人ごとに異なり多様であるが、この多様性の上に類的単一性の概念が存在する。個々の人間の誰も自分一人で理性の全潜在能力を現実化することはできない。人間理性は、自分を創造した神の中に存在する全普遍的形相を自分の中へと導き入れることが潜在的には可能であるが、神である第一の思惟体から遠ざかれば遠ざかるほど、導き入れる普遍的形相は少なくなる（『饗宴』同第二一章五）。アリストテレスが言うように理性はすべてのものになりうるが、質料から分離した思惟体（天使）や天体と異なり、人間は単独では理性を完全に現実化することはできないので、人類全体によってこれを達成しようとする（Nardi, ibid., p. 239）。

そしてダンテによれば、人類全体によって現実化されるのは、個々の人間へと個体化された可能理性ではなく、その種的本性において考えられた可能理性であり、人間は、より正確には人類社会（humana civilitas）は、この種的可能理性のすべてを常に（semper）――人類は永遠であるという意味ではなく、人間が存在しているかぎり常に――現実化することになる。エデンの不可死の人間であれば理性のすべての潜在能力を常に実現できただろう。しかし現世の人間は、原罪によって内在的に損なわれた人間本性が許すかぎりにおいてこれを実現できるにすぎない（Nardi, ibid., pp. 239-241）。

要するに人間にとっての自然的目的は現世の幸福であり、この幸福は理性の完全な現実化にあるが、単独ではこれを達成できない個人は、他の人間たちとの協働によりこれを達成する。単独の個人は人類社会の自然的な一部分であり、これから切り離されることはありえない。人間は原罪とは関係なく必然的に本性上、社会的動物であり、人類社会は万人にとって唯一の目的により規定された自然的で不可分の統一体、家、村落、都市、王国といった原罪の後に生じた下位の全社会の上にある統一体である（Nardi, ibid., p. 242）。

しかし以上の論証は、人間が本性上社会的であることを立証しても、支配者と被支配者の不平等を伴うアリストテレス的な国家が自然的であることを立証しているわけではない。自然が最初に意図したところによれば、原罪が犯されなければ人間たちは外的拘束や強制的な法が存在しないアナーキーで幸福な共同体において自由に、そして平和に生活したことだろう。この状態において人間の自由を制限するものは自然法——すなわち人間の理性それ自体——以外に存在せず、国家は必要なかった。これがストア的教父的な完全で幸福な人間性の理念である。しかし原罪によって人間は肉体の不死性と自然的な完全さを喪失し、人間がそのために創造された目的を個人が単独では達成できない度合は、魂と肉体の様々な欠陥によって（『饗宴』第四論考第一五章一二—一七参照）ますます増大した（Nardi, ibid., pp. 242-244）。

そこで、自らの意図を達成しようとする自然は、当初は人間を自由で平和な共同体において生活する状態に置いたが、原罪以後は、罪から生じた様々な欠陥を克服する手段を国家の中に求め、感情に拘束を課し、指導者を自分たちの上に置くように人間を導いていった。社会性の本能は、アリストテレス的に理解された国家を設立しようとする性向へと変化し、自然は自己に固有の欠陥を治療する手段を自分自身の中に求め、自然のこの努力から第一の贖い主で第一のメシアたる皇帝が生まれ、皇帝は堕落した自然を癒すことによって、第二の贖い主たるキリストを受け容れるように自然を導き、キリストは人間から奪われていた超自然的な賜物を回服することになった（Nardi, ibid., p. 244）。

さて、ナルディの以上の解説はダンテの可能理性を、「数において一つ」ではなく、個々人の可能理性をメンバーとしてもつ種的な存在者として理解している。しかしJ・マレンボン（'Dante's averroism,' op. cit., p. 364）が指摘するように、「種としての理性」ではなく「種としての可能理性」なるものが存在すると仮定しても、種に包摂される諸個物の属性を種それ自体に帰すことができるか――人間は有体的であるが、種たる人間は有体的か――という一般的な問題が存在し、種たる可能理性が、種のメンバーで或る個々人の可能理性の属性の或るものを有すると想定しても、明らかに言えることは、種たる可能理性が有しうる属性は、メンバーたるどの個的可能理性もそれが可能理性であるために持たなければならない属性に限定されるということである。

したがって、種たる可能理性が「現実化されている」という属性を持ちうるのは、この属性があらゆる個的可能理性の本質的属性である場合にかぎられることになり、そうなると可能理性は「可能的」ではなくなるだろう。更に、或る種に属する個物がたまたま行なうことによって当の種が何らかの仕方で影響を受けることはない。たとえ種に属する個物のすべてが事実上そのことを行なっても、また個物の一部があらゆる時点でそのことを行なっても、このことによって種が影響を受けることはない。したがって、ダンテの言う「可能理性」がアヴェロエスの可能理性のように「数において一つ」ではなく種において一つであれば、個々人の可能理性の作用が種たる可能理性に影響を及ぼすことはないだろう。

しかし、もしダンテが、多数の個人から成る普遍的な人類社会は「数において一つ」の可能理性ではなく種において一つの種的な可能理性を現実化すると考えているならば、それは種に包摂される個物——個々の人間——の作用が種自体に影響を及ぼすという誤った前提に立っていることになる。したがってダンテの可能理性を種たる可能理性として解釈することはできない。

次にB・ナルディ（B. Nardi, *Dal “Convivio” alla “Commedia”*, op. cit., pp. 85-87）は、ダンテが「アヴェロエスもアリストテレスの『魂について』への註解の中でこの見解に同意している」（第三章(9)）と述べるとき、「この見解」は、可能理性の単一性についての見解ではなく、可能理性を完全に現実化するためには多数の人間が必要であるという見解を指しているにすぎないことを指摘し、アヴェロエス主義者ジャン・ドゥ・ジャンダンのテキストを引用している（pp. 85-86）。そして更に、Bruno Nardi（a cura di）, *Monarchia*（Pier Vincenzo Mengaldo, Bruno Nardi, Arsenio Frugoni（a cura di）, Dante Alighieri, *Opere Minori* 2, Milano, Napoli, 1979）, p. 300 では、一五五〇年ヴェネーツィア版のアヴェロエス『魂について』註解の該当箇所が引用されているが、これは F. Stuart Crawford（recensuit）, *Averrois Cordubensis Commentarium Magnum in Aristotelis De anima libros*, op. cit., p. 408（611-623）（Alain de Libera（trad.）, *Averroès, L'intelligence et la pensée*, op. cit., p. 77）に該当する。

> いろいろな種類の工芸が人間に固有な或る仕方で存在するのであるから、居住可能なあらゆる土地が哲学を見放す（fugiat）ようなことはありえないと思われる。これは（居住

可能なあらゆる土地が）自然の工芸を見放すことがありえないと考えられるのと同様である。事実、（居住可能な土地の）或る部分に――例えば、全土地のうち北部にある四分の一に――それが、すなわち工芸が欠けていても、他の四分の三の部分にそれが欠けることはない。というのも、既に述べられたように、居住は北部だけでなく南部でも可能だからである。それゆえ人間が人間から生じ、馬が馬から生じるように、おそらくは哲学も、あらゆる時点において、人々の大部分の中に生じるだろう。したがって、これと同じような仕方で、思弁的理性が生成したり消滅したりすることはありえない。

ナルディは、ダンテが「アヴェロエスも……この見解に同意している」と述べるとき、ダンテの念頭にあるのはアヴェロエスの上記のテキストであると主張する。しかしJ・マレンボン（J. Marenbon, op. cit., pp. 364-365）が指摘するように、上記のアヴェロエスの一節は、可能理性の現実化によって生ずる思弁的理性（intellectus speculativus）が永遠であること――人類は永遠であるから、世界には思弁的理性に従事する人間が常にどこかに存在すること――を論ずる中で述べられているのに対し、ダンテは可能理性がどの時点においても完全に現実化されるためには多数の人間が必要であり、自然が極く少数の人間ではなく多数の人間を生み出したのもこのためであることを論じており、両者の議論の趣旨には根本的な相違が存在する。したがって、ダンテによるアヴェロエスの『魂について』註解の引用は、一般的に可能理性についてのアヴェロエスの見解の引用であり、ダンテ自身、この見解を採用していると解釈するのが妥当だろう。

しかしナルディとは異なり、Jean-Baptiste Brenet, 'Théorie de l'intellect et organisation politique chez Dante et Averroès' (*Rivista di filosofia neo-scolastica*, 98, 2006, 467–487) は、ダンテの念頭にあるのはアヴェロエスの次のテキストであると主張する。

我々が既に述べたように、質料的と言われる理性が或るときは思考し、或るときは思考しないといったことは、理性が各個人において存在する感覚的形相と関係づけられないかぎり、ありえないことである。種たる人間に関しては、このようなことはありえない。例えば、理性が或るときは馬の可知的形相を認識し、或るときは認識しないといったことは、ソクラテスやプラトンと関係づけられないかぎりありえないことである。というのも、理性を絶対的な意味で理解して種たる人間と関係づければ、理性は恒常的にこの普遍的形相を認識するからである。人類が存在しなくなれば話は別であるが、このようなことはありえない（*Commentarium magnum*, p. 448（136-144）; Alain de Libera, p. 117）。

アヴェロエスがここで述べているのは種たる人間の永遠性と、これと結合した質料的（可能）理性の永遠性である。もしダンテがこのテキストを念頭に置いているとすれば、『帝政論』のダンテをアヴェロエス主義者と見なす根拠は強化されるだろう。しかし『帝政論』のダンテに人類の永遠性の観念を帰すことはできず、したがってダンテがこのテキストに言及していると考えることもできない。

最後に、Ruedi Imbach, *Dante, la philosophie et les laïcs* (Fribourg, Paris, 1996), p. 184 はダンテの可能理性について、「ダンテは、アラブ哲学者たちの分離した単一の理性について語ることも、トマスや大部分のラテン哲学者たちの個人的理性について語ることもない。彼が思い描いているのは万人にとっての集団的理性（un intellect collectif）である」と述べているが、単数形の「集団的理性」の存在論的身分は何だろうか。それは（個々人の理性から）分離した単一の理性とどこが違うのだろうか。

(9)「思弁的理性は拡張により（extentione）実践的になる」という表現（本巻第四章(1)にある「この能力は……思索の拡張により……顕勢化される」も同様）については L. Minio-Paluello, 'Tre note alla «Monarchia»', op. cit., pp. 503-511. アリストテレス『魂について』第三巻第九章四三三a一―三のヴェネーツィアのヤコブス（一二世紀）の羅旧訳には〈extendente se intellectu〉（理性が拡張され）という表現が見られる。ヤコブスのこの誤訳に基づいた〈intellectus speculativus per extensionem fit practicus〉という紋切り型の表現は、一二六六年に書かれたトマス・アクィナスの『神学大全』（一・七九・一一）における『魂について』第三巻当該箇所の引用にも見られる（Minio-Paluello, p. 509）。しかし、おそらく一二七〇年に書かれたトマスの

『魂について』註解ではこの表現は最早用いられておらず、ムールベーケのギヨーム（一三世紀）の正しい羅新訳に従って〈intellectu practico precipiente〉（実践的理性が命じても）と言われている（ibid., p. 510）。

◎第七章

(2) しかしA. Pézard, "*La rotta gonna*", op. cit., pp. 62-63 は、「人類全体も一つの原理すなわち一人の支配者によって」（per unum principium tantum, scilicet unicum principem）の〈principem〉を〈principatum〉に変え、「すなわち一つの支配によって」と読むべきことを指摘する。また、「神であり君主である宇宙の支配者と端的に（simpliciter）正しく適合する」（ad eius principem, qui Deus est et Monarcha, simpliciter bene respondet）の〈simpliciter〉の前にあるコンマをその後に置き、〈simpliciter〉を〈Monarcha〉に結びつけて、「神であり絶対的な意味での君主である宇宙の支配者と正しく適合する」と読む翻訳者もいる。Richard Kay, *Dante's Monarchia* (Toronto, 1998), p. 39, n. 9 参照。また、〈simpliciter〉を「一つの原理すなわち一人の支配者によって」（per unum principium tantum, scilicet unicum principem）に掛けて、「単に一つの原理すなわち一人の支配者によって」と読むこともできるだろう。

◎第九章

(2)ダンテの天体論については、Patrick Boyde, *Dante, Philomythes and Philosopher. Man in the Cosmos* (Cambridge, 1981), pp. 132-143 参照。

◎第一一章

(4)「六原理の教師」(Magister Sex Principiorum) と『六原理の書』(Liber Sex Principiorum) については Lorenzo Minio-Paluello, ‘«Magister Sex Principiorum»’ (*Studi medievali*, 6, 1965), pp. 123-151 参照。『六原理の書』のテキストは Lorenzo Minio-Paluello (ed.), *Aristoteles Latinus* I 6-7, *Categoriarum supplementa* (Bruges, Paris, 1966), pp. 35-59 (解説は pp. XXXIX-LXII)。『六原理の書』は一二世紀から一六世紀に至るまでアリストテレス論理学のテキストの一部として自由七科で教えられていた。六つの原理(principia)とはアリストテレスの一〇個のカテゴリーのうち「場所」、「時」、「体位」、「所持」、「能動」、「受動」の六個のカテゴリーを意味する。『六原理の書』は便宜的に「六原理の教師」と名付けられた無名の作者によって一二世紀におそらくボローニャからそう遠くないところで書かれたアリストテレス『カテゴリー論』の現存しない註解から抄出されたものである。「形相」(forma)について、「能動」(actio)について、「受動」(passio)について、「時」(quando)について、「場所」(ubi)について、「体位」(positio)について、「所持」(habitus)について、そして「より多いとより少ない」(magis et minus)についての八つの部分から成る。ダンテが言及している箇所は L. Minio-Paluello (ed.), *Aristoteles Latinus* I 6-7, op. cit., p. 35.

⑨ Elizabeth Mozzillo-Howell, 'Dante between scholasticism and humanism: aspects of the *Monarchy*'（George Hugo Tucker (ed.), *Forms of the "Medieval" in the "Renaissance"*, Charlottesville, 2000, pp. 29-47), p. 33 は、ダンテが〈negatio intrinseca〉（内在的否定）を、共義的名辞（syncategoremata）に関する理論を前提としたテクニカルな意味で用いていることを指摘する。名詞や動詞などそれ自体で独立した意味を持つ「自義的名辞」（categoremata）に対し、共義的名辞は、自義的名辞と結合しないかぎり不完全な意味しか持たない名辞であり、ダンテがここで用いている「あらゆる」（omne）、「のみ」（solum）、「いかなるものも……ではない」（nullum）、「以外の」（preter）は共義的名辞である。そして、ある種の共義的名辞は〈negatio importata per ...〉とか〈negatio intellecta in ...〉（ウォルター・バーレイ）、あるいは〈negationes implicitae〉（ジャン・ビュリダン）（Alfonso Maierù, *Terminologia logica della tarda scolastica*, Roma, 1972, pp. 320-321）と言われる「含意された否定」を帯び、〈solum〉の「含意された否定」は、〈solum〉が〈non cum alio〉（他のものと共にではなく）を意味することが示されることで明白になる（Petrus Hispanus, Syncategoreumata, tractatus III, De dictionibus exclusivis 6, Lambertus M. de Rijk (ed.), Joke Spruyt (trans.), Peter of Spain (Petrus Hispanus Portugalensis), *Syncategoreumata*, Leiden, 1992, p. 106)。

更に、「「あらゆるBはAである。CのみがAである。それゆえ、CのみがBである」という推論、すなわち、「あらゆるBはAである。C以外のいかなるものもAではない。それゆえ、C以外のいかなるものもBではない」という推論」（omne B est A; solum C est A: ergo solum C est B. Quod est: omne B est A; nullum preter C est A: ergo nullum preter C est B.）という一節に見られる「すなわち」（Quod est）は、ある種の共義的名辞（例えば〈solum〉のような排他的（exclusivus）な名辞や、〈nullum preter〉のような例外的（exceptivus）な名辞）を含む命題がいわゆる「再説（expositio）を必要とする命題」（exponibilia）であることをダンテが理解した上での〈Quod est〉である（E. Mozzillo-Howell, op. cit., pp. 33-34）。〈solum〉や〈nullum preter〉（あるいは nihil preter）のような共義的名辞を含む命題には複数の「再説する命題」（exponens）が内在している。

ペトルス・ヒスパヌスは Syncategoreumata, tractatus III, De dictionibus exclusivis（L. M. de Rijk (ed.), J. Spruyt (trans.), Peter of Spain, op. cit., pp. 104-163）で排他的な共義的名辞を、tractatus IV, De dictionibus exceptivis（ibid., pp. 164-195）で例外的な共義的名辞を論じているが、E. Mozzillo-Howell, op. cit., p. 34 は、排他的な命題と例外的な命題の再説を次のように表現している。

A　排他的命題「ソクラテスのみが走る」（Solus Socrates currit）
A1　基礎的（preiacens）命題「ソクラテスは走る」（Socrates currit）
A2　排他が明らかになる命題「ソクラテスとは別のいかなるものも走らない」（Nihil

aliud a Socrate currit)

ここで「再説を必要とする命題」Aには二つの「再説する命題」A1とA2が内在している。同様に、

B　例外的命題「ソクラテス以外のいかなるものも走らない」(Nihil preter Socratem currit)

B1　基礎的命題「ソクラテスは走る」(Socrates currit)

B2　例外が明らかになる命題「ソクラテスとは別のいかなるものも走らない」(Nihil aliud a Socrate currit)

ここでは「再説を必要とする命題」Bには二つの「再説する命題」B1とB2が内在している。

ここで注目すべきは、排他的命題Aと例外的命題BをそれぞれA1・A2とB1・B2が同一であることである。この点に関しウォルター・バーレイは次のように述べている。「そして排他的肯定命題と例外的否定命題が同一の名辞から成るとき、一方から他方への推論(consequentia)が妥当な推論であることに注目すべきである。したがって「ソク

ラテスのみが走る。それゆえソクラテス以外のいかなるものも走らない」が論理的に帰結する」。(Niels J. Green-Pedersen (ed.), 'Walter Burley's "De consequentiis". An edition' (*Franciscan Studies*, 40, 1980, pp. 102-166), p. 123)。

ダンテの「すなわち」(Quod est) は、共義的名辞に関する上記のような理論を前提とした表現であった。

『帝政論』にはダンテが当時の論理学についてかなり専門的な知識を有していたことを示す三つの箇所が存在する。すなわち第一巻本章(9)、第二巻第一〇章(4)—(5)および(9)—(10)、第三巻第八章(4)—(10)である。ダンテが初めて論理学に接したのはおそらく少年の頃、フィレンツェの学校で文法学を学んだときであり、いわゆる〈logica vetus〉と〈logica nova〉の基礎が既にこの時期に習得されていたと思われる——〈logica vetus〉はボエティウスによるアリストテレスの『カテゴリー論』と『命題論』、ポルピュリオスの『エイサゴーゲー』の羅訳と註解、そして三段論法に関するボエティウス自身の論考などから成り、〈logica nova〉はボエティウスによるアリストテレスの『分析論前書』、『トポス論』、『詭弁論駁論』の羅訳、そしてヴェネーツィアのヤコブスによるアリストテレスの『分析論後書』の羅訳などから成る——。

その後ベアトリーチェの死後、哲学に慰めを見出したダンテはボエティウスやキケロなどを読むが、更にフィレンツェのサンタ・クローチェ教会のフランシスコ派の学校やサンタ・

マリーア・ノヴェッラ教会のドミニコ派の学校で哲学と神学を学び、哲学者たちの公開の議論を聴くことを通じて論理学を習得していった。しかし『饗宴』第二論考第一三章一一—一三で論理学が最も小さな星である水星にたとえられているように、当初ダンテは論理学をそれほど高くは評価していなかった。ところが『天国篇』でダンテはペトルス・ヒスパヌスを太陽天に置き、第一二歌一三四—一三五に「この世にて一二の巻に輝くピエトロ・イスパーノ」という一節があることから、おそらく『天国篇』の執筆中にダンテはペトルス・ヒスパヌスの『論理学綱要』(Summulae logicales) を読み、これを『帝政論』の中で利用することを意図していたと思われる——現在の通説によれば『帝政論』は一三一四年と一三一八年の間に書かれ、第一巻第一二章(6)の「私が『神曲』の天国篇で既に述べた如く」はダンテ自身により当の第一二章の執筆時に書かれたものであり、したがってダンテが『帝政論』を執筆した頃には既に『天国篇』のすべてが、あるいはその一部分が完成していた——。ペトルス・ヒスパヌスは一三世紀の中葉にシエーナ大学で医学を教えており、一二三〇年から一二四〇年の間に書かれた一二巻から成る『論理学綱要』は特にイタリアで広く論理学の教科書として用いられていた。『論理学綱要』は〈logica vetus〉と〈logica nova〉以外に、一三世紀から一四世紀にかけて発展した、命題中の主語と述語の指示機能に関する意味論的理論である〈logica moderna〉を含んでいる。

(14)「人間がそれ自体において有する本性」(perseitas hominum) は人間の実体的形相、種としての人間の本質を意味する。スコラ哲学で用いられていた perseitas は per se を名詞化したもの。B. Nardi, *Nel mondo di Dante*, op. cit., pp. 96-99 は perseitas hominum は「人間の善」(bonum hominis) と同じことを意味し、したがって perseitas は人間の本性といった形而上学的な観念ではなく、それ自体において完全なる最高善、すなわち神を意味する倫理的な観念であると主張する。しかし perseitas hominum を「人間にとっての最高善」として——perseitas を「善それ自体」(bonum per se) として——解釈することには無理があり、通説に従って、perseitas hominum は付帯性（偶有性）を取り去った人間の実体的形相を意味すると考えるのが妥当だろう。

しかし perseitas が人間本性それ自体を意味するとしても、人間の本性は理性的動物たることであり、したがって理性の潜在的能力を現実化することが人間にとっての善であるかぎり、perseitas が倫理的な観念であることも確かである。また、A. Pézard, "*La rotta gonna*", op. cit., pp. 64-65 は「人間がそれ自体において有する本性を軽蔑して」を「理性的動物であること、そして理性的能力を持つことに満足することを軽蔑して」という意味で解釈している。

(15) 人々が他の君侯よりもいっそう君主に近い理由については B. Nardi, *Nel mondo di Dante*, op. cit., pp. 100-104 参照。

(17)『原因について』(Liber de causis) のラテン語のテキストは、Adriaan Pattin, 'Le Liber de causis. Édition établie à l'aide de 90 manuscrits avec introduction et notes' (*Tijdschrift voor filosofie*, 28,

1966, pp. 90-203, テキストは pp. 134-203）; Pierre Magnard et al., *La demeure de l'être : autour d'un anonyme, étude et traduction du Liber de causis*（Paris, 1990), テキストは pp. 38-84; *Liber de causis, Das Buch von den Ursachen,* mit einer Einleitung von Rolf Schönberger（Hamburg, 2003), テキストは SS. 2-62. ダンテによる『原因について』の引用に関しては、Bruno Nardi, *Saggi di filosofia dantesca*, op. cit., pp. 81-109 参照。『帝政論』第一巻第一一章(17)における引用については pp. 88-89. また *Enciclopedia Dantesca,* II（Roma, 1970), pp. 327-329〈De Causis〉（Attilio Mellone), p. 328 参照。「愛は原因自体に（causam per se）付随している」の〈per se〉を「愛」に掛けて、「愛自体は原因に付随している」と読む翻訳者もいるが、原因が結果を愛することは原因自体の本性に由来するという趣旨であるから、〈per se〉を〈causam〉に掛けたほうがよいと思われる。

◎第一二章

(2)「自由な選択」は〈liberum arbitrium〉の訳である。そして「意志に関する事柄における自由な判断」は〈liberum de voluntate iudicium〉の訳である。ダンテは〈liberum arbitrium〉とは〈liberum iudicium〉であると述べており、したがって〈liberum arbitrium〉を「自由意志」と訳すことは正しくない。〈iudicium〉（判断）は意志ではなく理性の働きだからである。また同じ理由で、〈liberum de voluntate iudicium〉を「意志の自由な判断」と訳すことも正しくないだろう。A. Pézard, *"La rotta gonna"*, op. cit., p. 66 は〈de〉を「に関する」ではなく「から発する」の意味で理解し、「意志から発する自由な判断」と訳しているが、判断が意志から発することの意味が定かでない。

本章(4)から明らかなように、ダンテにとり自由は判断が欲求（appetitus）によって影響されないことを意味し、したがって自由は意志にではなく理性に存する。この点に関しては B. Nardi, *Nel mondo di Dante*, op. cit., pp. 287-303; Patrick Boyde, *Perception and Passion in Dante's Comedy*（Cambridge, 1993）, pp. 207-208 参照。B・ナルディは行為の自由については異なる二つの見解があったことを指摘する（B. Nardi, ibid., pp. 291-293）。

第一の見解によれば、自由は本質的に意志に存し、人間の最終目的である幸福に到達するための手段として理性が示したものの中から一つを選択する意志の力に自由は存する。理性によりあらかじめ認識されていないかぎり、いかなるものも意志されないことから、理性の判断は自由の根（radix）であるが、本質的には自由は意志の作用の中に存する（トマス・アクィナス）。

第二の見解（ナルディはこれをアヴェロエス主義の特徴とみなしている）によれば、自由の本質は感情的な動機に左右されることなく判断する理性の力に存し、意志は常に理性の判断によって決定される。人間の自由は、理性が最善と判断したことを意志が拒否できることに存するのではなく、目的を達成しうる諸手段を理性が検討し、これらの手段のうちどれが最善かを理性が判断することに存するのであり、意志は理性の判断に必然的に従う。そしてナルディによれば、〈liberum arbitrium〉を〈liberum de voluntate iudicium〉として定義することはボエティウスに由来し（ibid., p. 287）、ボエティウスは第二の見解をとり、ダンテも第二の見解をとっていた。

ダンテは、理性によって最善と判断されたことを意志は拒否できると主張する主意主義者の見解や、選択は理性の判断を前提にするが理性の作用ではなく本質的には意志の作用であると主張し、理性が或る対象を評価する際に、意志にとって好ましい判断を理性がするように理性の関心を対象の或る側面へと向けさせる積極的な作用を意志に認めるトマスの見解（ibid., pp. 295-296）を採用することなく、人間の自由をもっぱら理性の力に、すなわち、何を為すべきかを欲求や感情に支配されることなく意志に指示する理性の力に存するものと考えた。

更にナルディは、上記の第二の見解を前提にすれば、完全に同等に評価される二つの選択肢を前にした選択者――いわゆる「ビュリダンのロバ」――はどちらの選択肢も選択できないことを指摘し、『天国篇』第四歌一―九はある種の決定論を含意すると解釈すべきではなく、むしろ自由は感情や欲求にとらわれない理性の判断に存すると考えることの結果として解釈すべきであると主張する（ibid., pp. 301-302）。第二の見解が一二七七年に断罪されたアヴェロエス主義に含まれていたことについては、R. Hissette, *Enquête*, op. cit., pp. 251-262（nr. 160, 161, 163, 164, 165, 169）; K. Flasch, *Aufklärung*, op. cit., SS. 203-206, 221-224（nr. 129, 131, 135,

158, 159, 163).

(5) 天使の意志が不変的であると同時に完全に自由であることについては S. Bemrose, *Dante's Angelic Intelligences*, op. cit., pp. 73-74 参照。

(6)「私が『神曲』の天国篇で既に述べた如く」という言葉と、『帝政論』が書かれた時期をめぐる問題に関する近年の論説として、Maurizio Palma di Cesnola, *Questioni dantesche. Fiore, Monarchia, Commedia* (Ravenna, 2003), pp. 43-62; Enrico Fenzi, 'È la «Monarchia» l'ultima opera di Dante? (a proposito di una recente edizione)' (*Studi danteschi*, 72, 2007, pp. 215-238); Alberto Casadei, '«Sicut in Paradiso *Comedie* iam dixi»' (*Studi danteschi*, 76, 2011, pp. 179-197); Giorgio Inglese, *Vita di Dante, Una biografia possibile* (Roma, 2015), p. 115 参照。

(9)〈politizant reges, aristocratici quos optimates vocant, et populi libertatis zelatores〉という文章の〈politizant〉が単に「統治する」ではなく、「正しく統治する」を意味することについては、B. Nardi, *Nel mondo di Dante*, op. cit., pp. 104-106.〈politizo〉というラテン語は一三世紀にアリストテレスの『政治学』をラテン語訳したムールベーケのギヨームが〈πολιτεύω〉を〈politizo〉と翻訳したことで中世ラテン語の中に導入された。

◎第一四章

(6) ダンテはスキュティア人やガラマンテス人についての知識をアルベルトゥス・マグヌ

スとパウルス・オロシウスから得ていた。Paulus Hossfeld (ed.), Albertus Magnus, *De natura loci* (*Alberti Magni Opera Omnia* V, pars II, Monasterii Westfalorum in aedibus Aschendorf, 1980), tract. 3, cap. 3, p. 37（スキュティア人）, cap. 8, p. 43（ガラマンテス人）; Carolus Zangemeister (ed.), *Pauli Orosii Historiarum adversum paganos* libri VII (Wien, 1882), I, 2, 45, 47, pp. 19-20, I, 10, 19, p. 59（スキュティア人）, I, 2, 88, 90, p. 32（ガラマンテス人）. また *Enciclopedia Dantesca*, III (Roma, 1971), p. 96 〈Garamanti〉 (Clara Kraus); ibid., V (Roma, 1976), p. 81 〈Sciti〉 (Adolfo Cecilia); Paget Toynbee, *A Dictionary of Proper Names and Notable Matters in the Works of Dante* (Oxford, 1968), pp. 304-305 〈Garamanti〉, p. 567 〈Scithe〉 参照。

人間が住むことのできる七つの気候圏（climata）についてのアルベルトゥス・マグヌスの説明は、*De natura loci*, op. cit., tract. 1, cap. 9, pp. 15-17. また、〈climata〉については *Enciclopedia Dantesca*, II, op. cit., p. 43 〈clima〉 (Giovanni Buti, Renzo Bertagni); John Kirtland Wright, *The Geographical Lore of the Time of the Crusades* (New York, 1925), pp. 241-246, pp.454-455. アルベルトゥス・マグヌスについては ibid., p. 106, pp. 406-407, ダンテについては pp. 106-107, p. 410 参照。

◎第一六章

(3)「縫い目のない衣」(tunica inconsutilis) については Giuseppe Di Scipio, *The Presence of Pauline Thought in the Works of Dante* (Lewiston, N. Y., 1995) pp. 112-113 参照。

第二巻

◎第一章

(1) 例えばアウグスティヌスは『詩篇』のこの一節「彼らの枷をこわし、彼らの軛を我らから取り除こう」を、神とそのメシア（イスラエル王）の支配に反抗する王や支配者によって語られたものと理解しており、「キリスト教が我らを拘束し、我らに課せられることのないように努めよう」という意味であると註釈している。Eligius Dekkers, Johannes Fraipon (eds.), *Enarrationes in psalmos* (*Corpus Christianorum*, series latina XXXVIII, *Aurelii Augustini opera*, pars X, 1, Turnhout, 1956), II, p. 4. また教皇権からフランス王が独立していることを正当化するために一三〇二年の末から一三〇三年の春の間に書かれたとされるパリのヨハネスの『王の権力と教皇の権力について』第一一章三四では教皇が霊的事項と世俗的事項の双方に対し権力を有することを主張する教皇派の人々について次のように述べられている。

そして或る人々は『詩篇』のテキスト「なにゆえ、もろもろの国びとは騒ぎたち」(Quare fremuerunt Gentes) から同様の主張を引き出している。（彼らによれば）ここでは先ず異教徒とユダヤ人がキリストに反抗して騒ぎたてたと言われており、キリストは教会の最初の状態を意味している。そしてこの後で「彼らの枷をこわし、彼らの軛を我らから取り除こう」（Dirumpamus vincula eorum et proiciamus a nobis iugum）云々と言われている。そして更に後で「それゆえ、もろもろの王よ、賢くあれ、汝ら地上を裁治する者たちよ、警戒せよ」（Et nunc reges intellegite, erudimini qui iudicatis terram）云々と言われ、「戒めを受けよ」（Apprehendite disciplinam）云々と言われている。ここでは新しい教会の状態が意味されており、この状態ではキリストの代理たる教皇が、教皇に全面的に服従すべき地上の王たちを支配している。たとえ教皇は当初からこのような権力を有していたわけではないとしても（De regia potestate et papali, capitulum XI, 34; Jean Leclercq, *Jean de Paris et l'ecclésiologie du XIII*e *siècle*, Paris, 1942, p. 206; Fritz Bleienstein, *Johannes Quidort von Paris: Über königliche und päpstliche Gewalt, Textkritische Edition mit deutscher Übersetzung*, Stuttgart, 1969, S. 124)。

このような教皇派の『詩篇』第二篇の解釈に対してパリのヨハネスは同第一九章三四で次のように答えている。

更に、……『詩篇』のテキスト「なにゆえ、もろもろの国びとは騒ぎたち」に関しては、これをこれらの人々（教皇派の人々）が理解しているような意味ではなく、むしろ倫理的な意味で、すなわち今日キリストが悪人によりその四肢において受けているキリストへの迫害という意味で、そして未来において——すなわち使徒パウロによれば万人が天上のキリストに服従するに至る未来において——キリストがその四肢に対し行使する支配という意味で理解されると思われる（J. Leclercq, p. 235; F. Bleienstein, S. 173）。

したがって、パリのヨハネスがここで言及している教皇派の或る人々は、アウグスティヌスとは異なり、「彼らの枷をこわし、彼らの軛を我らから取り除こう」と言っているのはキリスト教徒のほうであり、「彼ら」とは、「油そそがれた者」である教皇に逆らう王や支配者であると考えている。これに対してダンテにとり「油そそがれた者」とは皇帝のことであり、「彼らの枷をこわし、彼らの軛を我らから取り除こう」の「彼ら」は皇帝に反抗する王や支配者を意味している。しかしダンテは本章⑸から明らかなように、「彼らの枷」を、皇帝に反抗する王や支配者自身を束縛している「無知の枷」として理解している。以上の点に関しては、'Paolo Chiesa, Andrea Tabarroni, 'Dante *demonstrator* nel secondo libro della *Monarchia*'（Enrico Malato, Andrea Mazzucchi (a cura di), *Leggere Dante oggi, Roma*, 2012, pp. 141-162), pp. 143-150 参照。

⑵—⑶ダンテがローマの賛美へと態度を変えた正確な時期は定かではない。一三〇四年の夏から一三〇五年二月の間に書かれたとされる『俗語論』の第一巻第一一章二ではローマの地方語と風習が批判されている。Arsenio Frugoni, *Incontri nel Medioevo*（Bologna, 1979), pp.

308-309; Maria Consiglia de Matteis, 'Il mito dell'impero romano in Dante: A proposito di *Monarchia* II, 1'（*Letture classensi*, 9-10, 1982, pp. 247-256), p. 249 参照。John A. Scott, 'An uncharted phase in Dante's political thought'（H. C. Davis, D. G. Rees, J. M. Hatwell, G. W. Slowey (eds.), *Essays in Honour of John Humphreys Whitfield*, London, 1975, pp. 41-52）は、フィレンツェを追放されたダンテが一三〇四年に仲間のグェルフィ白党と決別した後、ヴェローナでの滞在を通じてギベッリーニ派へと転向するが、『俗語論』執筆当時はシチリアのフリードリヒ二世とマンフレードを賛美していたのに対し、『饗宴』第四論考を執筆した一三〇七年頃にはローマ帝国を賛美し、その神的使命を認めるようになった、と指摘している。また、id., 'Genesi e sviluppo del pensiero politico di Dante'（Michelangelo Picone, Theodore J. Cachey, Jr., Margherita Mesirca (a cura di), *Le culture di Dante: studi in onore di Robert Hollander*, Firenze, 2004, pp. 243-270), pp. 253-259 参照。また、Charles Till Davis, *Dante and the Idea of Rome* (Oxford, 1957), pp. 83-86 は、ローマに対するダンテの見解の変化は、フィレンツェのサンタ・マリーア・ノヴェッラ教会の教師 (lector) であったドミニコ会士レミージョ・デイ・ジローラミの影響による可能性が高いことを指摘する。デイ・ジローラミは『共通善について』(De bono comuni) で、キンキナトゥスやカトその他ローマの英雄たちの名を国家の共通善のために尽くした人物として引き合いに出している。Remigio dei Girolami, De bono comuni, c. 5（Emilio Panella（a cura di), *Dal bene comune al bene del comune, I trattati politici*, Firenze, 2014, pp. 156-161; Maria Consiglia de Matteis, *La "teologia politica comunale" di Remigio de' Girolami*, Bologna, 1977, pp. 7-11).

(5) A. Pézard, "*La rotta gonna*", op. cit., pp. 71-72 は「王や君侯の無知の枷を打ち砕き」の「無知の枷」は、王や君侯自身の無知ではなく、王や君侯が人民の間に広めた無知と理解すべきことを指摘する。しかし(6)には「王や君侯の目から無知の霧が拭い去られる」とあるので、(5)も王や君侯自身の無知と理解すべきだろう。

(6) A. Pézard, "*La rotta gonna*", op. cit., pp. 72-73 は、本訳で「ローマ人民がこれを簒奪したと誤って信じている」と訳した〈hoc ipsum de romano populo mendaciter extimantes〉を、〈hoc〉の前あるいは〈mendaciter〉の前に〈suum〉を付加して、「ローマ人民に属するものを誤って自分たちのもの（suum）であると考えている」と解釈している。

◎第二章

(2) 神の技、自然、人間の技については『地獄篇』第一一歌九七—一〇五参照。神の技の道具としての諸天体については P. Boyde, *Dante, Philomythes and Philosopher*, op. cit., pp. 132-143 参照。

(3) ここでダンテは地上の事物に見られる欠陥（peccatum）が質料に起因することを主張しているが、『天国篇』第二九歌二二—二三では、神によって創造される純粋形相（天使）、形相と質料の結合体（天体）、そして純粋質料（第一質料）の三つを欠陥（fallo）のないものと述べている。第一質料は神によって創造された直後は完全無欠であった。しかし『天国篇』第二九歌四九―五一にあるように、元素（水、空気、火、土）の基体（suggetto）である第一質料は、神に反抗した一部の天使により攪乱され、第一質料自体も神に反抗するようになった。第一巻第三章⑻への註解を参照。

「自然を創った神……の意図に反する」は〈preter intentionem Dei naturantis ...〉の訳。スコラ哲学者たちはアヴェロエスに従って、〈natura〉という語を諸天体とその創造者の両方を含む広義の意味で用いた上で、神の精神の中にある〈natura〉と諸天体の〈natura〉を区別し、前者を〈natura naturans〉、後者を〈natura naturata〉と呼んだ。

◎第三章

⑷ダンテはユウェナリスの〈nobilitas sola est atque unica virtus〉という文章中の〈nobilitas〉の後ろに〈animi〉を付加している。ユウェナリスの文章は「唯一無二の高貴さ、それは徳である」あるいは「徳こそが唯一無二の高貴さである」と訳せるのに対し、ダンテのように〈animi〉を付加すると「魂の高貴さが唯一無二の徳である」と訳すべきだろう。しかしダンテが言いたいのは「唯一無二の高貴さは魂の高貴さ、すなわち徳である」ということか。A. Pézard, "*La rotta gonna*", op. cit., pp. 75-76 参照。

⑺ダンテはウェルギリウスの〈sed summa sequar fastigia rerum〉の〈fastigia〉を〈vestigia〉

に変えて、「私は事実の主要な足跡を辿ることにする」と述べている。

◎第五章

(1) 法 (ius) とは「事物と人をめぐる人間と人間との関係」(realis et personalis hominis ad hominem proportio) である、という表現についてはアリストテレス『ニコマコス倫理学』第五巻第三章一一三一a一八、三〇参照。しかし Piero Fiorelli, 'Sul senso del diritto nella Monarchia' (*Letture classensi*, 16, 1987, pp. 79-97), pp. 84-85 は、ダンテが realis と personalis の対概念をおそらく中世ローマ法学を通して知っていたことを指摘している。この表現については Pio Fedele, 'Dante e il diritto canonico' (*Ephemerides iuris canonici*, 21, 1965, pp. 213-396), pp. 213-242 参照。

(5)「ローマの帝国は仁慈の泉から生まれ出る」という表現については、Joseph Balogh, 'Romanum imperium de fonte nascitur pietatis' (*Deutsches Dante-Jahrbuch*, 10, 1928, SS. 202-205); Theodore Silverstein, 'On the genesis of De Monarchia, II, v' (*Speculum*, 13, 1938, pp. 326-349), pp. 331-332 参照。同様の表現が見られるダンテの第五書簡三は Paget Toynbee (ed.), *Dantis Alagherii Epistolae* (Oxford, 1920), p. 49 (pp. 49-51, n. 10 も参照); Arsenio Frugoni, Giorgio Brugnoli (a cura di), *Epistole* (Pier Vincenzo Mengaldo, Bruno Nardi, Arsenio Frugoni (a cura di), Dante Alighieri, *Opere Minori* 2, op. cit., pp. 522-643), p. 542.

◎第九章

（15）多くの翻訳者は「鷲の旗印とトロイア人の他の守護神（deque penatibus aliis Troyanorum）……を求めて」と訳しているが、〈aliis〉を〈diis〉に変え、「鷲の旗印とトロイア人の守護神……を求めて」の〈aliis〉が正しい。〈diis〉が正しければ、鷲の旗印は必ずしもトロイア人の守護神の一つではないことになるだろう。「トロイア人の他の守護神」と言われている理由は、ローマ人から見てアルバ人の家の守護神は「他の」守護神だからである。

（21）ダンテは決闘を一種の神判とみなし、ローマ人民は決闘によって正当に支配権を獲得したと主張するが、裁判の手段としての決闘は、六世紀のローマ帝国においては禁止されており、一二世紀に再生した中世ローマ法学でも裁判としての決闘は断罪されていた。また教会法学も、マタイ福音書第四章七にある「主なるあなたの神を試みてはならない」を典拠にして神判としての決闘を禁止しており、これはダンテの時代のイタリア（それゆえフィレンツェ）の一般的な考えであった。――本章（20）の「傲然たる法学者」（iuriste presumptuosi）は、教皇令集註釈学者、ボローニャのグェルフィ派の法学者、あるいは法学者一般を指すなど様々に解釈されているが、決闘が神判であることを否定する当時の通説を支持していた法学者を指すと解釈することもできるだろう――。したがって決闘に関するダンテの観念は、ゲルマン人の慣習法に由来する当時としては古風な観念に基づくものだった。この点に関しては P. Fiorelli, 'Sul senso del diritto' op. cit., pp. 93-96 参照。しかしフィオレッリはダンテがマタイ福音書第一八章二〇にある「二人または三人が私の名によって集まっているところには、私もその中にいるのである」を典拠として神判としての決闘を当時の教会法学に対抗して正当化しえたことを指摘する（pp. 96-97）。

◎第一〇章

(3)「そこから来たところに返されるほうがよい」は〈Redeant unde venerunt〉の訳であるが、〈Redeant〉は二つの写本にのみ見られ、その他の写本では〈Redeunt〉となっている。P. Shaw（a cura di), Dante Alighieri, *Monarchia*, op. cit., p. 170 参照。本訳はP・ショーの校訂版を底本にしているので、〈Redeant〉を採用した。また Michele Barbi, *Problemi fondamentali per un nuovo commento della Divina Commedia*（Firenze, 1955), p. 61, n. 2 も〈Redeant〉を採用している。しかし、〈Redeunt〉を採用する P. G. Ricci（a cura di), Dante Alighieri, *Monarchia*, op. cit., p. 212 は、〈Redeunt unde venerunt〉を〈si〉が省略さている条件文とみなし、〈Redeunt unde venerunt: venerunt bene, redeunt male〉を「もし（資産が）そこから来たところに返されるならば、それは正しく来たが、悪しく返される」という意味で解釈している。そしてリッチは、①教会の資産が帝国に返されなければ、それを保持する者は資産を贈られたことに恩を感じてはいない、②もし資産が帝国に返されるならば、それは正しく来たが悪しく返されると言うべきである、という趣旨でダンテのテキストを理解している（pp. 212-213, n. 12）。

リッチと同じく〈Redeunt〉が正しい読み方であることを主張するものとして Sergio Cristaldi, *Dante di fronte al gioachimismo*, 1, *Dalla "Vita nova" alla "Monarchia"* (Caltanisetta, 2002), pp. 348-349. これに対して Bruno Nardi, *Saggi e note di critica dantesca* (Milano, Napoli, 1966), pp. 411-414 は、ユスティニアヌス法典――『勅法彙纂』八・五五・一〇および『法学提要』二・七・二――に、贈与者に対して忘恩の受贈者は贈与を取り消されるという規定があることを理由に、切望の意味合いを帯びた接続法の〈redeant〉を支持し、P・ショーの校訂版もナルディに従っている。ちなみに、二つの写本にしか見られない〈redeant〉は、マルシリオ・フィチーノの『帝政論』イタリア語訳でも採用され、フィチーノは〈ritornino〉と訳している (Prue Shaw, 'La versione ficiana della *Monarchia*' (*Studi Danteschi*, 51, 1978, p. 373); P. Chiesa, A. Tabarroni (a cura di), *Monarchia*, op. cit., appendice IV, p. 510)。

したがって、ナルディやショーに従えば、教会は資産を帝国に返さなければならないが、たとえ教会が資産を帝国に返しても、教会は不正に資産を保持してきたのだから、それは悪しく返されるという意味になり、リッチに従えば、ただ単に、たとえ教会が資産を帝国に返しても、教会は不正に資産を保持してきたのだから、それは悪しく返されるという意味になる。

(4) キリストは生まれることによって「不正を是認した」(persuasit iniustum) の〈persuasit〉はすべての写本で〈presumpsit〉となっているが、Dino Bigongiari, 'Notes on the text of Dante'

(*Romanic Review*, 41, 1950, pp. 3-13, pp. 81-95), pp. 48-49（id., *Essays on Dante and Medieval Culture*, op. cit., p. 37）は〈persuasit〉と読むべきことを提唱し、その後すべての校訂版と翻訳がこれに従っている。

(4)—(10)この箇所に見られるダンテの論理学的説明の分析については、以下を参照。Enzo Cecchini, 'Dante, *Mon.* II, x, 4-10'（*Miscellanea di studi in onore di Vittore Branca*, 1, *Dal Medioevo al Petrarca*, Firenze, 1983, pp. 177-184）; Prue Shaw, 'Some proposed emendations to the text of Dante's *Monarchia*'（*Italian Studies*, 50, 1995, pp. 1-8）; R. Kay, *Dante's Monarchia*, op. cit., pp. 182-183, pp. 185-187, nn. 12-16, 22-27; Enzo Cecchini, 'Per un'indagine sistematica su formule e procedimenti argomentativi nelle opere in prosa di Dante'（Michelangelo Picone (a cura di), *Dante: da Firenze all'aldilà*, Firenze, 2001, pp. 133-148）; Eilizabeth Mozzillo-Howell, '*Monarchia* II. x and the medieval theory of consequences'（*Italian Studies*, 57, 2002, pp. 20-36）; id., 'Dante between scholasticism and humanism: aspects of the *Monarchy*', op. cit., pp. 35-37.

特に議論の対象となっているのは、(9)の〈argumentum sumptum ad destructionem consequentis〉（後件を否定するための論証）を〈argumentum sumptum a destructione consequentis〉（後件を否定することに基づいた論証）へと直して読むべきか、そして(10)の〈A positione antecedentis〉（前件を肯定すれば）を〈A positione consequentis〉（後件を肯定すれば）へと直して読むべきかという点である。(9)については、E. Cecchini（1983, p. 179; 2001, pp. 140-142）と

R. Kay (p.185, n. 22) は〈ad destructionem consequentis〉を主張し、P. Shaw (p.6) と E. Mozzillo-Howell (2002, pp. 31-34) は〈a destructione consequentis〉を主張している。訳者は〈a destructione consequentis〉と直して読むことが正しいと考える。

本章(4)の推論は「pならばqである。qではない。それゆえpではない」(いわゆる modus tollens) であり、後件qを否定することによって前件pを否定しているが、modus tollens は〈argumentum a destructione consequentis ad destructionem antecedentis〉であるから、今問題になっている一節も〈ad destructionem consequentis〉ではなく〈a destructione consequentis〉と直して読まなければならない。もし〈ad destructionem consequentis〉と読むべきだとすれば、推論は「pならばqである。pではない。それゆえqではない」となり、これは妥当な推論ではない。したがって〈a destructione consequentis〉と直すべきであり、そうすれば推論は「pならばqである。qではない。それゆえpではない」となり、妥当な推論すなわち modus tollens となる。

次に(10)の〈A positione antecedentis〉は P. Shaw (pp. 7-8) が主張するように〈A positione consequentis〉へと直すべきであろうか。この点〈A positione consequentis〉は「pならばqである。qである。それゆえpである」という妥当しない推論であることに注意すべきである。ダンテが論敵にこのような推論を帰しているとは考えにくい。むしろダンテは modus ponens すなわち「pならばqである。pである。それゆえqである」という妥当な推論を想定しており、したがって〈A positione antecedentis〉が正しく、これを〈A positione consequentis〉という誤謬推論に直す必要はない。要するに本章(4)の「もしローマ帝国が法にかなった正当なものでなかったならば、キリストは生まれることによって不正を是認したことになる」という〈consequentia〉の前件「ローマ帝国は法にかなった正当なものではなかった」を肯定し（すなわち〈A positione antecedentis〉）、modus ponens により後件「キリストは生まれることによって不正を是認した」を肯定することが本章(10)の「もし前件を肯定すれば」の意味するところである。

P・ショーは、Prue Shaw (ed., tr.), Dante, *Monarchia* (Cambridge, 1995), p. 94 では〈A positione antecedentis〉を〈A positione consequentis〉へと訂正したが、本訳の底本である P. Shaw (a cura di), Dante Alighieri, *Monarchia* op. cit., p. 399 では訂正を取り消して〈A positione antecedentis〉に戻している。

第三巻

◎第一章

(1) メディアのダレイオス王の治世、ダニエルは王国の総督たちの上に置かれた三名の総監の一人だったが、総督や総監たちはダニエルを陥れるために、今から三〇日の間、王以外の人間や神に願い事をした者は獅子の穴に投げ入れられる、という法令を王に発布させた。この法令が発布されたにもかかわらずダニエルは神に祈りを捧げたことから獅子の穴に閉じ込められたが、獅子がダニエルを害することはなかった。王はこれを大いに喜び、王国の人々に対しダニエルの神を恐れ敬うよう命じ、ダニエルを陥れようとした者たちは獅子の穴に投げ入れられ、獅子に骨までかみ砕かれた（『ダニエル書』第六章）。ダニエルはダンテであり、ダニエルを陥れようとした総督や総監たちは教皇派の人々や教皇令集註釈者たちである。Peter S. Hawkins, *Dante's Testaments* (Stanford, 1999), pp. 20-21 参照。

(3)「これから自らも実行しようとすることを模範として」は〈in se facturo〉の訳である。〈in se facturo〉の〈in〉に「模範によって」の意味合いが含まれているという理解については A. Pézard, *"La rotta gonna"*, op. cit., pp. 84-85 参照。

◎第二章

(2)ダンテの論旨をより明確にするために〈Deus nolit〉を「神の意志に反している」、〈Deus non nolle〉を「神の意志に反していない」と意訳した。すなわち、〈nolle〉は「意志に反している」、〈non nolle〉は「意志に反していない」と訳し、(4)の〈velle〉を「欲している」、〈non velle〉を「欲していない」と訳した。ダンテの議論から明らかなように、「意志に反している」は、より強く言えば「嫌悪している」ことであり、「意志に反していない」は「欲しているか」か「欲していない」かのいずれかであるが、この場合後者の「欲していない」は、「意志に反していない」が積極的に欲してもいないこと、すなわちどちらでもよいと考えていることを意味している。

(5)ダンテの証明の骨子は以下のとおりである。先ず(2)で「自然の意図に違背することは神の意志に反している（Deus nolit）」という原理が提示され、この原理が真であることが次のように証明されている。もしこの原理と矛盾する命題「自然の意図に違背することは神の意志に反していない（non nolle）」が偽でなければ、〈non nolle〉から〈velle〉か〈non velle〉のいずれかが論理的に帰結するように、①「神は自然の意図に違背することを欲している（velle）」か、②「神は自然の意図に違背することを欲していない（non velle）――それは神の意志に反していないが、神はそれを積極的に欲してもいない――」のいずれかが帰結するだろう。……しかし次にダンテは(5)で「自然の目的を神が欲していることは明らかである」と述べて自明な原理「神は自然の目的を欲している」を導入し、上記の①が「神は自然の目的が実現しないことを欲している」を含意し、上記の②も「神は自然の目的を欲していない」を含意することから、①と②が共に自明な原理と矛盾しており偽であること、それゆえ①と②が偽であるならば、①と②を論理的に含意する「自然の意図に違背することは神の意志に反していない」も偽であることを論証し、当初に提示された原理「自然の意図に違背することは神の意志に反している」が真であることを立証する。

したがってダンテの論証の中核にあるのは(5)で導入されている「神は自然の目的を欲している」という自明な原理であり、(2)の「自然の意図に違背することは神の意志に反している」という原理は、この自明な原理からの論理的帰結と考えられている。

(6)「もし神が目的の阻止を欲していないならば、神がそれを欲していないかぎりにおいて、神が阻止を欲していないことからは、阻止が存在しているかいないかについて神が全く気にかけていないことが帰結するだろう」の原文は〈Si enim Deus non vellet impedimentum finis, prout non vellet sequeretur ad non velle nichil de impedimento curare, sive esset sive non esset, ...〉であるが、文中の〈curare〉は写本では〈curaret〉となっていた。しかしこれでは意味が通じないので、その後のすべての校訂版において〈curaret〉は〈curare〉に修正されている。この修正に異議を唱えたのは Dino Bigongiari, 'The text of Dante's Monarchia', op. cit., pp. 461-462 (id., *Essays on Dante and Medieval Culture*, op. cit., pp. 30-31) である。ビゴンジアーリは当該箇所を次のように修正している。〈Si enim Deus non vellet impedimentum finis, prout non velle sequeretur ad non nolle, nichil de impedimento curaret sive esset sive non esset〉（もし神が目的の阻止を欲していないならば、「欲していない」が「意志に反していない」から帰結するかぎりにおいて、神は阻止が存在しているかいないかについて全く気にかけていないことになるだろう）。

校訂版では〈curaret〉が〈curare〉へと変えられることによって、〈sequeretur〉の主語が

〈nihil de impedimento curare〉とされ、〈prout non vellet〉の〈vellet〉の主語が神とされているのに対し、ビゴンジアーリの修正では、写本の〈curaret〉は維持され、その代わりに〈ad non velle〉が〈ad non nolle〉へと修正され、更に〈prout non vellet〉が〈prout non velle〉へと修正されることで〈non velle〉が〈sequeretur〉の主語になっている。ビゴンジアーリの修正は全く顧みられることがなかったが、Andrea Tabarroni, “‘non velle’ o ‘non nolle’? Una proposta di emendazione rivalutata per MON. III, ii, 6” (*Pensiero politico medievale*, 1, 2003, pp. 27-40) は、ビゴンジアーリの修正を支持し、ダンテの論証の記号化によりこの修正の正しさを主張している (pp. 35-40)。

確かに、ダンテの論証の筋道は、「神が目的の阻止を欲する」場合と「神が目的の阻止を欲していない」場合を区別し、前者の場合には「神が自然の目的を欲していない」ことが直ちに帰結し、後者の場合は、「欲していない」が「意志に反していない」から帰結するかぎりにおいて、神が目的の阻止を気にかけていないことが帰結し、更にこのことから「神が自然の目的を欲していない」ことが帰結する――それゆえ二つの場合共に「神は自然の目的を欲する」という自明の原理に違反する――ということである。したがってビゴンジアーリの修正はダンテの論証をより明確にする長所があるが、〈non nolle〉から〈non velle〉が帰結することは既に(4)で述べられているので、ビゴンジアーリの修正のようにもう一度これを(6)で繰り返す必要はないとも言えるだろう。本訳はP・ショーの校訂版を底本としているので、ビゴンジアーリの修正には従っていない。

◎第三章

（4）「なぜならば理性の洞観より先に欲求によって衝動的に行動する人々には常に次のことが起こる」は〈Hominibus nanque rationis intuitum voluntate prevolantibus hoc semper contingit〉の訳である。これまでG・ヴィナイの羅伊対訳版も含めて多くの校訂者はマルシリオ・フィチーノのイタリア語訳に従って、テキストのこの読み方を採用していたが、ピエール・ジョルジョ・リッチはこの読み方を次のように修正した。〈Hominibus nanque rationis intuitu voluntatem prevolantibus hoc sepe contingit〉（P. G. Ricci (a cura di), Dante Alighieri, *Monarchia*, op. cit., p. 226）。リッチのようにテキストを修正すればその意味は「なぜならば理性の洞観によって意志を導いていく人々にもしばしば次のことが起こる」ということになるだろう。リッチによる修正の後、B・ナルディの羅伊対訳やP・ショーの羅英対訳はリッチのこの修正に従っている。

リッチは修正の理由として次のダンテの言葉を挙げている（ibid., p. 226, n. 13）。『饗宴』第一論考第四章三「大部分の人間は子供のように、理性によらずして感覚によって生きている。このような人々は単に外面的にしかものごとを認識せず、しかるべき目的へと秩序づけられているこれらのものごとの善性を見ることがない。彼らは……理性の眼を閉じてしまったからである」、同第三論考第一〇章一「過度な欲求によって情熱的になった魂の病のゆえに真理に相反して」、同二「魂は情熱的になればなるほど欲望的な部分とより強く結びつき、よりいっそう理性から離れていく」、『天国篇』第一三歌一二〇「知性は感情に絆《ほだ》される」。しかしダンテのこれらの言葉は、リッチによる修正以前のテキストと言うまでもなく整合的であり、リッチの修正を正当化する理由にはならないだろう。

リッチの修正に対しては異議を唱える研究者もいた。例えばGennaro Sasso, *Dante, L'imperatore e Aristotele* (Roma, 2002), pp. 303-304, n. 13によれば、リッチが修正したテキストでは〈prevolare〉を〈guidare〉（導く）の意味で理解せざるをえないが、〈prevolare〉の元来の意味は「前を飛ぶ」ことであり、仮にこれを無理やり「導く」という意味で理解しても、「理性の洞観によって意志を導いていく人々に」、「悪しき感情に動かされると理性の光を後に置き、盲人のように感情に引きずられる」ことがなぜ「しばしば」(sepe) 起こるのか不可解である。しかしリッチによる修正以前のテキストであればその意味は、「理性の洞観より先に欲求によって衝動的に行動する人々に」、「悪しき感情に動かされると理性の光を後に置き、盲人のように感情に引きずられる」ことが「しばしば」起こるということであり、これはよく理解できる――G・サッソはリッチによる修正以前のテキストでは〈sepe〉ではなく「常に」(semper) と言われていることを顧慮していない――。

G・サッソの見解に対しては、〈prevolare〉を「導く」の意味で理解することは、それほど牽強付会な解釈ではないと答えられるだろう。〈rationis intuitu voluntatem prevolantibus〉は、字義的には「理性の洞観によって意志の前を飛ぶ（人々に）」の意味であるが、これは「理性の洞観によって意志を導いていく（人々に）」という意味だろう。——これに対して「欲求によって理性の洞観の前を飛ぶ（人々に）」（rationis intuitum voluntate prevolantibus）は「理性の洞観より先に欲求によって衝動的に行動する（人々に）」という意味である——。また、〈sepe〉に関しては、理性によって意志を導いていく人々が「しばしば」感情に引きずられて衝動的に行動する、という言い方も——例えば「まれに」のほうがより適切であろうが——それほど不自然とは思われない。

また、*Enciclopedia Dantesca*, V, op. cit., pp. 1134-1140〈volontà〉(Giorgio Stabile), p. 1138 は、リッチの修正が、『煉獄篇』第一七—一八歌や『帝政論』第一巻第一二章(4)に示されている理性と欲求の関係についてのダンテの観念と不整合であることを指摘し、リッチが修正を正当化するために援用した『饗宴』第三論考第一〇章二や『天国篇』第一三歌一一五—一二〇がむしろ修正以前のテキストと整合することを主張する。しかしスタービレの論旨は、要するにダンテにおける「意志」が理性の判断に基づく「欲求」であるということであり（ibid., pp. 1135-1138）、理性と欲求の関係についてのこの見解がリッチの修正と不整合であるというスタービレの主張は理解しがたい。リッチによって修正されたテキストは単に、理性によって欲求を導く人々も時として感情に流され、衝動的に行動することがあると述べているにすぎないからである。

これに対しリッチの修正が是認できないことをより説得的な仕方で論じたのが、Paolo Falzone, 'Ignoranza, desiderio, giudizio. L'«Etica Nicomachea» nella struttura argomentativa di «Monarchia» III 3' (*Documenti e studi sulla tradizione filosofica medievale*, 17, 2006, pp. 299-315) である。ファルツォーネによれば、アリストテレスは『ニコマコス倫理学』第七巻第八章一一五〇bニ〇で「アクラシア」(不節制) の原因を「プロペティア」(性急さ) と「アステネイア」(弱さ) に区別しているが、中世においてロバート・グローステートの『ニコマコス倫理学』の羅訳や、トマス・アクィナスの『ニコマコス倫理学』註解そして『神学大全』は、「アクラシア」、「プロペティア」、「アステネイア」をそれぞれ〈incontinentia〉、〈praevolatio〉、〈debilitas〉と訳している (ibid., pp. 312-313)。アリストテレスの「プロペティア」は、理性の判断を待つことなく情念のままに性急に行動することを意味し、「アステネイア」は理性により判断しても情念のゆえに理性の判断に従わない意志の弱さを意味していた。トマス・アクィナスは『ニコマコス倫理学』註解で次のように述べている。

「アリストテレスの言によれば、不節制 (incontinentia) は二つのものに区別され、その一つは性急さ (praevolatio)、もう一つは弱さ (debilitas) である。……そしてアリストテレスは次のように述べている。確かに不節制な人々の中には、欲望が生まれると思量はするが、情念に打ち負かされ、情念のゆえに思量されたことを守らない人々がおり、この種の不節制は

「弱さ」と言われる。しかし或る人々は、思量することなく、欲望が生まれると直ちにそれに従うことで情念に引きずられてしまう。この種の不節制は、思量する前にすばやく生ずることから「性急さ」と言われる。このような人々は、もし思量すれば情念に引きずられることはないだろう」（R. M. Spiazzi（cura e studio), *Sancti Thomae Aquinatis In decem libros Ethicorum Aristotelis ad Nicomachum Expositio*, Editio Tertia, Torino, 1964, p. 379）また Summa Theologiae II-II, q. 156, art. 1 参照。

〈praevolatio〉が不節制を引き起こす「性急さ」を意味するならば、ダンテの〈prevolantibus〉もこの意味で理解されなければならない。P・ショーは一九九五年の羅英対訳ではリッチに従い〈rationis intuitu voluntatem〉を採用していたが、本訳の底本である二〇〇九年の校訂版では、リッチによる修正以前の〈rationis intuitum voluntate〉に戻し、リッチの〈sepe〉を〈semper〉へと直している。

(6)「三種類の人間」については Michele Maccarrone, 'Teologia e diritto canonico nella *Monarchia*, III, 3'（*Rivista di storia della chiesa in Italia*, 5, 1951, pp. 7-42）参照。マッカッローネに対する批判的コメントは、B. Nardi, *Dal "Convivio" alla "Commedia"*, op. cit., pp. 173-185.

(7)「ローマ教皇」（Summus Pontifex）は単数形なので特定の教皇を指すとすれば、ボニファティウス八世ないしクレメンス五世、あるいはヨハネス二二世を指すと思われる。M. Maccarrone, 'Teologia e diritto canonico', op. cit., pp. 10-11 は、『帝政論』が執筆されたのはクレメンス五世の教皇至上主義的な教令 Pastoralis cura が一三一四年に公布される以前であり、一三一四年以前は——一三一二年の初めにクレメンス五世とハインリヒ七世の間に不和が生じたときも——クレメンス五世が教皇至上主義的な見解を公にしたことがなかったことを理由に、クレメンス五世は(7)で言われている「ローマ教皇」には該当しないと考えている。しかし『帝政論』が一三一七年から一三一八年にかけて書き上げられたとする現在の通説が正しければ、むしろ(7)の「ローマ教皇」はクレメンス五世（一三〇五—一三一四）とみなすほうが自然であり、またヨハネス二二世（一三一六—一三三四）を指すと考えることも可能である。

(9) ダンテが教皇令集註釈学者を批判したのに対してグラティアヌスとグラティアヌス教令集を高く評価したことに関しては、M. Maccarrone, 'Teologia e diritto canonico', op. cit., pp. 16-18; P. Fedele, 'Dante e il diritto canonico', op. cit., pp. 280-283 参照。

(10) ローマ教皇の教令が信仰の基礎であると主張した「或る者」が誰であるか定かではない。M. Maccarrone, 'Teologia e diritto canonico', op. cit., pp. 23-28 参照。Aldo Vallone, 'A proposito di Monarchia III, iii, 10' (*Dante Studies*, 113, 1995, pp. 167-173) は、一三〇三年頃にダンテがボローニャでその説教を聴いたドミニコ派の教会法得業士 (bachalarus) がこの「或る者」であったと想定している。教令が信仰の基礎であるという主張は、聖書が信仰の基礎であることを否定する趣旨ではないだろう。また、この主張の趣旨が信仰上の問題に関して教皇の教令は教父の教説に優位するということであれば、このような見解はグラティアヌス教令集やホスティエンシスにも見られる。M. Maccarrone, 'Teologia e diritto canonico', op. cit., pp. 30-31 参照。

◎第四章

(2)—(3) この一節は教皇ボニファティウス八世が一三〇三年四月三〇日の枢機卿会議でオーストリアのアルブレヒトを皇帝として承認した際に皇帝権が教皇権に服することを宣言したAllegacio（*Monumenta Germaniae Historica, Legum sectio IV, Constitutiones et acta publica imperatorum et regum*, tomus IV, pars I, nr. 173, pp. 139-141）にある文言と類似しており、ダンテがこの一節を書いたとき、当時よく知られていたボニファティウスのこの宣言を念頭においていたと思われる。Michele Maccarrone, 'Il terzo libro della «Monarchia»'（*Studi Danteschi*, 33, 1955, pp. 5-142), pp. 40-42 参照。

(10)「雲の中に獅子がいるといって怖がる」ことが雷鳴を獅子の吠え声だと思って怖がることを意味する点については、John A. Scott, '*Monarchia* III, iv, 10: Un leone tra le nuvole'（*Miscellanea di studi in onore di Vittore Branca*, 1, *Dal medioevo al Petrarca*, op. cit., pp. 177-184）参照。

(14) この一節が世俗的権力を人間本性それ自体の自然的結果とみなす第一巻第五章と第六章の議論と齟齬をきたしている、という指摘は M. Maccarrone, 'Il terzo libro', op. cit., pp. 40-42 参照。

ダンテの帝国は人間本性から発する自然的な制度か、それとも原罪の結果生じた人間の邪悪さを克服すべく窮極的には神によって定められた制度か、という問題についてはこれまで異なるいくつかの解釈が提示されてきた。

先ずフランチェスコ・エルコレは帝国と、帝国の下にある王国、都市、近隣社会を区別し、ダンテにおいて前者は——ストア派とアウグスティヌスの伝統に従って——原罪から生じた結果であるのに対し、後者は——アリストテレスとトマス・アクィナスに従って——人間の自然的本性の結果とされ、アダムが罪を犯さなくても人間は国家によって組織化された社会生活を送るとされている、と主張する。そして帝国の下にある王国や都市その他の社会は、人間が原罪を犯すことがなかったならば帝国が存在しなくても世俗的幸福を自足的に享受することが可能であり、帝国は、王国や都市といった本来ならば自足性（autarchia）を帯びた社会が原罪のゆえに世俗的幸福を達成できないことから神によってもうけられた制度である。したがって帝国が必要とされる理由は、下位の社会がそれ自体で世俗的幸福を達成できないことにあるのではなく、原罪の結果、人間が貪欲に富を獲得しようとすることにある。原罪がもたらした貪欲（cupiditas）は単独では世俗的幸福を達成できない個人の不完全さを自然的に治療する社会的本能を打ち消し、人間が「歓楽山」（dilettoso monte）（『地獄篇』第一歌七七）に登ることを妨げてしまう。

アリストテレスも政治体制の堕落の主な原因が貪欲にあると考えていたが、ダンテが貪欲を原罪の結果と考えたのに対し、アリストテレスは貪欲を人間本性の中に置き、この貪欲が同じく人間本性に属する社会的本性により克服され正しい政治体制が形成されると考えていた。これに対しダンテは貪欲を自然的に治療する方法が存在することを全面的に否定し、アリストテレスのように社会的本性によって形成された正しい政治体制が貪欲を抑制できるとは考えなかった。ダンテが貪欲を治療できる方法と考えたのが神を起源とする普遍的な帝国ないし帝権である。そしてアリストテレスがいかなる正しい政治体制も堕落する可能性があると考えたのに対し、皇帝により統治される帝国は神が定めた治療手段であり必然的に正しく堕落することがない、とダンテは考えた。帝国が堕落することのないのに対し、下位の王国や都市は神によってただ間接的に欲されているのみであり、自然が生み出すすべてのものと同様に神の意図を不完全にしか実現できない。

もっとも、神が定めた帝国が治療できるのは貪欲の罪であり、原罪によって生じたあらゆる罪――例えば不節制、憤怒、傲慢、嫉妬など――を帝国が治療できるわけではなく、神によって使命を託された皇帝自身、このような罪を犯すことがありうる。しかし人類の善のために普遍的君主を利用する神は、皇帝の不節制の罪が貪欲へと悪化することを阻止すべく、地上にあるすべてのものに対する所有権を皇帝に与えて皇帝を貪欲から解放した。そして皇帝は正義を遂行し、人類を世俗的幸福へと導いていく。Francesco Ercole, 'Per la genesi del pensiero politico di Dante: la base aristotelico-tomistica' (*Giornale storico della letteratura italiana*, 72,

1918, pp. 1-41, pp. 245-285), pp. 1-41; id., 'L'unità politica della nazione italiana e l'Impero nel pensiero di Dante'（*Archivio storico italiano*, 75, 1917, pp. 79-144), pp. 85-103, pp. 139-144 参照。

これに対しエルネスト・ジャコモ・パローディはエルコレに反論した論文の中で、帝国とその下にある王国その他の人間社会は、後者のすべてが帝国の下に一つに統合されなければならない点を除けば、同じ性格と同じ目的を有していると主張する。同じ性格とは自然的必然性であり、この自然的必然性は現世における幸福という同じ目的——そしてこの同じ目的に達する方法——に基礎づけられている。

「帝権（Imperiale Maestà）の根本的基礎は、真理に従えば、一つの目的へと秩序づけられた人類社会（umana civiltà）の必然（必要）性であり、一つの目的とはすなわち、いかなる人間も他人の助けなしに自分自身だけでは十分に達成することのできない幸福な生活（vita felice）である」（『饗宴』第四論考第四章一）。パローディは『饗宴』のこの一節を、ダンテが帝権の自然的必然性を認めていたことの典拠とみなしているが、おそらくパローディは、或るものの「根本的基礎」は必然的に当のものの自然的原因であると考えているのだろう。「人類社会」が自然的で必然的であり帝権の「根本的基礎」であっても、帝権がこの「根本的基礎」を原因として自然的に結果すると考えないことも可能だからである。

パローディのように帝国の自然性を主張する立場にとって問題となるのは、ダンテがローマ帝国の形成において神の摂理の働きを強調していることである。これに対してパローディは、神の摂理によってローマ人民が帝国の担い手として選ばれたのは、人間のうかがい知れない全能の神の、事物の明白な秩序に反する行為といったものではなく、ローマ人民が置かれている状態、自然的性向、価値や能力から生じた既に現実化している人間的事実を神があらためて認可したことによる、と答える。ここでパローディは、神の摂理が人間本性や行動の自由を無効にすることはなく、自然と恩寵の正しい関係が維持されるならば、神は自分の意図を実現するために被造物たる人間の責任ある協働を、それゆえ人間の価値や能力を利用する、という神学的前提に依拠しているわけである。

神は人間の救済という自己の意図が実現するように、救済のための最適な手段として選ばれた帝国へと人類の自然的衝動を向けさせる。普遍的帝国が救済という目的のために神により超自然的に選択されたことは、帝国からその自然性を取り去ることはなく、むしろ自然性を強化する。そしてパローディによれば、ダンテが教会と同様に帝国を「罪の疾患を治療する手段」(remedium contra infirmitatem peccati) とみなしている一節は、罪の治療手段であることは帝国だけでなく帝国の下にある王国や都市についてもあてはまると理解しないかぎり、『帝政論』全体の論旨と不整合である。

また、ダンテにおいて帝国が明白に神を起源とすることが帝国の自然性と矛盾しないことは次のような論法によって説明されている。すなわち、トマス・アクィナスが「恩寵から発する神法が、自然理性から発する人定法を無効にすることはない」(Summa Theologiae II-II, q.

10, art. 10）と述べているのと同様に、たとえダンテが帝国の神的起源について語り、これを根拠として帝国が教皇権に依存しないことを主張しても、「様々な被造物に見出される法は神の意志の類似物に他ならない」（『帝政論』第二巻第二章(5)）ことから、ダンテにおいて神法の理論は人定法と自然法の理論へと解消される、という論法である。要するにパローディによれば、ダンテが自分の主張を超自然的な事態の上に基礎づけているように見えても、それは帝国の自然性についてのテーゼを単に補強するものでしかなかった。Ernest Giacomo Parodi, 'Del concetto dell'impero in Dante e del suo averroismo'（*Bulletino della società dantesca italiana*, 26, 1919, pp. 105-148）, pp. 118-123, pp. 142-148 参照。

ミケーレ・バルビもパローディと同様に、帝国の自然性のテーゼを主張する。エルコレによれば、ダンテはアリストテレスとトマス・アクィナスの上に教父の観念を接ぎ木し、——帝国の下にある他の形態の人間社会が自然的必然性を基礎としているのに対し——帝国を、原罪の悪しき結果を抑制するために神の摂理によって定められた罪の治療手段とみなした。このエルコレの見解に対しバルビは、国家の自然性に関する教父の思想とアリストテレスおよびトマス・アクィナスの思想との間には、一見してそう思われるような明白な相違は存在しないこと、いずれにしてもダンテが原罪以前の無垢な人間の状態に関する神学的問題と取り組んだとは思えないこと、そしてダンテがこの種の神学的問題に関して特定の立場に従うことを公言したことはなく、また様々な立場を自分自身の思想の中で調和化させるようなこともしていないことを指摘する。

ダンテは堕落した人間本性という観念から出発して、国家を自然的必然性として理解すると同時に人間社会の保持のためにもうけられた罪の治療手段と考えなければならなかった。原罪以前は人間が何ものにも阻止されることなく努力の必要もなくして現世の幸福を達成できるように恩寵が人間に必要なもののすべてを用意して自然の欠陥を補い、無垢で平和な共存が実現していたが、アダムの罪によりこのような状態は最早実現不可能になったからである。

ダンテが都市や王国を人間本性から発する自然的な形態の社会として語るとき、それは始原の正義の状態における人間本性ではなく、アダムの罪のゆえに病んで堕落した人間本性に言及しているのである。あらゆる形態の人間共同体は自然的であるが、この自然性は堕落した自然（本性）(natura lapsa) を前提とした上での自然性であり、もし人間が無垢な状態にとどまり続けたならば教会と帝国による指導が不必要であるだけでなく、王国や都市も同じように不必要である。あらゆる権力は神から由来し、帝国と教会が神から直接的に発する点を除けば王国その他の人間社会も窮極的には神から発し、帝国とそれ以外の世俗的人間社会の間には概念的に見ていかなる相違も存在しない。

そしてバルビによれば、エルコレのように帝国と帝国の下にあるもろもろの政治的共同体を対置させる誤りの原因は、ダンテの著作の中には存在しない「自足性」(autarchia) という観念を強調しすぎていることにある。確かにダンテは「都市（civitas）の目的は善く、そして充足して生活する（bene sufficienterque vivere）ことである」（『帝政論』第一巻第五章（7））と述べているが、だからといって各々の都市が他の社会――特に王国――との結合なしに完全に充足しているとダンテが考えていたわけではない。むしろ都市は安全性を根拠として王国の一部となるように自然法により定められており、また正義と平和を実現するために神の摂理により帝国に何らかの仕方で服従するよう定められているのである。王国や都市は絶対的な意味での充足性ではなく、単に相対的な自立性（autonomia）を有しているにすぎない。――もっともバルビによれば、エルコレがダンテにおける都市の単なる相対的な自立性ではなく絶対的な充足性を本当に認めていたか否か必ずしも明らかではない――。Michele Barbi, *Problemi fondamentali per un nuovo commento della Divina Commedia*, op. cit., pp. 54-58 参照。

更にブルーノ・ナルディは、帝国を含め国家の自然性に関するダンテの思想を次のように説明している。ダンテによれば、人祖は神により直接的に創造されたことから完全な生命を有し、諸天体や天使（質料から分離した純粋思惟体）や人間の魂がそうであるように、自由で不滅な存在であった（『天国篇』第七歌六四―七八、同第一三歌七九―八七参照）。そしてアダムは本性上、不死で自由で完全な人間であるから、その子供たちも同じように本性上、不死で自由で完全な人間であったことだろう。

エデンにおける人間は、アリストテレスが国家の自然性をその上に基礎づけたようなあらゆる不完全性を免れていた。しかし原罪によって人間は完全性を失い、したがって自由と肉体の不可死性を失うことで「新しき物の力に」（『天国篇』第七歌七一）服すことになり、この力が人間の魂に、そして人間の精神に直接的に影響を及ぼすことによって人間本性は本質的内在的に傷つき堕落した（『煉獄篇』第一六歌七三―八一参照）。それゆえ原罪後の人間の状態は、そこに見られるすべての不完全性とともに、それ自体において非自然的であり、したがって国家も非自然的である。ダンテにとり、地上の国家はアウグスティヌスと同様に原罪から生じた組織であった。

確かにダンテはアリストテレスと同じ議論によって、人間が自然的に社会的動物であり、自然が人間に定めた目的に達するために国家を必要とすることを論証しているが、明白なことは、ダンテがアリストテレスの政治学の論証を理解しながらも、内在的本質的に堕落した人間本性を念頭に置いていることである。人間が国家を形成することは必然的であり、したがって自然的であるが、この必然性は原罪によって生じた人間本性の内在的本質的な堕落のゆえであった。

アウグスティヌスは、原罪によって人間の魂に支配欲（libido dominandi）が生じた結果地上の国家が形成されたこと、しかし国家は正義において平和を実現するための手段でもあること、そして人間が人間に服従すること（servitus）は、自然的秩序が維持されることを命じ乱されることを禁止する法によってそれが定められているかぎり、或る意味で原罪——当の服従の起源となった原罪——に対する自然的な治療手段であると主張していた。ダンテにおける国家の自然性もこの主張と同じ意味で理解されるべきであり、アリストテレスやトマス・アクィナス的な意味で理解されるべきではない。ダンテにとりどのような世俗的統治も——帝国だけでなく、いかなる形態の国家も——人間本性の不完全さのゆえに必要な（必然的な）ものとなったのであり、「罪の疾患を治療する手段」であった。

したがってナルディによれば、ダンテはアウグスティヌスの伝統に従い、帝国も含めてすべての国家が原罪の結果であり、国家は原罪で堕落した人間の本性（自然）から生じたという意味で自然的と言えるにすぎないと考えていた。そしてナルディはトマス・アクィナスの見解をダンテのそれと対置させて次のように論じている。原罪を犯す以前のエデンの人間の社会についてアウグスティヌスとトマスの見解は基本的に異なるところがなかった。両者ともエデンの人間は完全であり、自己の目的を達成するために強制的な法や刑罰を必要とせず、トマスがエデンにおいても人間の人間に対する支配は存在すると述べるときも、その支配は奴隷に対する主人や、臣民に対する君主の支配権といったものではなかった。

原罪以前の無垢な状態においても支配が存在する理由は、人間は本性的に社会的動物であることから無垢な状態にあっても社会生活を送り、多数の人間の社会生活は共通善を追求する指導者なくしては存在しえないからであり、また、或る人間が他の人間より知識と正義において優れていれば、その優秀さを用いて他の人間のために奉仕すべきだからである。しかしエデンの社会はトマスにとり、言わば神的な社会、すべての人間が等しく自由であり、各人が自分自身にとって法でありうるような社会であった。ところがアウグスティヌスとトマスは原罪以前の無垢な人間社会を同じような仕方で描きながらも、人間本性と国家の起源について異なった見解をとっていた。アウグスティヌスにとり地上の国家は原罪の結果というだけでなく、それが人間の貪欲と支配欲から生じ、人間を他の人間に服従させるかぎり原罪の延長線上にある。これに対してトマスは国家概念をアリストテレスに従って人間本性それ自体から引き出し、人間は自分自身の自然的な願望を満足させ、自分にとって可能な完全性を単独で達成するには本性上不十分であることから、個人のこのような自然的な不完全さを癒すために国家が形成されたと考えた。確かにトマスにとってもこの不完全さは、現世の人間が原罪で堕落した本性（自然）の状態で生きている事実に由来する。

エデンの人間は現世のあらゆる不幸を免れた完全無欠な生活を送っていた。しかしトマスによるとエデンの人間は純粋に自然的な状態において創造されたのではなく、神学的に「根源的正義」（iustitia originalis）と呼ばれる超自然的な状態へと恩寵により高められて創造されたのである。アダムが罪を犯したとき、無償の超自然的な恩寵の賜物を奪われ、「自然において傷ついた」（vulnerata in naturalibus）存在となった。この自然的な傷が無知（ignorantia）、悪意（malitia）、無力（infirmitas）、欲望（concupiscentia）である。教父たちはこの四つの傷を、人間本性に必然的に生じた内在的な傷と考え、しかも超自然と自然を明確に区別しなかったことから、肉体の可滅性と同様に非自然的なものと考えたのに対し、トマスはこれらを人間本性にとって外在的なものと考えたと同時に――アリストテレスがスコラ哲学に導入されて超自然と自然が明確に区別されたことで――自然的なものと考えた。

さて、アダムの罪によって内在的に傷ついた人間本性、という観念から地上の国家についてのアウグスティヌスの教説が導き出された。国家は悪魔の為せる業、罪の巨大な組織化である。しかしアウグスティヌスによれば、人間本性の中には原罪によって完全には破壊されることのなかった善性、すなわち、各人を他人との平和的共存へと導く自然的本能が残存しており、この本能によって国家は人間の間の関係を規律する正義の手段、そして、国家の起源でもあった当の罪に対する治療手段となった。したがって、以上のような意味で国家は、人間の本性（自然）が堕落している現在の状態において自然的なものと言えるだろう。

これに対してトマス・アクィナスは、人間本性に関するアリストテレスの観念から国家の完全なる自然性を導き出した。トマスにとり人間本性は堕落していても、実質的には神によって創造された本性と同一であり、ただ「根源的正義」という無償の賜物を欠いているだけである。この考え方によれば、仮に神が人間を（エデンにおいて生じたような）超自然的な特権的状態へと高めることなく「純粋な自然において」（in puris naturalibus）創造したとしても、現在と同じように国家は必要だった（必然的に生じた）ことだろう。

教父とトマスの間に見られる国家の自然性と合理性に関する見解の相違は、恩寵の賜物から分離した人間本性それ自体に関する観念の相違に由来する。純粋な人間本性に関する異なった観念が両者の政治理論に異なった色合いを与えており、自由人と奴隷の社会的不平等、支配者と被支配者、財の分割といったものの中に、教父は災いをもたらす原罪の為せる業を、トマスは自然と理性によって用意された制度を見たのである。人間本性と国家の形成に関するトマスの（ナルディによると）ペラギウス的な自然主義はやがて教父の思想を押しのけ、ルネサンスにおいて更に発展していく。Bruno Nardi, *Saggi di filosofia dantesca*, op. cit., pp. 215-228 参照。また、Wolfgang Stürner, *Peccatum und Potestas. Der Sündenfall und die Entstehung der herrscherlichen Gewalt im mittelalterlichen Staatsdenken*（Sigmaringen, 1987）, S. 202 も人間本性と国家の起源に関するダンテの見解をナルディと同じ仕方で理解している。トマス・アクィナスの見解については、François Daguet, *Du politique chez Thomas d'Aquin*（Paris, 2015）, pp. 100-112 参照。

最後にアッリーゴ・ソルミは、アリストテレスよりもプラトン――教父を通して中世に伝えられたプラトン――がダンテの倫理・政治思想に対して強い影響を与えていることを強調したカール・フォスラーの所説を批判的に考察する際に、ダンテは国家の起源が原罪にあることを主張するアウグスティヌスの見解をとらなかったこと、ダンテにとり帝国（君主国）という最も完全な国家は「罪の疾患を治療する手段」、罪に対抗するためにもうけられた組織であり、したがって相対的な善であることを指摘する。ここでソルミは、国家が原罪を起源とすることは、国家自体が罪に汚れていること、悪魔の為せる業であることを含意すると考えている。しかし——これは言葉の問題であるが——原罪の疾患を治療するために国家が形成されたのであれば、国家は原罪を起源とすると言ってさしつかえないだろう。それゆえ、この点でナルディとソルミの間に大きな見解の相違が見られるわけではない。Arrigo Solmi, *Il pensiero politico di Dante* (Firenze, 1922), p. 142 参照。

(20) 教皇の祝別は地上においてのみ効力を有すると考える翻訳者たちは、〈per lucem gratie quam in celo et in terra benedictio summi Pontificis infundit illi〉というテキストの〈in celo〉の後に〈Deus〉を付加し、「神が天において、そして教皇の祝別が地においてそれに注入する恩寵の光によって」と訳している。しかしピエール・ジョルジョ・リッチは本巻第八章(1)で引用されているマタイ福音書第一六章一九のキリストの言葉「あなたが地上で繋ぐことは何であろうと天でも繋がれ、あなたが地上で解くことは何であろうと天でも解かれるだろう」を根拠に、そして教皇が祝別によって恩寵を注入する力は神から教皇に授与されたものであることを根拠に、〈Deus〉を付加する必要のないことを主張する。P. G. Ricci (a cura di), Dante Alighieri, *Monarchia*, op. cit., pp. 239-240 参照。本訳の底本であるP. Shaw (a cura di), Dante Alighieri, *Monarchia*, op. cit., p.412 も〈Deus〉を付加していない。

◎第七章

(6) キリストの代理であるローマ教皇がキリストから、そして教皇の下位にある聖職者たちが教皇から洗礼を施す権限を与えられていることは、言うまでもなくダンテも認めている。したがって、神は「洗礼を施す力を（potestatem）いかなる仕方においても委任する（commictere）ことができない」というダンテの言葉の意味を理解する必要があり、またダンテが自分とは反対の見解をとっているとと指摘しているペトルス・ロンバルドゥスの見解を理解する必要がある。ペトルス・ロンバルドゥスは『命題集』第四巻で先ずアウグスティヌスの『ヨハネ福音書』註解から次の一節を引用している。

というのもキリストはしもべたちに（servis）聖役（ministerium）を与えたが、権能を（potestatem）自らに留保したからである。しかしキリストは、もし自らが望めばこの権能をしもべたちに与えることもできたのであり、そうなればしもべはキリストの代理としてキリストの洗礼を施すことになるだろう。そしてキリストは自己の権能を自分のしもべないししもべたちに設定し、その結果、しもべによる洗礼が神による洗礼と同じ効力を持つように定めることもできた。しかしキリストはこれを欲さなかった。……それゆえしもべは神に仕える者（minister）として洗礼を施し、神は権能を有する者として洗礼を施す。もしこの権能を神がしもべたちに与えたとするならば、神に属するものがしもべたちのものとなり、しもべたちの数と同じ数の洗礼が存在することになるだろう。……このようなことが起こらないように神は洗礼を施す権能を自らに留保し、しもべたちには聖役を与えたのである（Sententiae IV, distinctio 5, cap. 2, *Magistri Petri Lombardi Sententiae in IV libris distinctae*, tomus II, Grottaferrata（Romae), 1981, p. 266)。

そしてペトルス・ロンバルドゥスは次のように続けている。

ここで、キリストが自らに留保したが、しもべたちに与えることもできた洗礼を施す権能とは何かが問題となる。これは多くの人々が主張しているように、洗礼において罪を赦す権能である。しかし神において存在する罪を赦す権能は神そのものである。それゆえ他の人々は、この権能がしもべたちの中のある者に与えられることはありえなかったと主張する。というのも、誰も他の者に何かを与えてこの者が自分になるようにすることなどできないし、あるいは、自分が有している本質を他の者が持つようにすることなどできないからである。この場合、自分にとっては、「存在する」(esse）ことと「力がある」(posse）ことは同一なのである。確かに彼らは次のように述べている。もし神がこの力を（potentiam）或る者に与えることができたとすれば、被造物を創造する力はこの力より大きくはないのであるから、神はこの者に被造物を創造する力も与えることができた、と。

これに対しては次のように主張されうる。神は罪を赦す力を彼らに与えることができたが、神がそれによって力があるとされる当の力と同じ力ではなく、創造された力を（potentiam creatam）与えた、と。すなわちこの創造された力によって、しもべは罪を赦すことができるが、それは罪を赦免する本人（auctor）としてではなく仕える者（minister）としてであり、本人である神なしではしもべにそのようなことはできない。すなわち、しもべは聖役において外的に（exterius）魂を成聖することができるように、聖役において内的に（interius）魂を浄めることができるが、しもべは自分と一緒に、そして自分の中で外的に魂を成聖する本人たる神によってこれを行なうように、しもべたる自分の言葉を言わば或る聖役を用いるように用いる本人たる神によって内的に魂を浄めるのである。同様に神は或る者を通じて何か或るものを創造することができ、これは本人としてのこの者によってではなく、神がそれと一緒に、そしてその中で行為するところの、神に仕える者としてのこの者によって当の何か或るものを創造することができる。……かくして主人たる神はしもべに洗礼において罪を赦す権能を与えることができたのであり、内的な浄めにおいてしもべは主人と共に行為することになる。外的な聖役において主人たる神がしもべと共に、しもべの中で行為するように、主人のいないしもべでも、しもべのいない主人でもなく、しもべと共に、しもべの中で主人たる神は内的な浄めを行なうのである」(ibid., cap. 3, pp. 266-267)。

それゆえペトルス・ロンバルドゥスは、神が聖職者に洗礼を施す権能〈potestas baptismi〉を与えることができたと考えており、これは〈potestas baptismi〉が神のみに属し、聖役において聖職者は単に神の道具として洗礼を施すと主張する通説とは異なる見解であった。このペトルス・ロンバルドゥスの見解に対しトマス・アクィナスは次のように述べている。

このようにしてアヴィケンナは、神により創造された、体から分離した第一実体は、自分の後に他のものを、すなわち天体の実体とその魂を創造し、更に天体の実体は下位の体の質料を創造すると述べている。そして同じようにロンバルドゥス師も、神は創造する力を被造物に与えることができ、その結果、被造物は自らに固有の創造力によって(propria auctoritate)ではなく、神に仕える者の聖役によって(per ministerium)創造すると述べている。しかし、これはありえないことである。というのも道具としての第二原因は自己に固有の何ものかによって、原動者が生み出す結果へと向かって作用する傾向を帯びないかぎり、上位の原因の働きに参与することがないからである(Summa Theologiae I, q. 45, art. 5)。

以上の点に関しては、B. Nardi, *Dal "Convivio" alla "Commedia"*, op. cit., pp. 109-111 参照。ここでナルディは、ダンテがペトルス・ロンバルドゥスを誤解しているというヴィナイの見解(Gustavo Vinay (a cura di), Dante Alighieri, *Monarchia*, Firenze, 1950, pp. 231-232, n. 5) を批判している。ヴィナイによれば、ペトルス・ロンバルドゥスは、神のみが有し他者に与えられることのない〈potestas auctoritatis〉と、人間キリストが有し他者に与えることのできる〈potestas excellentiae〉を区別しており、キリストが聖職者に与える「洗礼において罪を赦す権能」(potestas dimittendi peccata in baptismo) は〈potestas excellentiae〉であり、神のみが有する〈potestas auctoritatis〉は聖職者に授与不可能であることを認めていた。しかしナルディが指摘するように、上記のペトルス・ロンバルドゥスの議論は〈potestas excellentiae〉には全く言及しておらず、〈ministerium〉と〈potestas baptismi〉の区別を問題にしており、神の〈potestas auctoritatis〉である〈potestas baptismi〉が聖職者に与えられることを明白に認めている。したがってダンテはペトルス・ロンバルドゥスを誤解しているわけではない。

この第七章(6)の解釈に関してA. Pézard, "*La rotta gonna*", op. cit., p. 94 は、洗礼を施す〈potestas〉が聖職者に与えられることはないというダンテの主張は、洗礼の制度を制定する神の〈potestas〉のみについて言っているのであり、聖職者に個々の洗礼を施す〈potestas〉が与えられていることはダンテも認めていたという趣旨の解釈をしているが、洗礼を施す〈potestas〉を聖職者に与えることはできないというダンテの主張をこのような趣旨で解釈することには無理がある。ダンテは聖職者に個々の洗礼を施す〈potestas〉を与えることはできないと考え、ペトルス・ロンバルドゥスはこの〈potestas〉を聖職者に与えることもできたと考えているからである。

◎第八章

(4)〈distributio〉についてのペトルス・ヒスパヌス『論理学綱要』（Summulae logicales）の説明は、Brian P. Copenhaver, Calvin Normore, Terence Parsons, *Peter of Spain: Summaries of Logic. Text, Translation, Introduction, and Notes* (Oxford, 2014), pp. 464-509（訳者による解説は pp. 72-78）参照。また、L. M. De Rijk (ed.), Peter of Spain（Petrus Hispanus Portugalensis）, *Tractatus, called afterwards Summule logicales*（Assen, 1972), pp. 209-232 参照。

(5)「このとき「すべての」という全称記号は、「人間」という名辞の指示対象以外のものへと「人間」（という名辞）を周延することはない」は〈tunc signum universale non distribuit nisi pro suppositis huius termini "homo"〉の訳である。〈suppositis〉という用語が示すように、ダンテはここで〈suppositio〉（「代表」とか「代示」などと訳されることもある）に関する理論を前提とした説明をしている。

「スポシティオ」論とは、命題の中で主語や述語となる名辞が対象を指示する――対象に代わって命題の中に置かれ（suppositus）、当の対象を指示する――仕方についての意味論的な理論であり、例えば命題の中の〈homo〉という名辞は、或る文脈では個々の人間を指示し、別の文脈では「種」としての人間、あるいは人間という概念を指示し、更に別の文脈では二音節語の一般名詞を指示するというように、文脈によって対象を指示する仕方が異なる。スポシティオ論はペトルス・ヒスパヌスの『論理学綱要』（B. P. Copenhaver, C. Normore, T. Parsons, *Peter of Spain: Summaries of Logic*, op. cit., pp. 240-255）を通じてダンテに知られていた。E. Mozzillo-Howell, 'Dante between scholasticism and humanism', op. cit., pp. 37-38 参照。

◎第一〇章

(1) 偽造されたコンスタンティヌス帝の勅令（Constitutum Constantini）のテキストは Horst Fuhrmann（hrsg.), *Das Constitutum Constantini (Konstantinische Schenkung)*（Hannover, 1968), SS. 56-98. このテキストの（ibid., S. 80〈utile iudicavimus〉から始まる）後半部分（ibid., S. 97〈ibique eidem〉から S. 98〈beatissimi patres〉までは省略されている）がグラティアヌス教令集の distinctio 96, palea caput 14（Aemilius Friedberg（ed.), *Corpus iuris canonici*, pars I, Graz, reprint 1959, pp. 342-345）に収められている。コンスタンティヌス帝の寄進（Donatio Constantini）と一般に呼ばれたのはこの部分である。偽勅令が作成された経緯については Domenico Maffei, *La donazione di Costantino nei giuristi medievali*（Milano, 1964), pp. 5-10 参照。

また、コンスタンティヌス帝の寄進に関するグラティアヌス教令集（distinctio 96, cap. 13,

14) の二つの〈palea〉が教令集の最初の註釈者パウカパレアによって付加されたことについては ibid., pp. 27-29. コンスタンティヌス帝の寄進に関するダンテの見解の解説は、B. Nardi, *Nel mondo di Dante*, op. cit., pp. 136-159; M. Maccarrone, 'Il terzo libro', op. cit., pp. 71-86; B. Nardi, *Dal "Convivio" alla "Commedia"*, op. cit., pp. 238-257; Antonino Pagliaro, *Ulisse, Ricerche semantiche sulla Divina Commedia*, tomo 1 (Messina, Firenze, ristampa 1967), pp. 281-291; Michele Maccarrone, 'Papato e impero nella *Monarchia*' (*Nuove letture dantesche*, 8, 1976, pp. 259-332), pp. 282-292; C. Francisco Bertelloni, 'Constitutum Constantini y Romgedanke (1)' (*Patristica et mediaevalia*, 3, 1982, pp. 21-46), pp. 35-46; Sergio Cristaldi, *Dante di fronte al gioachimismo*, 1, op. cit., pp. 297-350 参照。また、*Enciclopedia Dantesca*, II, op. cit., pp. 569-570〈Donazione di Costantino〉(Pier Giorgio Ricci) 参照。

コンスタンティヌス帝の寄進はダンテの時代に、現実に生じた政治的問題において教皇の要求を支持する根拠として採用されていた。一三一二年六月二九日、皇帝ハインリヒ七世はローマの（サン・ピエトロ大聖堂ではなく）サン・ジョヴァンニ・イン・ラテラーノ大聖堂で、（アヴィニョンにいる教皇ではなく）枢機卿の手によって戴冠するが、ローマと教皇領に対し皇帝が主権を行使することを危惧した教皇クレメンス五世は戴冠の当日に皇帝に対し直ちにローマを去るよう要求した（William M. Bowsky, *Henry VII in Italy*, Lincoln, 1960, p. 169）。この出来事をきっかけにして一三一二年から一三一三年にかけて教皇派と皇帝派の理論家の間で、教皇は皇帝に対しローマからの退去を命令する権利があるか否かという問題をめぐり論争が起こった。

この論争において教皇派はコンスタンティヌス帝の寄進を根拠にして教皇にこのような権利があることを主張し、皇帝派は寄進が法的に無効であることを根拠に教皇派の主張を否定した。ダンテもこの第三巻第一〇章⑴で教皇派の主張を、皇帝コンスタンティヌスは「帝権の座すなわちローマを他の多くの帝国の顕職とともに教会に寄進した」という主張として述べている。以上の点に関してはM. Maccarrone, 'Il terzo libro', op. cit., pp. 74-75, p. 77参照。

⑷コンスタンティヌス帝の寄進が無効であることを示すダンテの説明は、主として中世ローマ法学者の註釈に依拠している。例えばパリのヨハネスは『王の権力と教皇の権力について』第二一章で、寄進が四つの理由で無効であることを主張するアックルシウスの『標準註釈』の見解を法学者たちの通説として挙げている。四つの理由は、①皇帝が〈semper augustus〉と言われるのは、帝国を縮小させるのではなく常に拡大する（semper augere）任務を皇帝が負っているからであり、贈与は特にそれが莫大なものであるときは無効である。②皇帝は帝国の管理者（administrator）であり、管理者による贈与は無効である。③同位者は同位者に対し命令権を持たないことから、後任の皇帝は前任の皇帝の贈与を取り消すことができる。④一人の皇帝が帝国の一部を贈与することができれば、他の皇帝も帝国の一部を贈与することができ、かくして帝国は縮小し、その財産を奪われる（spoliaretur）ことになるだろ

う。J. Leclercq, *Jean de Paris*, op. cit., pp. 244-245; F. Bleienstein, *Johannes Quidort von Paris*, op. cit., SS. 186-187 参照。アックルシウスの当該註釈は D. Maffei, *La donazione di Costantino*, op. cit., pp. 66-74 参照。

（13）―（17）ここで述べられているダンテの清貧論にはフランシスコ派の影響が見られるが、ダンテはすべての聖職者に財産の所有を禁止している点で、団体としてのフランシスコ修道会と個人としてのフランシスコ会士にのみ清貧を義務づけるフランシスコ派の清貧論よりラディカルな立場をとっている。この点については Charles Till Davis, *Dante's Italy and Other Essays*（Philadelphia, 1983）, pp. 53-54; id., 'Dante and ecclesiastical property'（Edward B. King, Susan J. Ridyard（eds.）, *Law in Medieval Life and Thought*, Sewanee, Tenn., 1990, pp. 244-257）, pp. 246-247; Nick Havely, *Dante and the Franciscans*（Cambridge, 2004）, p. 121 参照。ダンテとフランシスコ派の〈Spirituales〉との関係については Raoul Manselli, *Da Gioacchino da Fiore a Cristoforo Colombo*（Roma, 1997）, pp. 55-78, pp. 106-107, pp. 223-230, pp. 317-344, pp. 627-640; Nicolò Mineo, *Dante: un sogno di armonia terrena*, vol. II（Torino, 2005）, pp. 181-242 参照。また、ダンテの作か否かが争われている Il Fiore に見られるフランシスコ派批判に関連して、George Holmes, 'Dante and the Franciscans'（Paolo Acquaviva, Jennifer Petrie（eds.）, *Dante and the Church*, Dublin, 2007, pp. 25-38）参照。

ダンテは一二九〇年の初め頃、フィレンツェにあるフランシスコ派のサンタ・クローチェ修道院の学校で〈Spirituales〉の清貧論やヨアキム的終末論に接したと思われる。この学校にはカサーレのウベルティーノが一二八五年から一二八九年にかけて、ヨハネス・ペトルス・オリーヴィが一二八七年から一二八九年にかけて教師をしていた。ダンテがベアトリーチェの死後、「修道会の学校」(le scuole delli religiosi) に通い始めたのは一二九〇年であるが(『饗宴』第二論考第一二章七)、この「修道会の学校」にサンタ・クローチェの〈studium〉が含まれていたことはほぼ確実である。したがってダンテがサンタ・クローチェで直接オリーヴィとウベルティーノの講義や説教を聴くことはなかったとしても、サンタ・クローチェでこの二人の〈Spirituales〉の思想に接したことは十分にありうるだろう。ダンテとサンタ・クローチェについては C. T. Davis, *Dante's Italy*, op. cit., pp. 152-154; N. Havely, *Dante and the Franciscans*, op. cit., pp. 31-37 参照。

また、C. T. Davis, 'Dante and ecclesiastical property', op. cit., pp. 247-248 は『天国篇』第一一歌でフランチェスコが清貧と結婚したと言われていること、当時の教皇たちが『黙示録』の海から上ってくる獣と同一視されていること、その他の類似点を理由に、ダンテが一三〇五年頃に書かれたウベルティーノの主著 Arbor Vitae Crucifixae Jesu（イエスの十字架にかけられた生命の木）を読んでいたか、あるいはこの著書のもととなったウベルティーノの説教を既に一二九〇年以前にサンタ・クローチェで聴いていたと推測している。また、Marino Damiata, 'Dante, l'universo francescano e Ubertino da Casale' (*Studi francescani*, 86, 1989, pp. 11-36), pp. 27-36 は、ウベルティーノの Arbor Vitae の影響が見られる『神曲』の様々な詩句を解説している。『天国篇』第一二歌一二四―一二六でウベルティーノが非難されている理由については pp. 34-35 参照。

(14) C. T. Davis, 'Dante and ecclesiastical property', op. cit., p. 251 は、フランシスコ派の理論家が『ルカ福音書』第二二章三六「財布を持っている者はそれを持って行け。旅袋も同様に持って行け。また剣を持っていない者は自分の上衣を売って剣を買うがよい」を、差し迫る迫害という緊急事態を前にした例外的譲歩として説明し、ダンテも『帝政論』第三巻第九章でペテロの二つの剣を論ずる際には『ルカ福音書』のこのキリストの言葉を「これから弟子たちに苦難と蔑みがふりかかることを彼らに前もって警告している」(第九章(7))ものとして説明しているが、聖職者の清貧を論じたこの第一〇章(14)ではこの言葉を、『マタイ福音書』第一〇章九―一〇の厳格な命令を金と銀を除くある種の財産に関して緩和させたものとして説明していることに言及し、金と銀以外のある種の財産の所有が使徒たちに許されていたのであれば、これは使徒たちの絶対的清貧に関するダンテの見解と齟齬をきたすことを指摘する。

またデイヴィスによれば、聖職者に金と銀の所有が禁じられていることはキリストの生を基礎とした教会が皇帝の権利や財産を受け取ることができないことの根拠となりうる、となぜダンテが考えたのか定かでない。そして更に、ダンテがコンスタンティヌス帝は財産に対する〈dominium〉を自らに留保し、教皇は教会と貧者のために財産から生ずる果実を管理する権利のみを受け取ったと述べるとき（第三巻第一〇章⒃—⒄）、フランシスコ派がもうけた重要な区別、すなわち一方で使徒たち（聖職者）は貧者のために財産を管理するが、他方で自らは個人としても団体としてもあらゆる法的権利を放棄し、最低限必要なものの単なる事実上の使用で満足していたことが言及されていない。

『ルカ福音書』第二二章三六を字義的に解釈するかぎり、キリストは使徒たちに財布すなわち金銭を持つことを命じ、上衣を売って得た金銭で剣を買うように命じているのであるから、キリストは使徒たちにある種の財産の所有は許しても金や銀の所持は禁じたというダンテの見解は成り立たない。この点に関してディヴィスは次のように論じている（ibid., pp. 252-253）。ダンテは第三巻第九章⑸—⑹で『ルカ福音書』第二二章三六を字義的に解釈しているように思われる一方で、第九章⒅—⒆では、『ルカ福音書』第二二章三八の「主よ、ご覧ください、ここに剣が二振りございます」というペテロの言葉に対する「それで十分である」というキリストの言葉が比喩的に理解されるべきであれば、二つの剣は教皇派が主張するような聖俗二つの統治権ではなく使徒たちの言葉と行ないの二つを意味する、と述べている。これと同様に、ダンテは金銀の所持を禁止するキリストの命令も字義的な意味ではなく、聖職者に対し奢侈と支配を放棄し、禁欲的な生活を送ることを義務づけたものとして比喩的に理解し、財産と権力に対する聖職者の欲求を断罪するために、金銀を身に帯びる聖職者のイメージを利用した。

（16）ダンテは、皇帝が帝国の財産に対して有する所有権（dominium）の法的性格について明確なことを述べていない。皇帝は或る意味ですべての財産を所有するがゆえに俗人および聖職者の財産の〈dominus〉と言えるが、皇帝の〈dominium〉は単に至高の裁治権のみを意味するのか、それとも私的所有権をも意味するのか。*Enciclopedia Dantesca*, II op. cit., pp. 472-479〈diritto romano〉（Filippo Cancelli), p. 478 はダンテの第五書簡二〇を根拠に、皇帝の〈dominium〉は単に裁治権のみを意味し、帝権に服する人々は私的所有権を有すると解釈している。もしそうであれば、ダンテにおいて聖職者はいかなる所有権も持たないのに対し、俗人は私的所有権を持つことになるだろう。

「教会を守護するために財産やその他のものを教会にあてがう」（in patrocinium Ecclesie Patrimonium et alia deputare）という言葉の中の「財産」は〈Patrimonium〉と頭文字Pが大文字になっている。M. Maccarrone, 'Il terzo libro', op. cit., p. 83, n. 2 はこれを聖ペテロの世襲領（Patrimonium Sancti Petri）すなわち教皇領を意味するものと考えているが、id., 'Papato e impero', op. cit., pp. 286-287 ではこの言葉は領土と財産の両者を含む広義の意味で理解されている。また、上記の言葉の中の〈patrocinium〉を多くの翻訳者は貧者に対する教会の「後見」という意味で解釈しているが、R. Kay, *Dante's Monarchia*, op. cit., p. 272, n. 29 が指摘しているように、〈patrocinium〉はローマ法の用語で保護や守護を意味し、したがって〈in patrocinium〉は（皇帝が）「教会を守護するために」という意味で理解するのが正しいと思われる。

また「皇帝は……上位の支配権（所有権）が常に損なわれずにいるかぎり、……財産やその他のものを教会にあてがう（deputare）ことはできた」という一節に関して B. Nardi, *Nel mondo di Dante*, op. cit., p. 146, n. 1; id., *Dal "Convivio" alla "Commedia"*, op. cit., pp. 256-257 は、註釈学派のローマ法学者オドフレドゥスにより一三世紀中葉に書かれた Digesta 1, 12, 1 への註釈がダンテに影響を与えたことを指摘している。オドフレドゥスのこの註釈は B. Nardi, *Dal "Convivio" alla "Commedia"*, op. cit., p. 256, n. 219 と D. Maffei, *La donazione di Costantino*, op. cit., p. 93 で引用されている。

このことから我々は教皇と、ローマは教皇のものであると主張する人々に対する反論を手に入れ、たとえ皇帝コンスタンティヌスが教皇に都を譲渡した（concesserit）としてもローマ市は教皇のものではなく、教皇は皇帝の代理であると主張する。しかし教皇と、ローマは教皇のものであると主張する人々のために私は次のように答える。すなわち皇帝コンスタンティヌスは教会に（財を）支給した（dotabat）のであり、教会に支給することで教会にローマ市と聖ペテロの世襲領を贈与した（donavit）と。……（皇帝が）このようなことを行なうことは可能であったと思われる。というのも、これは教会に莫大な財を贈与しているわけではないからである。……しかし皇帝は支給によって贈与した（donavit dotando）ものを取り戻せるだろうか。取り戻せると思われる。同位者は同位者に対し命令権を有してはいないからである。……しかし教皇たちは非常に抜け目がない（sagaces）ので、最初に皇帝が教皇に対しあらゆる特権を認めないかぎり皇帝に戴冠することはない。

オドフレドゥスのこの註釈がB・ナルディの言うように『帝政論』第三巻第一〇章(16)に影響を与えたと言えるか直ちに明らかではないだろう。D・マッフェイが指摘しているように、オドフレドゥスのこの註釈はコンスタンティヌス帝の寄進に含意されている教皇権と皇帝権の問題ではなく、ローマと教皇領に対する教皇権の法的性格に関するものであり、これについてオドフレドゥスは二つの見解を挙げ、第二の見解を性格づけるために「支給した（dotabat）」という表現を用いている。ナルディは〈dotare〉――この言葉には「嫁資として与える」という意味以外に、「教会の必要性のゆえに教会に土地を支給する」という意味がある――がダンテの用いる〈deputare〉に呼応していると考えるが、オドフレドゥスの〈dotare〉が、所有権は自分に留保して財産の管理や使用を他者に認めるという意味か定かではない。これが取り消し可能か否かをオドフレドゥスが問題にしていることから、〈dotare〉は所有権の移転（あるいは一種の準所有権の授与）を伴うと考えることも可能であり、したがってダンテの〈deputare〉はむしろオドフレドゥスが挙げる第一の見解を前提にしていると考えるほうが自然である。いずれにしてもオドフレドゥスはローマと教皇領に対する教皇の権利について自分自身の見解を述べていない。

更に、M. Maccarrone, 'Il terzo libro', op. cit., p. 84 は、ナルディと同様に、オドフレドゥスの〈dotare〉が、皇帝に所有権（支配権）を留保してローマと教皇領を教皇に支給することであると理解した上で、オドフレドゥスの註釈と共に、帝国への服従の徴（signa subiectionis）は時効にかからないという註解学派のローマ法学者チーノ・ダ・ピストイアの見解、そしてサン・ヴィクトルのユーグの『秘蹟論』（De sacramentis）二・二・七に見られる、世俗財産は世俗権力の権利が損なわれないかぎり（salvo tamen iure terrenae potestatis）教会に与えられると述べた一節、そして教会財産は貧者の財産（patrimonia pauperum）であり聖職者はその管理者（dispensatores）であるという教会法学者たちの見解が『帝政論』第三巻第一〇章(16)に合流していると主張する。そしてマッカローネはサン・ヴィクトルのユーグの〈salvo tamen iure terrenae potestatis〉という表現が、ダンテの「上位の支配権（所有権）が常に損なわれずにいるかぎり」（inmoto semper superiori dominio）という表現に類似していることを指摘する。

しかし、B. Nardi, *Dal "Convivio" alla "Commedia"*, op. cit., pp. 253-254 は、サン・ヴィクトルのユーグの〈salvo tamen iure terrenae potestatis〉という表現は、私人のキリスト教徒が教会に自分の財産を贈与しても、これによって当のキリスト教徒の封建領主である君主は贈与された財産に対する裁判権を失うわけではない、という脈絡の中で用いられていることを指摘する。そしてナルディによれば、サン・ヴィクトルのユーグとダンテの二つの表現の間に類似性があるとすれば、それは次の点に存するにすぎない。すなわち、上記のキリスト教徒がコンスタンティヌス帝に、キリスト教徒の封建領主である君主が神に対応し、キリスト教徒が教会に財産を贈与しても君主の裁判権は存続するように、コンスタンティヌス帝が帝国の一部を教会に寄進しても、それは寄進された土地から生まれる果実の享受を教会に認めるだけであり、帝国は神のものであり皇帝のものではないのでコンスタンティヌス帝は帝権を教会に譲渡することはできないということである。

更にサン・ヴィクトルのユーグは世俗君主が教会に財産を譲与するケースに言及し、君主が財産の使用（utilitas）のみを譲与する場合と財産に対する裁判権（potestas）をも譲与する場合を区別し、後者の場合であっても聖職者は自ら裁判権を行使することはできず、俗人を代理とし、世俗の法に従って裁判権を行使すべきであり、理性と必要性がそれを要求するときは、世俗君主は当の財産に関し守護（patrocinium）の義務を負い、教会は君主に対し恭順（obsequium）の義務を負うと述べている（Nardi, ibid, pp. 254-255）。

◎第一一章

(1)—(3)「帝権移管」（translatio imperii）を扱った短い本章は、写本によっては「コンスタンティヌス帝の寄進」を扱った第一〇章に含められている。本訳の底本であるP・ショーの校訂版は「帝権移管」を扱った部分を第一一章として独立させている。

「帝権移管」をめぐる一三世紀後半から一四世紀にかけての政治理論については、Werner Goez, *Translatio Imperii*（Tübingen, 1958), SS. 214-237（ダンテについてはSS. 223-224）参照。ダンテがカール大帝に戴冠した教皇を誤ってハドリアヌス一世にしていることに関してゲーツ（ibid., S. 224）は、ダンテの誤解が一三世紀レッジョの公証人で年代記編者であったアルベルトゥス・ミリオヌスに由来することを指摘しているが、一三世紀の教皇派の理論家ルッカのトロメーオの Determinatio compendiosa de iurisdictione imperii（Marius Krammer (ed.), Hannover, Leipzig, 1909; P. Chiesa, A. Tabarroni (a cura di), *Monarchia*, op. cit., appendice I, pp. 253-316）でもハドリアヌス一世が帝権移管者とされており（Goez, *Translatio Imperii*, op. cit., S. 218）、ダンテがトロメーオに依拠したことも考えられる。C. T. Davis, *Dante and the Idea of Rome*, op. cit., p. 163, n. 68参照。また本章については M. Maccarrone, 'Il terzo libro', op. cit., pp. 86-91; B. Nardi, *Dal "Convivio" alla "Commedia"*, op. cit., pp. 257-262 参照。

◎第一二章

(3)—(12) ダンテの議論を次のように要約することができるだろう。「教皇」（Papa）や「皇帝」（Imperator）は特定の人間を指し示すと同時に、特定の人間が担う「教皇職」（Papatus）

と「皇帝職」(Imperiatus)を意味している――あるいはPapatusは「教皇であること」、Imperiatusは「皇帝であること」である――(本章(6))。特定の教皇や皇帝が人間であるのは人間という実体的形相(forma substantialis)によるが、教皇職(教皇であること)と皇帝職(皇帝であること)は実体ではなく関係という付帯的形相(forma accidentalis)である。したがって、人間であるかぎりの教皇と皇帝は「人間それ自体」というより一般的な概念に包摂されるのに対し、教皇職と皇帝職という二つの関係はより一般的な関係である上位者性(superpositio)――教皇はキリスト教の信徒に対し、皇帝は帝権に服する人々に対し上位にある――に包摂される。ここで注意すべきは、ダンテが「人間それ自体」を「完全(最善)な人間」(optimus homo)として言わば倫理的に性格づけていることである(本章(7))。ダンテにとり一般概念である「人間」は個々の人間を包摂する論理的な種概念であるのみならず、完全で最善の人間――原罪以前の無垢なるアダムのような人間――として理解されている。

しかしダンテは、人間であるかぎりの教皇と皇帝が実体のカテゴリーに属する「人間それ自体」に還元され(reducuntur)、教皇職と皇帝職が関係のカテゴリーに属する「上位者性それ自体」に還元されることを論じた後、「上位者性それ自体」という一般的関係が神ないし神より下位にある何らかの実体において見出される(reperiatur)ことを主張する。その理由は次の点に存する。すなわち、皇帝職と教皇職はそれぞれ一つの「関係」(relatio)であり、(人間たるかぎりではなく)皇帝たるかぎりでの人間皇帝、そして(人間たるかぎりではなく)

教皇たるかぎりでの人間教皇はそれぞれ一つの「関係的なもの」（relativum）である——父子関係という関係の関係項（関係づけられているもの）が父（たるかぎりでの人間）あるいは子（たるかぎりでの人間）であるように——。

そして「一つの関係的なものは他の関係的なものに対し、一つの関係が他の関係に対してあるのと同じ状態にある」（sicut se habet relatio ad relationem, sic relativum ad relativum）（本章⑽）。——ダンテのこの表現は理解しにくいが、すぐ後でダンテはこの表現の意味を説明している——。すなわち、教皇職と皇帝職という二つの「関係」が上位者性それ自体という関係へと還元可能ならば、これら二つの関係に対応した二つの「関係的なもの」——すなわち教皇と皇帝——も同じように、より一般的な「何か或る関係的なもの」へと還元可能でなければならず、この「何か或る関係的なもの」とは、教皇が教皇職を帯び、皇帝が皇帝職を帯びるように、教皇職と皇帝職を共に包摂するより一般的な「上位者性それ自体」を帯びる何か或る関係的な存在者でなければならない。そしてダンテは、「上位者性それ自体」という関係を帯びるのは、「そこにおいてすべての関係が普遍的に一つのものとなる神」か、あるいは最も一般的な上位者性を帯びる何らかの実体（おそらくは能天使）であると主張する。

ダンテは明言していないが、ここで言われている神あるいは天使は、教皇と皇帝という「関係的なもの」がそれへと還元される何か或るものであるから、教皇や皇帝と同じく「関係的なもの」でなければならないだろう。ダンテは「神より下位の何らかの実体」という表現を用いているが、この「実体」は——人間としては実体である教皇と皇帝が「関係的なもの」であるように——「関係的なもの」として理解された実体でなければならない。あるいは、神や天使は「関係的なもの」ではないが、実体である特定の人間が「教皇職」や「皇帝職」という「関係」を帯びることで教皇や皇帝という「関係的なもの」になるように、神はすべての関係を普遍的に帯びることで、そして天使は上位者性それ自体という関係を帯びることで「関係的なもの」になる、とも言えるだろう。

Étienne Gilson, *Dante et la philosophie*, op. cit., p. 190 はダンテの見解を次頁のような表にしている。この表から明らかなように、ジルソンは相互に還元不可能な三つの種類（genres）の権威（autorités）として、㈠実体としての人間の尺度（mesure）である〈optimus homo〉の権威、㈡支配者（maître）という関係的な付帯的形相を帯びた皇帝の権威、㈢霊的な父（père spirituel）という関係的な付帯的形相を帯びた教皇を同列に置き、これら三つの権威の上に、あらゆる実体とあらゆる関係の尺度であり、あらゆる実体とあらゆる関係を規律（règle）し判定（juge）する神を置いている。

〈optimus homo〉は、人間という実体的形相を共有するすべての人間の模範となる完全なる人間、アリストテレスの言う有徳な人間であり、人間たるかぎりでの教皇と皇帝を含むすべての人間は〈optimus homo〉によって人間としての完成度を判定されることになる。これに対して教皇たるかぎりでの教皇は教皇職という付帯的形相によって教皇であり、教皇職は、人間という実体にとって付帯的な霊的父という関係を教皇に付与する。同じく皇帝たるかぎりでの皇帝は皇帝職という付帯的形相によって皇帝であり、皇帝職は、人間という実体にとって付帯的な支配者という関係を皇帝に付与する (ibid., pp. 188-189)。

しかし、Ernst H. Kantorowicz, *The King's Two Bodies*, op. cit., pp. 460-463 が指摘するように、「完全（最善）な人間」を教皇および皇帝と同列に置くものとしてダンテの論旨を解釈することには無理があるように思われる。ジルソンは「完全（最善）な人間」をアリストテレスの有徳な人間や哲人王のような存在者として解釈し、教皇（職）と皇帝（職）とは独立した「権威」として人類を導くものと考えているが、そうだとすると皇帝の存在意義が不確かなものになるだろう。

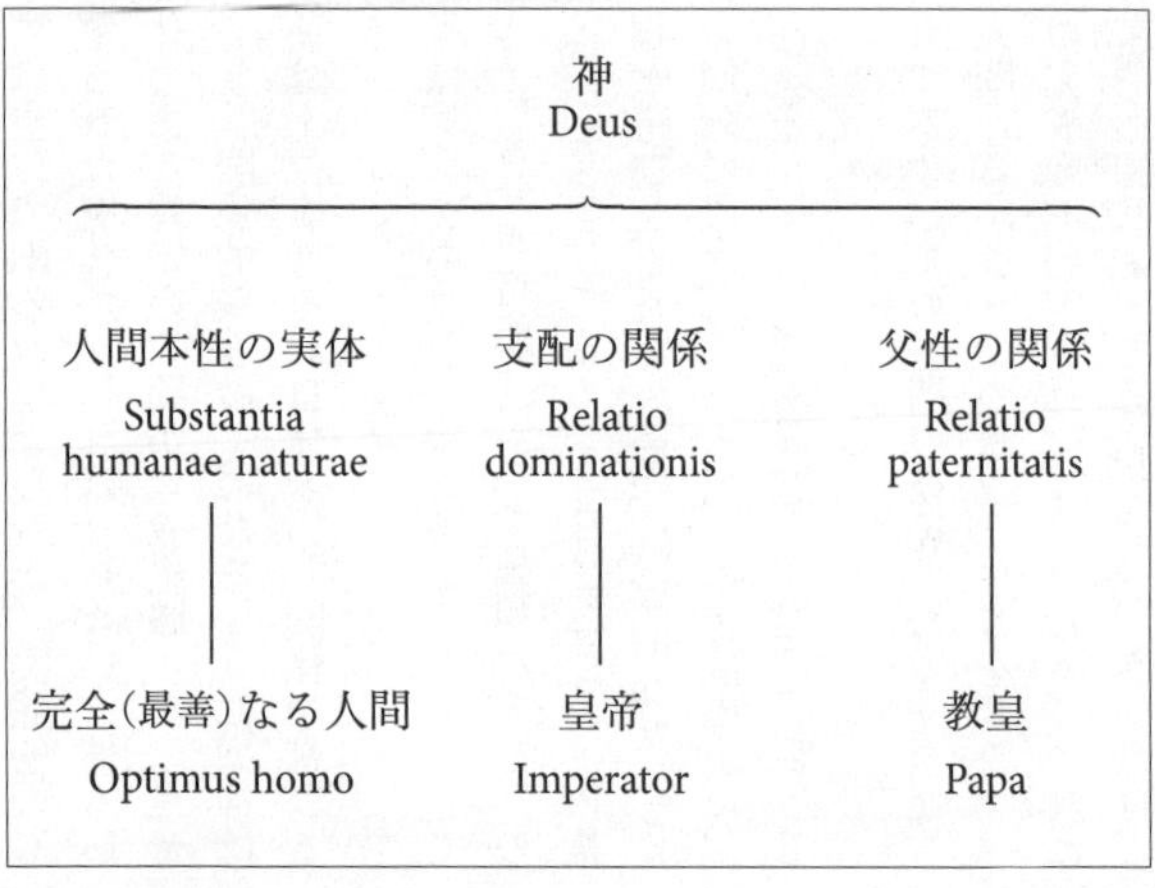

ダンテにおいては哲学の教えによって人類を地上の至福へと導くのはローマ皇帝であり（第三巻第一六章⑽）、〈optimus homo〉ではない。しかも権威とか職務は「関係」であり、ダンテは教皇職および皇帝職という二つの「関係」（relatio）と、教皇および皇帝という二つの「関係的なもの」（relativum）について言及するが、「人間」は実体であり関係ではないから権威や職務ではありえない。人間たる教皇が教皇職を帯び、人間たる皇帝が皇帝職を帯びるように、実体たる「人間それ自体」が何らかの「関係」を帯びることで「関係的なもの」になると考えることはできるとしても、この点についてダンテは何も述べていない。したがってダンテにおいて権威や職務は二つの幸福（第三巻第一六章⑺）に対応した教皇職と皇帝職の二つのみであり、「人間」には権威や職務の性格は与えられていないと考えるのがダンテのテキストに忠実な理解の仕方だろう。E・H・カントーロヴィチ（ibid., p. 461, n. 30）はダンテの見解を次頁のような表にしている。

ダンテの見解をもう少し正確に言えば、教皇職と皇帝職という二つの関係がそれへと還元されるのは上位者性（superpositio）の関係であり、教皇と皇帝という二つの関係的なものがそれへと還元されるのが、上位者性それ自体という関係を帯びた神（あるいは天使）という関係的なものである、ということになるだろう。ダンテは神あるいは天使が「関係的なもの」であるとは述べておらず、むしろ天使のことを「神より下位の何らかの実体」と表現しているが、人間としては実体である教皇と皇帝が教皇職と皇帝職により「関係的なもの」となるように、神――ダンテが神を実体とみなしていたか否かは定かでない――と天使――ダンテは天使を実体とみなしている――も上位者性により「関係的なもの」となると考えてよいだろう。

(11) R. Kay, *Dante's Monarchia*, op. cit., p. 287, n. 26 は「神より下位の何らかの実体」が能天使により動かされる太陽天であることを示唆している。また、太陽天が父、支配者、王と結びつけられていることは id., *Dante's Christian Astrology* (Philadelphia, 1994), pp. 117-119 参照。

◎第一五章

(7)「私はいかなる類の尺度（mensura）でもない」という黄金の印判の言葉は難解である。例えばB・ナルディは次のように説明している。最も高貴な金属である金は他の金属の価

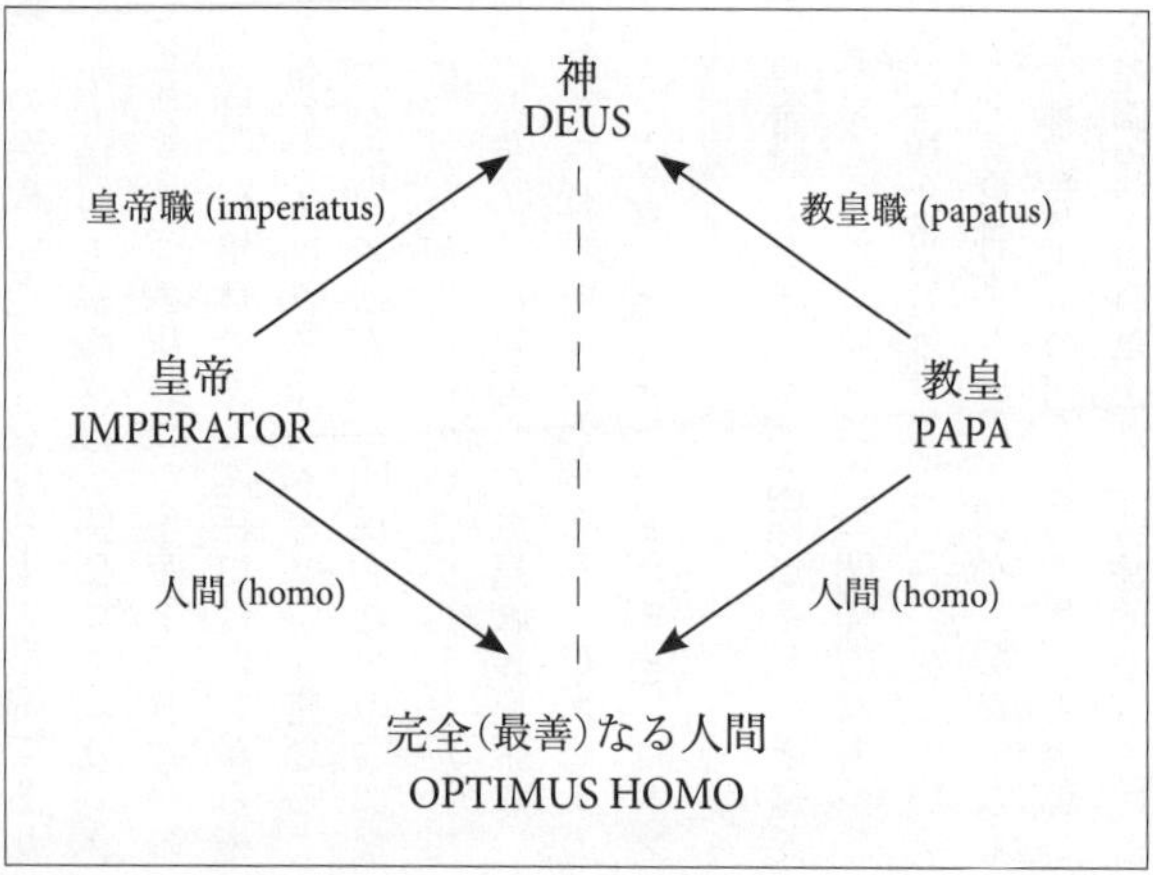

値を判定するための尺度であり規準である。それゆえ、黄金の印判が何らかの類の尺度たることを自分は意図しないと述べたとすると、これは印判がそれでできている金が金属類の尺度でなくなることを意味するのではなく、単にこの黄金の印判が何らかの素材――これが金属であろうとなかろうと――に押印するにふさわしい印鑑にすぎず、最早金属の価値の尺度ではなくなることを意味する。このようにしてキリストは神としてはこの世の王であるが、キリストが自分の言葉によって、そして自分の生の模範によって規範をそれに与えた教会の形相としてはこの世の王ではない。B. Nardi, *Dal "Convivio" alla "Commedia"*, op. cit., p. 281, n. 287 参照。

キリストは神であると同時に人間である。人間に受肉したキリストは押印される印判であるのに対し、神たるキリストは黄金である。神たるキリストは万物を所有し支配するのに対して、人間キリストは現世の権力に関わることはなく、教会により模倣されるべき形相ないし印形である。すなわち人間は神（黄金）になりえないが、キリストの行ないを模倣し、キリストに類似したもの（刻印）になることはできる。キリストの生の模範は教会に押印された形相にならなければならない。

ダンテの意図するところはおよそ以上のことだと思われるが、「私はいかなる類の尺度でもない」という黄金の印判の意味は依然として明らかではない。「金はいかなる類の尺度でもない」は偽であるのに対し、「押印によって再生されうる何らかの像はいかなる類の尺度でもない」は真であるとダンテは述べているが、後者の真なる命題の意味は何だろうか。この点に関して R. Kay, *Dante's Monarchia*, op. cit., pp. 305-306, n. 12 はサイン（signum）とサインの意味（significatio）の区別に依拠して次のように説明している。キリストは黄金の印判にたとえられている。ピラトに対するキリストの返答は、神たるかぎりでのキリストの万物に対する支配権にはあてはまらないように、黄金の印判の言葉は金たるかぎりでの印判にはあてはまらない。金は他の金属の価値が判定される規準だからである。

他方で、キリストの言葉や行ないは、黄金の印判が押印によって再生されうる何らかのサインであるように、その意味作用によって一定の教えをキリスト教徒に示すサインである。キリスト教徒にとって規準となるのはサインではなくサインが意味すること、すなわちキリストの教えであり、黄金の印判の「私はいかなる類の尺度でもない」という言葉はサインについて言われているのに対し、サインが意味するキリストの教えはキリスト教徒にとって規準すなわち尺度である。

しかしR・ケイの説明は、黄金の印判の比喩の説明としては正鵠を射ていないように思われる。ダンテによると黄金の印判が尺度と言えるのは金のゆえである。ダンテはサインである印判が意味することが尺度であるとはどこにも述べていない。意味するもの（すなわちキリストの言行）と意味されるもの（すなわちキリストの教えないし真理）の区別はダンテの印判の比喩とは関係がないように思われる。ダンテは、「私の国はこの世のものではない」というキリストの言葉と、「私はいかなる類の尺度でもない」という黄金の印判の言葉が類似しているのであるが、類似している理由は、前者が神たるかぎりでのキリストについては偽であるが人間たるかぎりでのキリストについては真であるように、後者は金たるかぎりでの黄金の印判については偽であるが単なる印判たるかぎりでの黄金の印判については真である、という単に形式的な理由に尽きるのかもしれない、

更に、A. Pézard, *"La rotta gonna"*, op. cit., p. 99 は、黄金の印判の言葉〈non sum mensura in aliquo genere〉を本訳のように「私はいかなる類の尺度でもない」と訳すことは誤りであり、「私は或る特定の類の尺度ではない」と訳すべきことを主張する。すなわちペザールによれば、黄金の印判は自分が特定のタイプの尺度ではなく、あらゆるタイプを包含する絶対的な尺度であると述べている。黄金の印判は神であり、神は特定のタイプに属する存在者の尺度ではなく、あらゆるタイプの存在者、万物の尺度だからである。「私はいかなる類の尺度でもない」であれば〈non sum mensura in ullo genere〉あるいは〈in nullo genere sum mensura〉とダンテは書いたはずである。

しかしペザールのように解釈すると、「私の国はこの世のものではない」というキリストのピラトに対する言葉は、黄金の印判が「私は或る特定のものの尺度ではなく万物の尺度である」と言っているかのようである、とダンテが述べていることになるが、キリストの言葉とペザールのように解釈した印判の言葉がどのような意味で類似していると言えるのか不明

である。黄金の印判は確かに神を比喩的に意味しているが、或る特定のものの尺度ではないと述べているのは印判そのものであり、ペザールのように解釈すると、神ではなく黄金の印判そのものが万物の尺度である、ということになってしまうだろう。

ペザール（ibid., p. 101）はダンテの印判の比喩がアベラルドゥスの『神学序説』（Introductio ad theologiam）に由来することを指摘する。アベラルドゥスは神を銅の印判にたとえ、単一なる神の三つのペルソナのうち「父」を銅それ自体（aes ipsum）、「子」を蠟に押印する印判の力（sigillabile）、「聖霊」を押印する作用（sigillans）になぞらえ、これら三つが神の本質の中で一体になっていることを主張している（ibid., pp. 102-104）。これに対し Anthony K. Cassell, *The Monarchia Controversy* (Washington, D.C., 2004), p. 337, n. 429 は、ダンテによる黄金の印判の比喩が、教皇インノケンティウス四世によるフリードリヒ二世廃位宣言の後に書かれたフリードリヒ二世の書簡に見られる言葉「蠟が印判から押印を受け取るように、人間の生の性格も模範によって形づくられる」に由来することを示唆している。

◎第一六章

(3) B. Nardi, *Saggi di filosofia dantesca*, op. cit., pp. 90-91 は、ここでダンテが暗に『原因について』に言及していると考えている。『原因について』第二章一九―二六では次のように述べられている。「より上位にあるすべての存在者は、永遠よりも上位に、そして永遠よりも前にあるか、永遠と共にあるか、永遠よりも後に、そして時間よりも上位にあるかのいずれかである。確かに、永遠より前にある存在者は、永遠の原因であるから第一原因である。そして永遠と共にある存在者は叡智体である。というのも、それは作用を受ける（変化する）ことも破壊されることもないので常に同一の状態にあるからである。しかし、永遠よりも後に、そして時間よりも上位にある存在者は魂である。というのもそれは永遠の水平線に接してその下にあるが時間よりも上位にあるからである。……そして魂は下のほうから永遠に接している。なぜならばそれは叡智体よりも他からの影響を受けやすいからである。そしてそれは時間の原因だから時間よりも上位にある」。A. Pattin, 'Le Liber de causis', op. cit., pp. 138-139; P. Magnard et al., *La demeure de l'être*, op. cit., pp. 40-42; Rolf Schönberger (hrsg.), *Liber de causis*, op. cit., S. 6.

(7)—(8) Mario Trovato, 'Dante and the tradition of the "Two Beatitudes"'（*Lectura Dantis Newberryana*, 1, 1988, pp. 19-36), p. 31 は、人間に固有の力（virtus propria）すなわち「可能理性」は、「神の光」に助けられて永遠の幸福に到達するのであるから「主体」であり、神の光は「付帯性」であることを強調する。人間は自分に「固有の力」を働かせることにより現世の幸福に到達するが、永遠の幸福に到達するために人間が働かせるのも「固有の力」であり、ただ、永遠の幸福のためには、「固有の力」に「神の光」が付け加わらなければならない。したがってダンテにおいて二つの幸福は連続したものとして理解されており、本章（17）の「現世の幸福は或る意味において永遠の幸福へと向かって秩序づけられている」という言葉もこの意味で理解されなければならない。

トロヴァートは二つの幸福に関する以上のダンテの観念がアルベルトゥス・マグヌスとトマス・アクィナスの伝統の中に位置づけられることを主張するが、Edward Williamson, 'De beatitudine huius vite' (*Annual Report of the Dante Society*, 76, 1958, pp. 1-22) は、二つの幸福に関するダンテの見解がトマスのそれとは根本的に異なることを主張する。ウィリアムスンによれば、トマスにおいて現世の幸福は永遠の幸福とは区別される、人間にとって窮極的な目的たりうるような幸福ではなく、永遠の幸福の単に「かすかな予見」(ibid., p. 9) にすぎず、したがって現世の幸福もキリスト教の啓示の賜物である、「ぼんやりと感知される」(ibid.) 永遠の幸福そのものに他ならない。これに対してダンテは永遠の幸福とは別個に、人間にとって窮極的な現世の幸福が存在し、有徳な異教徒もこの幸福を手に入れることができると考えている。永遠の幸福と現世の幸福の両者に到達することができるのはキリスト教徒のみであり、後者は前者へと「秩序づけられている」が、後者が前者に従属することはない。ダンテは永遠の幸福とは独立した現世の幸福が可死的人間にとっての窮極的な目的として存在することを根拠にして、教皇に対する皇帝の自立性を主張し、現世の幸福が永遠の幸福へと秩序づけられていることが皇帝に対する教皇の祝福に表現されていること、教皇と皇帝はそれぞれの領域において相互に独立した存在でありながら協力し合って人類を二つの幸福へと導いていくことを主張した。ウィリアムスンと同様のダンテ解釈をとるものとして B. Nardi, *Dal "Convivio" alla "Commedia"*, op. cit., pp. 92-96, pp. 292-293 参照。

(8)—(10) E. Gilson, *Dante et la philosophie*, op. cit., p. 199 は、現世の幸福に関して意志（voluntas）と理性（intellectus）を区別し、これに対応して、法律によって人間の意志を支配する（règne）皇帝と、知的および道徳的な徳によって人間の理性を支配する哲学者を区別している。したがってダンテにおける「権威と服従の関係の体制」（ibid., p. 198）では、理性を支配する哲学者と、意志を支配する皇帝が人類を現世の幸福へと導き、神学的な徳によって人間の不可死の魂を支配する教皇が人類を永遠の幸福へと導くとされている。第三巻第一二章(3)—(12)への註解で述べたように、ジルソンのダンテ解釈においては、人類を導く権威ないし職務の担い手として教皇、皇帝、「完全（最善）な人間」の三つが挙げられているが、第一六章(8)—(10)に対するジルソンの説明においてもこの三分法が固持されている。しかし、「人間」を「皇帝」とは別個に措定することがダンテの論旨に合致しないように、「皇帝」と「哲学者」を区別することもダンテが明言していることに反している。

ダンテは本章(10)で「人間は二つの目的に応じて二つの指導者を必要とした。すなわち、啓示された真理に従って人類を永遠の生へと案内する教皇と、哲学の教えに従って人類を現世の幸福へと導いていく皇帝である」と述べており、皇帝とは別個に哲学者が人類を現世の幸福へと導いていくとはどこにも述べられていない。皇帝自身が哲学者なのである。哲学を教え、人々の理性を導くのは哲学者、この教えを守るように「くつわと手綱」によって人々の意志を制御するのが皇帝だとすれば、神学的な徳によって人々の不可死の魂を支配するとされている教皇に関しても、神学的な徳を教える神学者と、この教えを守るように「くつわと手綱」によって人々の魂を制御する教皇——ダンテは「くつわと手綱」によって人々を制御することを皇帝のみに限定してはいない——を区別することが整合的であり、そうであれば教皇、皇帝、哲学者の三分法ではなく、教皇と神学者、皇帝と哲学者の四分法が正しいことになるだろう。しかしダンテは教皇と皇帝の二分法を採用しているのである。したがって、Matthew S. Kempshall, 'Accidental Perfection: Ecclesiology and Political Thought in *Monarchia*' (Paolo Acquaviva, Jennifer Petrie (eds.), *Dante and the Church*, op. cit., pp. 127-171) の次のような解釈も正しいとは思われない。ケンプシャルによれば、ダンテにおける皇帝権の目的は道徳的完成として理解された世俗的幸福ではなく、世俗的幸福のための手段である平和の維持にすぎず、人間を世俗的幸福へと導くのは哲学者である。清貧、説教、秘蹟の執行が教会の責任に属し、世俗的権力の責任は単なる平和の維持にあり、これら二つの権力のもとで人間は哲学に導かれながら世俗的幸福を自由に追求する (ibid., p. 151)、と考えることでダンテは世俗的権力に対する教皇権の介入を不可能なものにした (ibid., pp. 142-152)。しかし、ケンプシャルのこのような解釈は、教皇権も皇帝権も及ばない人間の自由な幸福追求の領域が存在するというダンテにとって異質な思想をダンテに帰している点で正しい解釈とは言えないだろう。

(15) 同じ考え方がダンテの第五書簡五の「一点からの如く、そこからペテロとカエサルの権力が分岐した神の善性」という表現にも示されている。P. Toynbee, *Dantis Alagherii Epistolae*, op. cit., pp. 53-54; A. Frugoni, G. Brugnoli (a cura di), *Epistole*, op. cit., p. 544. また、「単純性の城砦」という表現はボエティウスの『哲学の慰め』第四部第六の散文に見られる。「これ（神の精神）は、その単純性の城砦において一つになり（in suae simplicitatis arce composita）、支配されるべきものごとに多様な様態を定めた」(Ludovicus Bieler (ed.), *Anicii Manlii Severini Boethii Philosophiae Consolatio*, Turnhout, 1957, IV, 6, p. 79)。

更に、「その単純性の城砦において一」と訳した〈in arce sue simplicitatis unitus〉に関して A. Pézard, "*La rotta gonna*", op. cit., pp. 160-165 は〈unitus〉は写本者の誤りであり〈munitus〉（防備された）に変えて読むべきことを提唱している。その理由の一つは、「単純性の城砦」は神を意味するが、神は複合体ではなく完全に単純かつ単一な存在者であるから、〈unitus〉（一つにされた）のように複数のものが一つに統合されていることを示す言葉を神に用いるのは異端的であるということである。しかし〈unitus〉という言葉を用いているからといって、ダンテが神を実在的に区別された複数の属性の複合体と考えていたとはかぎらないだろう。神は単純かつ単一であっても、神を善や叡智、意志や理性といった単に理性上区別された複数の属性の統一体と考えることは異端ではないからである。

(17) 「ローマの君主はいかなる点においてもローマ教皇の下位に置かれることはない、といった厳格な意味で（non sic stricte）受けとめられてはならない」ということは言うまでもなく、ローマの君主は或る点において（in aliquo）ローマ教皇の下位に置かれるということである。また「現世の幸福は或る意味において（quodammodo）永遠の幸福へと向かって秩序づけられている（ordinetur）」ということは、現世の幸福のために存在する君主ないし皇帝は、永遠の幸福のために存在するローマ教皇より或る意味において下位にあるということである。『帝政論』末尾の言葉は、どのような意味で皇帝が教皇の下位に置かれるか不明確なことから、これまで研究者によって異なった様々な仕方で解釈されてきた。例えば Karl Vossler, *Die göttliche Komödie. Entwicklungsgeschichte und Erklärung*, I. Band, II. Teil. *Ethisch-politische Entwicklungsgeschichte*（Heidelberg, 1907), S. 430 は本章(17)を引用し「確かにダンテは〈Imperium〉が〈Sacerdotium〉から完全に独立していることの証明を提示したと満足げに思ってはいるが、すべてを再び無効にし撤回してしまうような文章でもって彼の考察を締め括っている」と述べ、更に Marjorie Reeves, 'Marsiglio of Padua and Dante Alighieri'（Beryl Smally (ed.), *Trends in Medieval Political Thought*, Oxford, 1965, pp. 86-104), p. 92, p. 102 は、皇帝権と教皇権の絶対的な区別を理論的に擁護してきたダンテが『帝政論』の最後になってそれと矛盾することを述べ、聖職者に世俗的政治の領域に侵入する機会を与えてしまい、世俗の幸福が永遠の幸福に最終的に包摂され前者が後者の下位に置かれることを認めたことで、世俗的支配者の自立性を基礎づけてきた『帝政論』の全論拠が瓦解したと述べている。

同じく第三巻第一六章(17)(18)がこれに先立つ『帝政論』の論旨の展開と齟齬をきたしているという前提のもとに、B. Nardi, *Saggi di filosofia dantesca*, op. cit., pp. 256-257, p. 307 は次のように主張する。第一六章の最終部分は、ダンテが以前に自分の書いた『帝政論』の度を越した主張をもう少し穏健なものにするために後日加筆したものであり、ペテロに対しカエサルが示すべき畏敬の念が『帝政論』の基本的主張である皇帝権の自立性を弱めることはないが、世俗の幸福が「或る意味において」永遠の幸福へと向かって秩序づけられているという言葉は加筆当時のダンテの「自信のなさ」を示しており、この言葉によってダンテは、人間の超自然的目的（および信仰）に対する自然的目的（および理性）の自律性を否定してしまった。

その後B・ナルディは *Nel mondo di Dante*, op. cit., p.239, n. 3 で、〈quodammodo〉は、ラテン・アヴェロエス主義者がキリスト教徒として自分たちが教会に服していることを強調するために、純粋に哲学的な原理に基づく自分たちの大胆な主張によく付加していた言葉であったことを指摘し、〈quodammodo〉についての以前の解釈を変えたが、更にその後、*Dal "Convivio" alla "Commedia"*, op. cit., pp. 114-116, p. 301 では以前の解釈に戻って次のように述べている。

『帝政論』末尾の言葉は、（ナルディによると）既に一三〇七年と一三〇八年の間に——すなわちルクセンブルク家のハインリヒが選帝侯によって皇帝（ローマ人民の王）に選出された一三〇八年一一月二七日以前に——『帝政論』を書き上げていたダンテが、その後一三一〇年にハインリヒと教皇クレメンス五世の間に友好的な関係が生まれたことを知り――一三一〇年九月の回勅でクレメンス五世はハインリヒを正当な皇帝として承認するように全イタリアに命令し、一〇月のローザンヌの協定では、ハインリヒは教皇の出すいくつかの条件に合意していた――、『帝政論』第三巻の主張が教皇派の反感をあおることを防ぐために加筆したものであった。〈quodammodo〉は当時のダンテの「自信のなさ」を示すものであるが、その後『神曲』ではこの「自信のなさ」は消え、ダンテは現世の幸福が永遠の幸福に従属していることを明確に認めるに至った。

そしてナルディは、*Saggi e note di critica dantesca*, op. cit., pp. 71-72 ではこれまでと同様に〈quodammodo〉が教皇側の反感を配慮して――事実、〈quodammodo〉が付加されても、『帝政論』はやがて一三二九年に、ロンバルディーアにおける教皇ヨハネス二二世の教皇特使ベルトラン・ドゥ・プジェにより断罪され焼き捨てられることになる。Francis Cheneval, *Die Rezeption der Monarchia Dantes bis zur Editio Princeps im Jahre 1559* (München, 1995), SS. 151-162 参照――自分の主張をより穏健なものにするためにダンテにより加筆されたことを主張し、更にこの言葉はダンテの「自信のなさ」というよりは「疑念」の表われであり、『神曲』に先立つダンテの精神的危機を示す言葉であったと主張している。

しかし第三巻第一六章の末尾の言葉は、ダンテが『帝政論』完成後に教皇側の反応を慮って加筆したものであるというナルディの解釈は、『帝政論』が一三〇七年と一三〇八年の間に書かれたという前提に立っており、現在の通説のように『帝政論』が一三一七年ないし一三一八年に書かれたのであれば、ナルディの見解は根拠を失うだろう。

これに対し、『帝政論』第三巻最終章の(17)(18)は『帝政論』全体の論旨と齟齬をきたしてはおらず、ダンテにより後に加筆されたものでもない、と考える通説は次のように主張する。先ず、L. Minio-Paluello, 'Tre note alla «Monarchia»', op. cit., pp. 522-524 によれば〈quodammodo〉は当時の政治理論的著作においてよく用いられていた表現であり、例えばローマ教皇に対するフランス王の自立性を擁護した作者不明の Quaestio de utraque potestate (art. v) には「世俗的権力は或る意味において (quodammodo) 霊的権力へと秩序づけられている (ordinatur)」という言葉が見られるが、この言葉が教皇派への配慮によって付加されたことを示すものはなく、これは〈reductio ad unum〉の要求を前にして世俗的権力の自立性を説く理論家がよく用いた一種の「逃げ道」であった。

また、Bartolo Martinelli, 'Sul «quodammodo» di Monarchia, III 15, 17' (*Miscellanea di studi in onore di Vittore Branca*, 1, *Dal medioevo al Petrarca*, op. cit., pp. 193-214) によれば『帝政論』の末尾の言葉は『帝政論』のそれに先行する部分の論旨と矛盾してはおらず、ダンテが教皇派から予想される敵対的な反応を慮って加筆したものでもなく、また『帝政論』自体に内在するある種の不完全さの現れといったものでもない。ローマ皇帝が或る点で (in aliquo) ローマ教皇の下位に置かれるということは霊的な領域において皇帝が教皇の下位に置かれる (subiacere) ことを意味し、皇帝が長子として父なる教皇に対し示すべき畏敬（reverentia）の念も同じことを意味する。また現世の幸福が或る意味において（quodammodo）永遠の幸福へと秩序づけられている（ordinari）ことも、単に関係項の一方が他方へと何らかの仕方で関係づけられていることを意味するにすぎない。

そしてダンテは第三巻第四章(20)で、教皇の祝別（benedictio）によって注入される恩寵が世俗的統治権をより強く（virtuosius）作用させると述べているが、そこには教皇による塗油（unctio）も承認（confirmatio）も触れられておらず、第一六章(17)(18)――ローマ君主は或る点でローマ教皇の下位に置かれ、カエサルは息子として父なるペテロに畏敬の念を示すべきこと――も、第四章(20)と同じ趣旨で解釈されなければならない。これと同じ解釈をするものとして Anna Maria Chiavacci Leonardi, 'La «Monarchia» di Dante alla luce della «Commedia»' (*Studi medievali*, 18, 1977, pp. 147-183) 参照。

更に、第一六章(17)(18)が『帝政論』全体の論旨といささかも矛盾しないことを論じたのが M. Maccarrone, 'Il terzo libro', op. cit., pp. 127-137 である（また id., 'Papato e impero', op. cit., pp. 262-263 参照）。マッカッローネは次のように論じている。世俗的権力の自立性を説き、教皇権が世俗的事項に介入できないこと――教皇には世俗的事項に直接的に介入する〈potestas directa〉がないこと――を主張する一三・一四世紀の理論家は大別して三つのタイプに区別される。

例えばパリのヨハネスに代表される理論は二つの権力の完全な分離を主張し、いかなる意味においても教皇が世俗的事項に介入することを認めないのに対し、フィレンツェのレミージョ・ディ・ジローラミは或る仕方で (aliqualiter)、間接的に (indirecte, mediate)、或る意味において (quodam modo) 教皇の霊的権力が世俗的事項に及ぶこと、特に「君主の判断力の欠如を理由にして」(ratione defectus iudicis principalis) あるいは「罪を理由にして」(ratione peccati, 原典は ratione delicti) 世俗的事項に間接的に介入する権力 (potestas indirecta) を教皇が有することを認めた。Filippo Tamburini (ed.), Fra Remigio dei Girolami, *Contra falsos ecclesie professores* (Roma, 1981), p. 47, cap. 19 (ratione delicti vel defectus iudicis principalis), p. 68, cap. 29 (aliqualiter, scilicet quantum ad spiritualis et ratione delicti), p. 74, cap. 37 (indirecte quodam modo et mediate).

これら二つの立場の中間にあるのがダンテの『帝政論』である。ダンテは相互に完全に分離独立した二つの原理を認める「マニ教徒の誤り」に陥ることなく (M. Maccarrone, 'Il terzo libro', op. cit., p. 130)、——教皇至上主義的な意味ではない——皇帝の教皇に対する従属性を認めていた。教皇の祝別 (benedictio) は皇帝の世俗的権力にいかなる影響も及ぼさないような純粋に霊的な行為ではなく、皇帝の世俗的権力にいっそう力強い働き (virtuosior operatio) を与え、聖俗二つの権力の和合の明白な徴として (ibid., p. 54) 教皇権と皇帝権の協調関係を強化する作用を帯びた行為であった。この意味で皇帝は教皇から「或るものを受け取る」

（第三巻第四章⑲）のであり、教皇は皇帝に対し主権（supremazia）を有してはいないが優越性（superiorità）を帯びている（ibid., p. 134）。『帝政論』末尾の言葉も、教皇の皇帝に対するこの種の優越性をダンテが認めていたことを示している。

マッカッローネの以上のような解釈はB・ナルディ（B. Nardi, *Dal "Convivio" alla "Commedia"*, op. cit., pp. 152-173）によって批判された。ナルディの基本的な主張は、世俗的事項に対する〈potestas directa〉と〈potestas indirecta〉の区別は不明確であり、例えばマッカッローネが〈potestas indirecta〉の理論家とみなしているレミージョ・デイ・ジローラミの立場はボニファティウス八世の教令 Unam Sanctam に見られる〈potestas directa〉の立場と実質的に異なるところはなく（ibid., p. 169, p.173）、したがって世俗的事項に対する教皇の間接的権力を認める立場としてダンテの『帝政論』を解釈することは誤りである、というものであった。

確かにマッカッローネはペトルス・オリーヴィとレミージョ・デイ・ジローラミの立場を〈potestas indirecta〉の理論家として説明し、ダンテを両者と同じタイプの理論家として論じていることから、ダンテも〈potestas indirecta〉の理論家とみなしているように思われるが、実はマッカッローネは明白にこのようなダンテ解釈を否定しており（'Il terzo libro', op. cit., p. 67; 'Papato e impero', op. cit., p. 324）、特に「罪を理由にして」教皇が世俗的事項に介入することを認める見解をダンテが支持していたとはどこにも述べていない。マッカッローネが主張しているのは、ダンテは皇帝権と教皇権を峻別し世俗的事項に対する教皇のいかなる影響も認めない皇帝派の理論家と異なり、教皇の祝別が世俗的権力に影響を及ぼし、世俗的権力をより強力なものにすることを認めるが、いかなる意味でも教皇が世俗的権力に介入することは認めなかった、ということである。教皇の祝別を〈potestas indirecta〉の行使とみなすか否かは言葉の問題とも言えるが、通常の意味での〈potestas indirecta〉、すなわち「罪を理由にして」世俗的事項に介入する教皇の権力をダンテが否定していたことは明白である。

これに対し、Matthew S. Kempshall, 'Accidental Perfection: Ecclesiology and Political Thought in *Monarchia*', op. cit., pp. 170-171 は、パリのヨハネス、ディ・ジローラミそしてダンテに同一の見解を帰し、①「尊厳」の位階秩序において上位にあるものが「命令」の位階秩序においても上位にあるとはかぎらないこと、②世俗的権力の目的は人間の道徳的完成ではなく、単なる社会秩序の維持にあること、③倫理的な徳が神学的な徳によって完成されうることは前者にとって単に偶有的（accidental）なことでしかなく、同様に世俗的権力は単に偶有的に霊的権力により完成されうるにすぎず、世俗的権力はその本質において霊的権力なくして完成されうること、を三者共通の見解とみなしている。

(18) Timothy G. Sistrunk, 'Obligations of the Emperor as the Reverent Son in Dante's *Monarchia*' (*Dante Studies*, 105, 1987, pp. 95-112) は、子たる皇帝が父たる教皇に対し示すべき畏敬（reverentia）が、ローマ法において家父権免除を受けた息子が家父に対し示すべき畏敬に類似していること、ダンテがこのローマ法上の畏敬の観念を、皇帝と教皇の関係を議論する際に想定していた可能性があることを指摘する。

シストランクによれば、ダンテは父と息子の関係を記した聖書のテキストの中に、皇帝に対する教皇の権威を十分に限定する根拠となるようなものを見出せなかったことから（ibid., p. 101）、ローマ法における父と息子の法的関係に注目した。ダンテは『饗宴』（第四論考第八章四、一二、一三）で父と子の義務とは別の脈絡において〈reverenza〉や〈reverente〉といった言葉を用いているが、『饗宴』第四論考第二四章一五ではローマ法と同じ表現を用いて父に対する子の服従義務を論じている。ローマ法では〈pietas〉、〈reverentia〉、〈honor〉といった言葉でもって父に対する息子の義務が表現されていたが、ダンテも同様の言葉でもって父に対する息子の義務を表現していることは、ダンテが意識的にローマ法に依拠していることを示している（ibid., p. 102）。

更にダンテは『饗宴』第四論考第二四章一五で、子供は他の誰にもまして父親によって影響されるので、父親は自分が子供に言葉で教示したことと自分の行動が相反しないよう心がけなければならないと述べた後、「それゆえ、この点につき規定する法律（ローマ法）も、父親の振舞い（persona）は常に子供にとって気高く尊崇すべき（santa e onesta）もののように見えなければならないと述べ、命令している。このようにして、人生のこの時期において、服従が常に必要であったことは明らかである」と述べている（ibid., p. 103）。ここでダンテが援用しているローマ法の規定は『学説彙纂』三七・一五・九に見られ、そこには「父親ないし保護者の振舞い（persona）は常に息子ないし被解放者にとって尊崇すべき気高い（honesta et sancta）もののように見えなければならない」と述べられている。

父に対する息子の服従義務、そして子に対して模範たるべき父の義務を論ずる際にダンテがローマ法を援用していることは注目に値するが、シストランクによれば、ダンテが『饗宴』第四論考第二四章二で個人の高貴な魂が人生において発展していく四つの段階のうち最初の段階である〈adolescenzia〉が二五歳で終わると述べていることにもローマ法の影響が見られることを指摘する（ibid., p. 105）。

ローマ法によれば、息子は家父長である父（あるいは同じ宗族に属する最年長の男性の尊属――以下略――）の存命中は何歳になっても常に父の家父権に服し、父が死亡した後は二五歳に達するまで、父が遺言で指定した、あるいは国家により任命された後見人に服従する。ダンテも二五歳未満の息子に対し、魂の理性的部分の未発達のゆえに父への服従（obedienza）を義務づけている（『饗宴』第四論考第二四章一二）。

更にローマ法には家父権免除（emancipatio）という制度があり、二五歳に達しても父が未だ生きている息子は父の家父権に相変わらず服するが、父から家父権免除を受けることで父の家父権から解放された。ただし家父権免除を受けた息子には――解放された奴隷が解放後も主人に対する奉公義務に服するのと異なり――父に服従する義務はなくても、法律により父を畏敬する義務が課されていた。シストランクは、ダンテが皇帝は息子として父たる教皇を畏敬しなければならないと述べたとき、おそらくローマ法の家父権免除を受けた息子のことを念頭に置いていたと推測している (ibid., pp. 108-109)。もしこの解釈が正しければ、皇帝が教皇に対して示す畏敬は明らかに服従を意味しないだろう。家父権免除を受けた息子は父に服従することはないからである。

『神曲』を手にしたダンテ
ドメニコ・ディ・ミケリーノ
サンタ・マリア・デル・フィオーレ大聖堂

訳者あとがき

1　内戦状態のイタリア

皇帝権と教皇権の抗争の支脈として生じたイタリアの諸党派の内戦状態は一三世紀に頂点に達していた。極めて複雑なこのイタリアの政治的状況を記述する有益な表現が、教皇を支持するグェルフィと皇帝を支持するギベッリーニである。ただしこのような単純明快な区別を一三世紀イタリアの政治的現実にそのまま適用することは、過度の単純化であるとの誹りを免れないだろう。もともとグェルフォ（guelfo：グェルフィ〔guelfi〕）とギベッリーノ（ghibellino：ギベッリーニ〔ghibellini〕）というイタリア語の表現は、一一三八年にドイツ王（実質的には神聖ローマ帝国皇帝）に選出されたホーエンシュタウフェン家のコンラート三世に対し、ヴェルフ（ヴェルフェン）家のバイエルン公ハインリヒ一〇世が反抗したことに由来する。ヴェルフはイタリアではグェルフォとなり、ギベッリーノという名称はホーエンシュタウフェン家の城ヴァイブリンゲンを起源とする。

フィレンツェにおいてグェルフィとギベッリーニの対立が初めて表面化したのは、一二一五年の復活祭の日にギベッリーニのアミデイ家のメンバーがグェルフォのブオンデルモンテ・デ・ブオンデルモンティを殺害したときである。この当時フィレンツェ政府はヴェルフ家の皇帝オットー四世を支持していたが、アミデイ家はブオンデルモンティ家の敵と組んでギベッリーニ党を形成し、オットー四世のライヴァルであるホーエンシュタウフェン家のフリードリヒ二世を支持していた。しかしグェルフィとギベッリーニという用語が史料に初めて登場したのは一二四二年と言われている。この当時、皇帝と教皇の抗争は最高潮に達しており、フィレンツェではグェルフィが勝利し、トスカーナにおけるフィレンツェの伝統的なライヴァルであるシエーナやピーサはギベッリーニであった。

皇帝フリードリヒ二世のもと、トスカーナにおいてギベッリーニ党が優勢になったときもフィレンツェは頑強に皇帝に抵抗したが、皇帝はフィレンツェのギベッリーニを支援するために一二四六年に息子アンティオキアのフリードリヒをポデスタ（中世イタリアのコムーネにおける執政長官）として置き、更にアンティオキアのフリードリヒに指揮された軍隊をフィレンツェへと差し向けた。そして一二四九年一月にフィレンツェ政府が倒れるとグェルフィの支配者たちは追放され、都市の実権はギベッリーニ、特にファリナータ・デリ・ウベルティを中心とするウベルティ家が掌握することになる。

ところがギベッリーニの勝利は二年とは続かなかった。ギベッリーニが一二五〇年九月にフィリーネ・ヴァルダルノの戦いでグェルフィに敗北すると、フィレンツェのポポロ（庶民）は一〇月にポデスタのフリードリヒと、フリードリヒを支持したギベッリーニの有力な家族を都市から追い出し、後世——一二八〇年代から九〇年代にかけてのセコンド・ポポロと区別して——プリモ・ポポロと呼ばれるようになる、商人や職人のアルティ（ギルド、同業組合）に率いられた人民政府が政治の実権を掌握した。この二か月後の一二月に皇帝フリードリヒ二世が亡くなっている。そして人民政府のもと、人民は二〇の軍事的集団に区別され、伝統的なポデスタと並んで、二〇の軍事的集団の長であり、ポデスタを人民のコントロール下に置く役割を担うカピターノ・デル・ポポロ——ポデスタと同様にカピターノ・デル・ポポロもフィレンツェ市民ではなく外部の人間から選ばれた——が設置された。そして更にポデスタを監督するために、六つに区別された町区（sestiere）の各々から二名ずつ選ばれる一二名の顧問（anziani）が置かれている。都市を立ち去っていたグェルフィが都市に戻り、既に一二五一年の夏にはギベッリーニの集団が都市から追放されていたので、人民政府は表立って党派的な立場をとらず両党派を要職から排除したとはいえ、次第にグェルフィの強い影響下に置かれることになる。

この後一〇年間人民政府は都市を統治し、貴族や豪族の権力を弱化させ、党派間の争いを都市とその政府から排除することに努めた。しかし一二五八年に皇帝フリードリヒ二世の息子マンフレーディがシチーリア王になり、イタリアのギベッリーニの支持のもと、北部・中部イタリアをホーエンシュタウフェン家の支配下に置く父王の政策を再び開始するに及んで、人民政府は不可避的にグェルフィと一致団結し、明白に反ギベッリーニの政策をとるようになる。このとき、ファリナータ・デリ・ウベルティに率いられたフィレンツェのギベッリーニは人民政府を倒そうと企てた。この企ては失敗に終わり、ギベッリーニは都市を追放されシエーナに逃れたが、両派の争いは一二六〇年九月四日のシエーナ近くのモンタペルティの戦いで決着がつくことになる。この争いでフィレンツェのグェルフィ（そしてルッカのグェルフィに率いられた同盟者たち）とポポロは、シエーナ、マンフレーディが送ったドイツ騎兵、そしてフィレンツェのギベッリーニの連合軍に大敗を喫し、多くのグェルフィが虐殺され、あるいはシエーナに捕囚された。

戦いに敗れた直後、フィレンツェの多数のグェルフィが都市を立ち去り、その大部分が同盟都市のルッカに逃避した。フィレンツェでは少数のギベッリーニが政治の実権を掌握し、カピターノ・デル・ポポロは廃止され、敗北したグェルフィの財産は没収ないし破壊された。モンタペルティの戦いの後、マンフレーディはトスカーナをほぼ全面的に掌握し、一二六四年にはルッカもグェルフィを排斥したことから、フィレンツェから逃避したグェルフィは再び移動せざるをえず、その多くはボローニャへと移った。したがって、ダンテ・アリギエーリ（Dante Alighieri：一二六五—一三二一）が生まれた一二六五年五月にはフィレンツェは未だギベッリーニ党の支配下にあった。しかし一年もしないうちにギベッリーニ党の支配は終りを告げることになる。

マンフレーディの攻勢に対処するために一二六五年に教皇クレメンス四世は、フランス王ルイ九世の弟でプロヴァンス伯のアンジュー家のシャルル一世にナーポリとシチーリアの王権を授与した。そして一二六六年一月六日にシャルルはローマでシチーリア王として戴冠し、マンフレーディへの攻撃を開始する。この五〇日後の二月二六日、ベネヴェントの戦いでマンフレーディの軍隊は敗れ、マンフレーディは戦死した。この後フィレンツェでは、グェルフォとギベッリーノの二名の「喜楽修道士」（frati godenti）をポデスタにした両党派合同の政府が生まれたが、一二六七年四月にフランスの騎兵がフィレンツェに到着するとギベッリーニは都市から逃げ、都市の統治はアンジュー家のシャルル一世とグェルフィにより掌握されることになる。

シャルルは——皇帝位が空位のときは教皇が皇帝に代わってトスカーナを支配する権限を有するという主張に基づいて——教皇クレメンス四世によりトスカーナの皇帝代理に任ぜられ、また五月にフィレンツェのポデスタとなり一三年間この職に就いた。そしてシャルルが都市を支配する間、ポポロは統治から締め出されたが、大銀行家たちはシャルルに財政的援助をする見返りとしてシャルルから経済的特権を与えられ、中には騎士になり政治的職務に就く者もいた。この間、イタリアのギベッリーニを一致団結させる最後の試みがフリードリヒ二世の孫コンラディンによりなされた。コンラディンは一二六六年にピーサに上陸し、アンジュー家のシャルルに対し戦いを挑んだが八月にタリアコッツォで敗れて囚われの身となり、数か月後にナーポリで斬首刑に処せられた。

一二六七年の政治的激変の後、フィレンツェの多くのギベッリーニが追放ないし拘禁の刑を宣告されたことで都市から逃亡し、中には刑を宣告されなくても自主的に都市を去る者もいた。この後数年間、都市に残ったギベッリーニは公職から締め出され冷遇されることになる。両党派を和解させようとする試みもあったが永続的な結果をもたらさなかった。しかし一二七七年に教皇に即位したニコラウス三世がアンジュー家とフランスの権力の増大を恐れ、シャルル一世をトスカーナ皇帝代理職から解き、一二七九年一〇月に甥の枢機卿ラティーノ・マラブランカを教皇特使としてフィレンツェに派遣したことで政情に変化が生じてくる。枢機卿を調停者とする交渉の末、一二八〇年一月に両党派が和解に合意し、それぞれ五〇名のグェルフィとギベッリーニが合意の遵守を誓約した。誓約した人々の中には、その後ダンテの生涯において重要な役割を演ずることになるブルネット・ラティーニ（Brunetto Latini：一二二〇頃—九四）とグイード・カヴァルカンティ（Guido Cavalcanti：一二五八—一三〇〇）も含まれていた。

この合意の一か月後、新しい国制が公布され、都市は両党派が共同統治することとされ、国制が実施されると直ちにシャルル一世はポデスタ職を解任された。そしてフィレンツェを去っていた、あるいは追放されていた大多数のギベッリーニが都市に戻ってきた。しかし両党派の共存を目的とした合意も相互の根強い敵対心のゆえに守られず、両党派の指導的な家族の間で暴力事件が頻発した。そして共同統治の国制も、グェルフィが圧倒的に優勢で、裕福な大商人のアルティが自分たちの利益を自分たちの手で守ることができるようになっていたフィレンツェの現実にそぐわないものだった。

グェルフィとアンジュー家によるほぼ一〇年間の支配、そして教皇特使によるグェルフィとギベッリーニの和解の試みの後、一二八二年にフィレンツェの政治体制を根本的に変えるような動きが表面化した。アルティがもう一度政治的に擡頭してきたことである。当時のフィレンツェは豪族（grandi ないし magnati）、ポポロ・グラッソ（肥満した市民）そしてポポロ・ミヌート（痩せた市民）の三つの社会層に区別されていた。

一二世紀末に生まれたアルティは一二八〇年代になると七つの主要なアルティ（arti maggiori）と五つの中規模のアルティ（arti medie）、そして一二の小規模のアルティ（arti minori）に区別され、前二者がポポロ・グラッソ、小規模のアルティがポポロ・ミヌートに対応していた。七つの主要なアルティは一二八二年に、枢機卿ラティーノ・マラブランカの調停によって生まれた国制を無視し、自分たちによって自分たちの中から選出される任期二か月の三名の統領（priori）から成る制度を創出し、その後統領の人数は、都市の六つの町区を代表するように六名となった。そしてポデスタは維持されたが、今や統領に直接的に責任を負うこととなった。要するに、事実上大きな経済的力を持った七つの主要なアルティが一二八二年に政治権力を掌握するに至り、その後一二八七年に統領は五つの中規模のアルティにも拡張されることになる。そして統領制はフィレンツェがグェルフィであることを公式に是認し、このときからフィレンツェにおける政治的抗争はグェルフィとギベッリーニの間ではなく、二つに分裂したグェルフィどうしの抗争となる。

　フィレンツェで統領制が創設された同じ一二八二年の三月に「シチーリアの晩鐘」事件がパレルモで起こり、フランスのアンジュー家の支配に対して蜂起したシチーリア島民により多数のフランス人が虐殺され、シャルル一世はシチーリアを追放されカラーブリアへと退却した。この後、マンフレーディの婿、アラゴン家のペドロ三世がシチーリア王（ペドロ一世）となる。シチーリアで反乱が起こりアンジュー家によるシチーリア支配が終りを告げたことで、グェルフィ党とアンジュー家のシャルル一世の勢力は弱まり——シャルルは一二八五年一月に死去する——、これに加えて、長い皇帝位空位の後、一二七三年一〇月にローマ人民の王に選出され、皇帝戴冠のためにイタリア降下を意図していたハープスブルク家のルードルフがトスカーナに新たな興味を抱き始め、既に一二八一年の始めに尚書を皇帝代理としてトスカーナに派遣していた。フィレンツェではグェルフィの権力は確固たるものとなっていたが、トスカーナの他の領域ではギベッリーニの勢力が再び躍動し始めていたのである。

　当時、ギベッリーニの活動拠点となっていた都市はウベルティーニ家が支配するアレッツォであり、アレッツォにはフィレンツェやシエーナ——シエーナでは一二六九年のコッレ・

ディ・ヴァル・デルザの戦いの後、グェルフィ党が支配権を掌握していた——から亡命したギベッリーニが集まっていた。トスカーナのグェルフィ諸都市はアレッツォに対抗すべく同盟を結成し、これに対しアレッツォはギベッリーニの亡命者や、皇帝ルードルフによって新たにトスカーナの皇帝代理に任命されたペルチヴァッレ・ディ・ラヴァーニャの支援を期待することができた。

アレッツォは先ず一二八八年六月のピエーヴェ・アル・トッポの戦いで勝利するが、翌年の六月一一日、カンパルディーノの戦いで大敗を喫した。カンパルディーノでのグェルフィの勝利は後述のコルソ・ドナーティ（Corso Donati：生年不詳—一三〇八）の巧みな急襲が功を奏したからだと言われており、ダンテもこの戦いに参加している。この戦いの後間もなくしてフィレンツェの軍隊はピーサに矛先を向け、一二八九年にいくつかの城を奪取することに成功し、ピーサの城壁にまで進攻したものの、それ以上の成果は得られず、一二九三年までピーサとの戦いは続くことになる。

さて、フィレンツェで一二八二年に生まれた主要なアルティによる支配体制のもとでも貴族や豪族の庶民に対する横暴な振舞は跡を絶たなかった。主要なアルティのメンバーである裕福な大商人の中には貴族や豪族と姻戚関係にある者も多く、貴族や豪族の行動が政府によって十分に規制されなかったことも確かである。そして封建貴族は別にして、豪族と言われる者の中には商人階級出身者も多く、一二八二年に始まった体制下における主要なアルティの大商人と豪族の間には、後者が貴族の生活様式を模倣している点を除けば事実上それほどの違いは存在しなかった。また、カンパルディーノの戦いでフィレンツェを勝利に導いた貴族の騎士たちの横暴な振舞を厳格に罰することも容易ではなかった。

しかし上述のピーサへの出征はフィレンツェの庶民に負担を強い、貴族のせいで不必要な戦争に巻き込まれたという感情を庶民に抱かせていた。庶民のこの不満は一二九二年から一二九三年にかけての冬に爆発した。この機会を捕えて貴族の家柄出身の裕福な商人で主要なアルティのメンバーだったジャーノ・デッラ・ベッラ（Giano della Bella：生年不詳―一三一一／一四）が庶民に味方し、一二九三年から一二九五年の二年間、フィレンツェの実権を掌握することになる。

ジャーノはこれまで政府から除外されてきた小規模のアルティ（すなわちポポロ・ミヌート）をも支配体制へと組み入れ、一二九三年一月に「正義の法規」（Ordinamenti di giustizia）が制定され、アルティの内部で職業に従事していない者たちは統領職から排除された。またこの法規によって、豪族に対しポデスタの裁判で下された有罪判決を執行する「正義の旗手」（Gonfaloniere di giustizia）の制度がもうけられ、ポポロを殺害した豪族は直ちに死刑を宣告され、財産は没収、家は正義の旗手により破壊された。そして真に革命的な措置が一二九三年四月、デッラ・ベッラが統領のときにとられた。豪族から政治的権利を事実上剝奪する五つの条項が「正義の法規」に付加され、一五〇の家族のリストが作られて、これらの家族のメンバーは自動的に豪族とみなされ、コムーネで重要な職に就くことが禁止された。このリストで豪族とされている者がすべて貴族というわけではなく、またいくつかの貴族はこのリストに載せられてはいない。この法規で言われている「豪族」は同質的な社会階級を意味してはおらず、要するにジャーノ・デッラ・ベッラの敵、自分たちを「ポポラーニ（庶民）」とみなす人々の敵が豪族とされたのである。

ジャーノ・デッラ・ベッラは「正義の法規」を厳格に適用し、有罪とされた豪族を罰するためにできる限りのことを行なったが、ジャーノに敵意を抱き、彼の失墜を望む人々によって、貴族のコルソ・ドナーティが一人のポポラーノを殺害した事件の裁判をきっかけに生じた騒乱の首謀者であるとの無実の罪で告発され、一二九五年二月に余儀なくフィレンツェを去ることになる。この後、フィレンツェの重要な公職はもう一度ポポロ・グラッソにより担われ、ポポロ・ミヌートはすべての権力を奪われた。そして一二九五年七月に「正義の法規」は部分的に改正され、貴族や豪族もアルティの一つに登録すれば、たとえ当該アルティの職業に実際に従事していなくても、コムーネの公職に就くことが可能となった。小貴族出身のダンテも一二九五年の夏に、医師・薬剤師組合に加入している。

一二九四年七月、一二九二年の四月以来続いていた教皇庁空位は予期せぬ仕方で終結するに至った。コロンナ（Colonna）派とオルシーニ（Orsini）派の激しい確執のゆえになかなか決まらなかった新教皇選出は、枢機卿ラティーノ・マラブランカの妥協案を両派が受け入れたことで実現することになった。ケレスティヌス五世の誕生である。純朴にして無学の修道士、その高潔さのゆえに徳望のあったピエトロ・ダ・モッローネ――ピエトロはベネディクト修道会から分枝したケレスティヌス修道会を設立した――が八十歳を超えた高齢でケレスティヌス五世として即位したことは、教会改革を望む人々の心に大きな期待を抱かせた。先任の教皇たちの世俗的性格とは対照的に、ケレスティヌスの隠修士としての生活は、清貧と霊性の模範ともなりえたのである。

しかし行政的能力に欠けていたケレスティヌス五世は五か月の間教皇にとどまっただけで、一二九四年一二月一三日に教皇職を辞退してしまった。このときのダンテの反応がいかなるものであったかを示す証拠は残っていない。しかしその後ダンテが『地獄篇』（Inferno）でケレスティヌスの教皇職辞退を取り上げたとき、ケレスティヌスを神と悪魔の両者によって拒絶された臆病者の中に置いている（『地獄篇』第三歌五八―六〇参照）。確かに、ローマに行くことなくアンジュー家の領土ナーポリにとどまったケレスティヌスは、教会を世俗権力への服従から解放するどころか――シャルル一世の跡を継いで一二八五年にナーポリ王となった――アンジュー家のシャルル二世の傀儡となり、五か月の任期の間に七名のフランス人と三人のナーポリ人を枢機卿に任命していた。

ダンテはケレスティヌスの教皇職放棄を「重大なる拒否」（gran rifiuto）（同六〇）と呼んでいる。ダンテにとりこれは謙虚な行動などではなく、神の恩寵と協力することを拒否し、教皇選出に示された神の選択を拒否し、教皇としての至高の義務を履行することを拒否し、キリストの羊を司牧せよとの神の命令に従うことを拒否し、「人類を永遠の生へと案内する」（『帝政論』（De Monarchia）第三巻第一六章⑽）ことを拒否することだった。

ケレスティヌスの辞退は多くの信徒にとって悲痛な出来事だったが、その一一日後、ケレスティヌスとは対照的な人物ベネデット・ガエターニがボニファティウス八世として即位したとき、人々の悲痛な気持ちは大きな不安へと変わっていった。行政的な手腕に長け、教会法に精通していたボニファティウスは、教会の世俗的権力――そして自分の親族の権力――を強化するためにできるすべてのことを行なった。その結末は教会にとって破局だった。教皇庁の威信と霊的権威は失墜し、しかもその政治的野心のゆえに教皇庁はヨーロッパというチェス盤の上のポーンの一つになっていった。

霊的事項においてボニファティウスは、しばしば西洋キリスト教会の特質とみなされている、宗教に対するリーガリスティックな態度を具現した教皇であり、ダンテはしばしば金銭的利得の追求が教会法研究の動機となっていることを批判し、彼の時代の教会人たちが福音書と教父を忘れ、教皇令集の解釈と適用のみに専心していることを非難している（『帝政論』第三巻第三章⑼―⒃参照）。ボニファティウス自身も一二九八年に教皇令集『第六書』（Liber sextus）を発布していた。ボニファティウスの貪欲、偽善、律法主義のゆえにダンテはこの教皇を「新しきパリサイ人の君主」（『地獄篇』第二七歌八五）と呼び、一四世紀初頭に世界中に蔓延した人々の貪欲さと腐敗行為の主な原因がこの教皇にあると考えていた。

このことはダンテの政治的キャリアの最初の数年間に明白な事実となるが、既に一二九五年の七月にボニファティウスは、ドイツ王に選挙されていたナッサウのアードルフが未だローマで皇帝として戴冠していないことから教皇庁は皇帝位が空位の間トスカーナを監督せざるをえないというもっともらしい理由で、グェルフィ党から八万フィオリーノ金貨を徴発し、そのパリサイ人ぶりを大いに発揮していた。

2　ダンテの思想形成と政治生活

さて、一二九四年はダンテが師と仰ぐフィレンツェ人ブルネット・ラティーニが亡くなった年でもあった。ダンテは『地獄篇』（第一五歌七九―八七）でブルネットの霊に賛美の言葉を呈し、「いかにして人間は自分を不朽のものにする」（come l'uom s'etterna）かを教えてくれたことに対し感謝している。ブルネットは当時としては珍しくキケロを高く評価し、フィレンツェの市民的ヒューマニズムの先駆者となった。真の貴族性は家系や富のような封建的基準ではなく個々人の人格的完成や善行に存することをダンテに教示したのもブルネットだった。そしてブルネットは、レトリックと善き統治の間には本質的な結合が存在しなければならないという市民的ヒューマニズムにとって根本的に重要な主張によって、『新生』（La Vita

Nuova）の若きダンテを愛の内面世界から社会的政治的現実の外界へと導き出していき、政治が倫理や現世における人間の目的と分かちがたく結合していることをダンテに自覚させていった。

したがって、ブルネット・ラティーニは「いかにして人間は自分を不朽のものにするか」を教えてくれた、とダンテが述べるとき、その意味するところは、可死的人間は政治的動物として共同体の中で――特に人類という普遍的共同体の中で――善き人間として行動することで永遠の名声を獲得し、正義と善行に基礎を置く国家の永続化によって自分自身も国家と同じように永遠の存在となる、ということだった。

ブルネットがダンテに読むように薦めた自著『宝辞典』（Trésor）――「私がその中で未だ生きている『宝辞典』」（『地獄篇』第一五歌一一九―一二〇）――は、人間社会における政治の卓越した重要性を説き、人々の善行の維持と完遂を保証する真の国家が設立されるようすべての人々に語りかけている。この教えによってブルネット自ら自分を不朽のものにした。そしてブルネットにとって都市国家をいかに統治すべきかを教える学問があらゆる学問の中で最高のものであり、この学問が生み出す価値は人間に善を行ない悪を避けるように強いることから、真に人間的な価値と言えるものだった。後にダンテは皇帝を、現世の幸福へと人間を導く至高の指導者とみなすに至るが、皇帝自身は哲学の教えによって導かれなければならない（『帝政論』第三巻第一六章(10)参照）。ブルネットの上記の教えは、政治は常に倫理的な配慮によって規律されなければならないというダンテの確固とした信念の支えであった。

　更に、ブルネット・ラティーニの『宝辞典』は、知識を社会全体に普及させることの重要性、知識を広汎な公衆へと伝播させる必要性を説いているが、これに勇気づけられてダンテは、ラテン語の読めない一般大衆を知識の「饗宴」に招待することで哲学のバリアーを取り去ることを決意した。これは狭いエリートのために愛についてのみ論じてきた若きダンテとは根本的に異なる態度だった。要するに著述家としての責任を、フィレンツェ市民、そして世界の市民としての責任から分離しないこと、これがブルネット・ラティーニがダンテに示した教えだった。

　ダンテが哲学に関心を抱き始めたのは一二九〇年代の初め頃だった。ダンテはフィレンツェの修道院の学校で聴講し、哲学者たちの討論を聴くことによって哲学を勉強し、哲学への情熱は二年半ばかり続いた。おそらくダンテはサンタ・マリーア・ノヴェッラ修道院で羅訳のアリストテレスの著作を読み、この修道院でトマス・アクィナスの弟子であったドミニコ会士レミージョ・ディ・ジローラミの教説に接したと思われる。ジローラミは一三一九年に亡くなるまで四〇年間この修道院の教師（lector）であった。

　ダンテの政治思想の基礎にある二つのアリストテレス的な見解、すなわち理性的動物である人間の完成は知識にあり、人間はその本性上、自然的に知識を欲求すること、そして人間は本性上、社会的政治的動物であること、この二つの見解はブルネット・ラティーニというよりはむしろレミージョ・デイ・ジローラミからダンテが学んだものと考えられる。特に後者の見解に関してジローラミは『共通善について』(第一八章一一)において、市民はもしそれが神の意志に違背しないならば、自分の都市が地獄に堕されることを見るより自ら進んで地獄に行かなければならないという趣旨の有名な言葉を残しており、また、市民でない者は真の人間とは言えないとも述べていた。

もし実際にダンテがこのようなラディカルな主張を耳にしていたならばその反応はどのようなものであったか推測することは難しいとしても、二人のフィレンツェ市民ジローラミとダンテの政治思想の間には、国の統一を破壊する党派心や、あらゆる悪の根源である貪欲(cupiditas)の非難、キリストの教会に注ぎ込まれた毒であるコンスタンティヌス帝の寄進の告発、共和政ローマの英雄たちの賛美など、多くの共通点をみてとることができる。

そしてダンテに対する影響という点ではドミニコ会士レミージョ・デイ・ジローラミと並んで重要なのが、フィレンツェのフランシスコ派の修道院サンタ・クローチェで教えたことのあるペトルス・ヨハネス・オリーヴィとカサーレのウベルティーノである。おそらくダンテはサンタ・クローチェの学校で、この二人の代表的な〈Spirituales〉の清貧思想——フィオーレのヨアキムの終末論的歴史哲学に裏打ちされた清貧思想——に触れたはずであり、したがって、世俗化した教会に対するダンテの批判もフランシスコ派の清貧思想の脈絡で理解されなければならない。

それゆえ、ダンテが一二九五年頃に政治生活に入ったとき、多くの政治的教説と経験が彼の見解を条件づけていた。一二九五年一一月一日から一二九六年四月三〇日にかけてダンテは自分の町区を代表して、カピターノ・デル・ポポロを補佐する三六人から成る評議会(Consiglio dei trentasei) のメンバーとなり、一二九五年一二月一四日には、一二の主要な組合の長 (capitudini) から成り、コムーネの評議会 (Consigli del Comune) に提出すべき提案を協議する評議会 (Consiglio delle capitudini) を前にして、統領の選出方法に関し演説を行ない、退任する統領は次期後継者の選挙に参加しなければならないとする提案を否決する投票を行なっている。

更にダンテは一二九六年五月に、既に一二八九年に設立されていた百人委員会 (Consiglio dei cento) の委員となり、六月五日には、ピストイアからの亡命者を保護することに反対する演説を行ない、また公職に就いているポポラーニに対し暴力や脅迫その他の手段を用いて危害を加えた者——特に豪族——を罰する特別な権限を統領と「正義の旗手」に与える提案に賛成している。百人委員会は統領と並んでフィレンツェの最も重要な行政組織であり、六か月ごとに委員が交代し、この委員会の審議には統領たちと「正義の旗手」も参加した。

ダンテが演説したこの百人委員会は四月一日に新しいメンバーで発足しており、ダンテがそのメンバーであった上記の三六人評議会は四月三〇日で任期終了だったことから、同時に両者のメンバーになることが制度的に不可能だったことを考えると、ダンテは、既に新委員で発足していた百人委員会が何らかの理由で欠員となったときに、これを補充するために五月に委員に選ばれたと想定される。その後ダンテが一二九七年に委員会でもう一度演説したことだけは分かっているが、一三〇〇年に統領に選ばれるまで具体的にどのような政治的活動を行なったかは定かでない。

ダンテが自分の町区を代表してフィレンツェの公的な要職に就いたことについては、当時哲学者そして詩人としてその才能が知られていたことだけを理由とみなすことはできない。サン・ピエール・マッジョーレ教会のあったダンテの町区（ポルタ・サン・ピエトロ）はチェルキ（Cerchi）家とドナーティ家の抗争の渦中にあり、ダンテはドナーティ家と姻戚関係にあったにもかかわらず、グイード・カヴァルカンティやマネット・ポルティナーリのような彼の親友の影響によりチェルキ家の側に与していた。したがって、最早それほど若くはなく、取り立てて名家の出身とも言えないダンテを、その知的な才能を見込んで政界に送り出したのはチェルキ家——特に、町区で最も有力な人物であったヴィエーリ・デ・チェルキ——であった。

一三〇〇年六月一五日、ダンテは二か月の任期で、六名の統領のうちの一人に選ばれた。ダンテが政治の世界に入って僅か五年後のことである。一二九五年二月にジャーノ・デッラ・ベッラがフィレンツェを立ち去った後、二年間フィレンツェは比較的静かな状態にあったが、この静けさはフィレンツェを支配するグェルフィ党が二つの派に分裂することによって終りを告げることになる。身分は低いが豊裕な大商人だったチェルキ家と、古い名家ではあるがそれほど豊裕でないドナーティ家は一二九〇年代にグェルフィ党の指導的地位へと登りつめ、一二九三年の「正義の法規」によって両者とも公職に就く可能性を奪われたものの、他の貴族や豪族とともにグェルフィ党を統率していた。

しかしチェルキ家とドナーティ家は出自だけでなく気質も全く異なっていた。当初はダンテが支持していたチェルキ家は成金の大富豪であり、妥協を好み、特に権力を掌握していたポポラーニと友好な関係を維持しようとした。そして成り上がり者と言われたチェルキ家の指導者ヴィエーリ・デ・チェルキがドナーティ家の宮殿と同じ町区にあったグイーディ伯の豪華な宮殿を一二八〇年に購入しこの町区に移って来ると、反目し合う両家の衝突は避けられないものになっていった。

やがてフィレンツェで最大の銀行となるチェルキ家の銀行は、既にダンテが生まれた年である一二六五年に、アンジュー家のシャルル一世の南イタリア及びシチーリア征服を企てていたローマ教皇とシャルルに巨額の金を貸与していた。またチェルキ家はストロッツィ、カヴァルカンティ、ポルティナーリといったフィレンツェの指導的な家の支持を得ていたが、商業上の利益のゆえにピーサ、ヴェローナそしてロマーニャ地方のギベッリーニ党の分子にさえ金を貸与していた。

これに対してチェルキ家のライヴァルであるドナーティ家はスピーニ家のような教皇庁の

銀行家たち——これらの銀行家は、アンジュー家のシャルル一世がホーエンシュタウフェン家のマンフレーディに勝利し、一二六六年にナーポリ王とシチーリア王になった後もアンジュー家に資金を調達していた——に支持されていた。チェルキ家の長ヴィエーリ・デ・チェルキとドナーティ家の長コルソ・ドナーティは共に一二八九年のアレッツォとの戦い（カンパルディーノの戦い）に参加し、フィレンツェの勝利に貢献していたが、ヴィエーリはコルソとは正反対の性格の持ち主だった。

ヴィエーリは慎重で用心深く、常に妥協を求め、一二九五年の七月に貴族や豪族がジャーノ・デッラ・ベッラ失墜後の庶民政府の転覆を企てたとき、この企てに加わることなく、後述のように一二九九年にコルソ・ドナーティがフィレンツェから追放されたときには、この機会を捕えて自ら権力を掌握しようとすることもなかった。そして、フィレンツェの内政に対する教皇の政治的介入に関しても、後述の一三〇一年の白党（ビアンキ〔bianchi〕）にとって危機的な状況においてさえヴィエーリは非介入のスタンスをとり続けたのである。ダンテは当初、チェルキ家に与していたが、『神曲』（La Divina Commedia）ではチェルキ家を、白党を破滅させる「新しき不忠」（nova fellonia）（『天国篇』〔Paradiso〕第一六歌九五）と呼んでいる。

他方、フィレンツェの政治の舞台で二〇年以上指導的役割を演じていたコルソ・ドナーティはチェルキ家の商人気質を嫌悪し——コルソはチェルキ家出身の最初の妻を殺害したと噂された——、チェルキ家と対立していたが、庶民の政治体制に対する数々の横暴のゆえに一二九九年にフィレンツェを追放され、教皇ボニファティウス八世によりオルヴィエートのポデスタに、そして更に教区マッサ・トラバリアの長（rector）に任命された。

その後一三〇〇年五月、コルソはフィレンツェ政府に対するクーデタの首謀者として欠席裁判により死刑を宣告され、サン・ピエール・マッジョーレにある家は破壊され、土地は没収された。しかしこの一八か月後にコルソは報復に転じ、フィレンツェに戻って政敵を破り、以後三年間フィレンツェに対する支配権を実質的に掌握することになる。コルソの政治的忠誠は概して個人的な怨恨と日和見主義に基づいており、特にその日和見主義はコルソの三番目の妻がフィレンツェの最も恐れるギベッリーニ党指導者ウグッチョーネ・デッラ・ファッジョーラの娘だったことによく示されている。ダンテは『煉獄篇』（Purgatorio）（第二四歌八二―九〇）でコルソの恥辱的な最期を予言している。

3　白党と黒党

さて、ジャーノ・デッラ・ベッラがフィレンツェで実権を握っていた頃、隣のピストイアではカンチェッリエーリ家の内部で白党と黒党（ネーリ〔neri〕）の抗争が生じていた。フィレンツェ政府はピストイアの内乱を平定すべく両党をフィレンツェに召喚したが、これにより和平が達成されるどころか、ピストイアの白党と黒党の抗争はフィレンツェへと持ち込まれ、フィレンツェもピストイアの白党を支持する派（白党グェルフィ）と黒党を支持する派（黒党グェルフィ）に分裂した。前者の指導者がチェルキ家、後者の指導者がドナーティ家だった。

チェルキ家が率いる白党グェルフィはフィレンツェの政治的自立（特に教皇からの自立）を希求したのに対し、黒党グェルフィとドナーティ家は教皇ボニファティウス八世及びアンジュー家との同盟を求め、白党グェルフィをギベッリーニ党と共謀して母なる教会を裏切る者として非難した。ダンテは、妻がドナーティ家出身であるにもかかわらず、そしてチェルキ家の成り上がり者的な言動を嫌悪したにもかかわらず、白党グェルフィに与した。

コルソ・ドナーティが一二九九年末にフィレンツェを追放された後は白党が政府の実権を掌握していたが、ボニファティウスに保護されたコルソはオルヴィエートから、そして少し後にウルビーノ近くの小さな町からフィレンツェの黒党を動かしていた。そして白党と黒党の争いは次第に激しさを増し、これと共に教皇もフィレンツェの内政に介入するようになる。このような状況の中で、一三〇〇年四月一八日、フィレンツェの統領はローマ教皇庁にいる三人のフィレンツェの銀行家に対し、政府転覆の陰謀を企てたことを理由に、欠席裁判で有罪判決を下し、重い罰金刑と舌を切り落す刑を科した。この三人のフィレンツェ人はコルソ・ドナーティの同志であり、三人のうちの一人は、当時ローマ教皇庁への貸付をほぼ独占していたシモーネ・ゲラルディ・デッリ・スピーニだった。

この有罪判決に先立つ三月の中旬にフィレンツェの白党政府は、教皇庁にいるフィレンツェ人でチェルキ家に対し陰謀を企てる者がいないか蜜かに探るためにラーポ・サルタレッリを含む使節をローマに派遣していた。使節はスピーニ家の銀行と結合した四人のフィレンツェ人を該当者として挙げ、使節の調査に基づいて裁判が行なわれ、四人のうち三人に対し上記の有罪判決が下されたのである。被告人たちはローマにいたことから刑を執行されることはなかったが、有罪判決はローマ教皇とドナーティ派に対する露骨な挑戦として受けとめられた。

四月二四日、教皇はフィレンツェ司教に書簡を送り、判決を取り消すべきこと、取り消さない場合はラーポ・サルタレッリ――サルタレッリは四月一五日から二か月間の任期で統領の一人に任命されていた。ダンテはこの直後の任期に統領となる――その他の告発者たちを破門することを告げ、一五日以内に教皇のもとに出頭すべきことを告発者たちに命令した。そして教皇は自分の要求が聞き入れられないと分かると、五月一五日、異端審問官グリマルド・ダ・プラート宛の書簡の中で、ドイツ王アルブレヒト一世が未だ教皇により皇帝として承認され戴冠していない以上皇帝位は空位であり、皇帝位が空位のときは帝権は教皇に属するがゆえに、法的に帝国の一部であるトスカーナは教皇の世俗的支配に服しており、したがって自分は皇帝位が空位のときにトスカーナの最善の利益のために行動していると主張した。教皇によれば、ラーポ・サルタレッリのように、教皇はフィレンツェの政治に介入すべきでないと公言する者は異端者として破門されるべきであった。

一三〇〇年の五月一日、敵対し合う二つの家とその支持者の間でけんか騒ぎが起こり、これをきっかけとしてフィレンツェ全体が激しい騒乱の坩堝となった。この騒乱においてギベッリーニ派と、ジャーノ・デッラ・ベッラを支持していた人々はチェルキ家の側に与し、またダンテの友人でコルソ・ドナーティの敵だったグイード・カヴァルカンティもチェルキ家の支持者の一人だった。騒乱の六日後、ダンテはフィレンツェの使節として衛星都市のサン・ジミニャーノに派遣され、トスカーナのグェルフィ同盟をこれまでどおり支持し、同盟のカピターノの選出に参加してくれるようサン・ジミニャーノに要請している。そして騒乱の最中、クーデタの首謀者とされたコルソ・ドナーティが欠席裁判で死刑を判決されたのは五月一〇日のことであった。

このようなフィレンツェにおける分裂と騒乱を目の当たりにして直ちに行動に出たのが教皇ボニファティウス八世である。五月二三日、教皇はフランシスコ修道会会長で枢機卿のマッテーオ・ダクアスパルタをトスカーナ及び北イタリアの教皇特使に任命し、六月の初めに枢機卿は急いでローマーニャを出発し、フィレンツェの危機的状況に対処しようとした。直ちに枢機卿は統領の選出方法に関し、統領候補者が各町区の公的に選択された指導的市民の名簿の中からくじ引きで選ばれることを提案した。くじ引きの結果は予測不可能であり、これによりチェルキ派が多数派を占めることを阻止できると考えられたからである。しかしこの提案は採用されることなく従来どおりの投票による選挙が維持され、六月一五日、ダンテは他の五名とともに二か月（六月一五日から八月一四日）の任期で、フィレンツェで最高の政治的職務である統領に選出された。

一三〇〇年と言えば、『神曲』冒頭にあるように、後にダンテはこの年の春を自分の倫理的生がどん底にあった時期として述懐しているが、ボニファティウス八世によって第一回の「聖年」に定められたこの年は、三五歳のダンテが人生の半ばにして自分の倫理的生を刷新すべく「歓楽山」に登ることを決意したとされる年であり、更にダンテの政治的生に関して言えば、それは統領職に登りつめた絶頂の年でもあった。しかし、ダンテが統領職に就いたことは、その後の災いと不幸の始まりを意味していた。

ダンテが統領に選ばれて八日後、フィレンツェの守護聖人洗者ヨハネの祝日の前日である六月二三日に、奉献のために行進するアルティの役員や庶民政府の指導者たちを一部の豪族が攻撃した。豪族たちは、カンパルディーノの戦いでフィレンツェを勝利へと導いたのは自分たちであるにもかかわらず政府の要職から締め出されていることに立腹していたのである。この事件は黒党と白党の対立というよりは、豪族と庶民という二つの階級の対立が表面化したものであったが、これにより黒党と白党の対立はますます深まっていった。この事件に対しダンテを含む六名の統領は毅然とした態度をもって臨み、何人かの指導的市民の助言を聴取した後、七人の白党の指導者――この中にはダンテの友人グイード・カヴァルカンティも含まれていた――をルーニジャーナのサルザーナに、八人の黒党の指導者をウンブリアのカステル・デッラ・ピエーヴェへと追放した。

しかし、白党の指導者は統領の決定に従ってルーニジャーナへと赴いたものの、黒党の指導者はウンブリアに行くことを数週間拒み続けた。このような状況において統領は枢機卿マッテーオ・ダクアスパルタにフィレンツェの内政に介入する一定の権限を認めることになる。ところが枢機卿は、この権限を行使して黒党が追放の命令に従うように尽力するどころか、力ずくでフィレンツェを自分自身で支配しようと試み、近隣のルッカに軍事的な支援を要請するという挑発的な行動に出た。

これに対して統領は、ルッカが枢機卿の要請を受け入れればフィレンツェと戦いを交えることになると警告し、結局のところ枢機卿の要請にルッカが応ずることはなかった。そして教皇が派遣したこの調停者と統領の間の緊張関係は七月中も続き、七月半ばには枢機卿の命が市民によってねらわれる事件が起こったことで、統領は枢機卿の怒りをしずめるためにフィオリーノ金貨を二〇〇〇フィオリーノ供与したが、枢機卿はこれを受け取ることを拒んだ。しかしこのような事件が起こっても教皇と教皇特使に対するフィレンツェの抵抗は弱まることはなかった。フィレンツェと同じく教皇の内政介入を恐れていたボローニャとの軍事的同盟を交渉するために使節がフィレンツェから派遣されたのは、ダンテの統領職の任期が終ろうとしていたこの時期のことである。

以上のようなフィレンツェの状況を目の前にして教皇ボニファティウス八世は激怒し、枢機卿の失敗を悪魔とフィレンツェの邪悪な統領の仕業と考え、有罪の公職者たちとその都市を罰するために適切な処置をとる権限を教皇特使に与えた。しかし統領は断固とした態度で教皇に対抗し、七月下旬になり、追放を宣告されていた上述の黒党の指導者たちは遂にウンブリアへと行くことに同意したのである。八月一四日、ダンテを含む六名の統領の任期が終了し、新しい統領が選出された。しかし新統領が先ず行なったことは枢機卿――それゆえボニファティウス八世――に対する決定的な決別を意味していた。すなわち、新統領は既に下されていた白党に対する追放宣言を取り消したが黒党に対しては同様の措置をとらなかったのである。このような決定が新統領とローマとの関係を改善するはずはなく、枢機卿マッテーオ・ダクアスパルタはフィレンツェの内紛を平定する努力を放棄し、九月末に新統領たちを破門した後にフィレンツェを立ち去った。

チェルキ家に率いられた白党グェルフィは教皇との直接的な対決を回避したいと考えてはいたが、フィレンツェの政治的自立を守ろうと固く決意していた。他方、教皇特使の失敗は教皇ボニファティウスをいっそうラディカルな解決へと駆り立てていった。教皇になったときからボニファティウスはアンジュー家のシャルル二世のシチーリア再征服――「シチーリアの晩鐘」事件の後、アンジュー家は一二八二年にシチーリアの支配権を失っていた――を支援するために多額の資金をシャルルのために調達していたが、フランス王フィリップ四世の弟、ヴァロワ家のシャルル一世を用いることで、シチーリアのみならずトスカーナの問題をも解決できると期待していた。すなわちヴァロワ家のシャルルがアンジュー家のシャルル二世を支援して、シチーリアをアラゴン家のフェデリーコ二世から奪回すること、そしてトスカーナにおいては紛争の調停者となり、フィレンツェにおいて黒党グェルフィが政治の実権を掌握するように働きかけることである。

一三〇一年の初頭からボニファティウスは、黒党の銀行家の巨額の富がヴァロワ家のシャルルのイタリア及びシチーリア従軍のために調達されることを保証することで、中部と南部イタリアにおけるグェルフィ党の覇権を維持しようと努めていた。シャルルはイタリアに到着し、九月にボニファティウスに、一〇月にコルソ・ドナーティに会うことになる。状況はフィレンツェの白党にとり危機的なものになっていった。

これに先立つ数か月間のダンテの政治的活動について言えば、一三〇一年の四月一四日に、アルティの長から成る評議会で有識者（savio）として、翌日に行なわれる統領選挙の手続に関して演説し、各町区から二名の候補者を出してくじ引きで選出する案に反対し、各町区からの候補者を二名ではなく四名にすべきことを主張している。また四月二八日にダンテは、おそらく軍事的な意味があったと思われる道路工事の監督者に二か月間任命されている。更に六月一九日、ダンテはアルティの長から成る評議会を含む拡大百人委員会で、マレンマ地方でアルドブランデスキ家と戦っている教皇軍を支援するためにフィレンツェから騎士を送ることを中止すべきであるという趣旨の演説をした。

ソヴァーナ伯領の女領主マルゲリータ・アルドブランデスキが二度目の夫を亡くしたとき、アルドブランデスキ家の広大な領土に目をつけていた教皇ボニファティウス八世はマルゲリータを自分の甥の息子――カエターニ家のロッフレード三世――と結婚させたが、その後、実はマルゲリータは二度目の夫の亡き後愛人だったマレンマの領主ネッロ・デイ・パンノッキエスキと蜜かに結婚しており、ネッロは既にピーア・デイ・トロメイと結婚していたことからマルゲリータとの結婚を秘密にしておかねばならず、しかもピーアはネッロにより殺されたという噂が広まった（『煉獄篇』第五歌一三三―一三六参照）。

そこで教皇はロッフレードとマルゲリータの結婚を取り消したが、アルドブランデスキ家の莫大な収入をカエターニ家が失うことのないようにマルゲリータを重婚の罪で告発し、彼女からソヴァーナ伯のタイトルを剥奪した。これに対してマルゲリータは従弟のサンタ・フィオーラのグイード・アルドブランデスキと結婚し、ソヴァーナとサンタ・フィオーラの二つのアルドブランデスキ家が合一して教皇と戦いを交えることになる。この戦いは、一三〇二年五月一日にマルゲリータが投獄されるまで続いた。その後マルゲリータはネッロ・デイ・パンノッキエスキと強制的に再婚させられることになる。

この戦いが未だ続いていた一三〇一年の六月、教皇特使の枢機卿マッテーオ・ダクアスパルタはボローニャからフィレンツェ政府に手紙を送り、マレンマ地方で教皇軍に加勢するために五月初めにフィレンツェが二か月間の期限付きで送っていた一〇〇人の騎士たちを期限が過ぎても引き揚げさせることなく、教皇軍への加勢を続けてくれるよう要請し、フィレンツェの統領たちはこの要請を受け入れようとした。しかしダンテは上述の六月一九日の拡大百人委員会でこれに反対の演説を行ない、同日に開かれた百人委員会でも同じ演説を行なっている。結局のところ委員会は賛成四九、反対三二で枢機卿の要請を受け入れたが、このことは教皇に対してとるべき態度に関し白党内部に深刻な見解の対立が存在していることを示していた。ヴィエーリ・デ・チェルキのような白党の指導者が教皇ボニファティウスに対し妥協的な態度をとったのに対し、白党内部にはダンテのように教皇に対しあからさまに敵対する少数派が存在していたのである。

九月に入ってダンテは百人委員会で三回演説を行なっているが、ダンテの後の政治的生命にとって由々しい結果をもたらしたのは二八日の演説である。この日の委員会の議案の一つは、一二九八年九月、当時のポデスタ、カンテ・デイ・ガブリエッリによって死刑を宣告されていたネーリ・ディオダーティに特赦を与えるべきか否かという問題だった。ネーリの父親ゲラルディーノ・ディオダーティは白党に属し、ダンテが統領職に就く直前の任期に統領を務めたが、ポデスタのカンテ・デイ・ガブリエッリはゲラルディーノを政治的に失墜させるために息子のネーリに、犯してもいない犯罪を理由に不当に死刑を宣告していたのである。ダンテは百人委員会において裁判官アルビッツォ・コルビネッリとともに、ネーリに特赦を与える統領たちの提案を支持し、提案は賛成多数で可決され、カンテ・デイ・ガブリエッリはフィレンツェから逃亡した。しかし、この後間もなく黒党が権力を掌握するとカンテ・デイ・ガブリエッリはフィレンツェに戻って再びポデスタになり、ダンテやゲラルディーノを含む白党の指導者に火刑を宣告することになる。

ダンテに対し死刑判決が下されるもう一つ別の理由となったのがピストイア問題である。グェルフィ派の都市ピストイアは一二九〇年代にカンチェッリエーリ家の黒党と白党が敵対し合っていたが、一二九六年にピストイアの市民は内部の混乱に対処するために自分たちの都市の統治を五年間、フィレンツェ政府に委任することを決定した。フィレンツェ政府が任命した行政官は黒党と白党の指導者をピストイアから追い出し抑留することで両党の間の均衡を維持することに成功したが、黒党と白党の指導者の大半はフィレンツェに移り、白党はチェルキ家と手を結び、黒党はドナーティ家に接近していった。このようにしてピストイアの二つの党派を示す呼称がフィレンツェの二つの党派にも用いられるようになる。

フィレンツェによるピストイアの統治は一三〇一年五月に終了することになっていたが、統治が終了する一年前から既に、チェルキ家率いるフィレンツェの白党はピストイアの白党をあからさまに支持し始めていた。ピストイアは、数か月前にフィレンツェの白党とボローニャとの間に結ばれた同盟を軍事的に効あらしめるためにも戦略的に重要な地域だったことから、フィレンツェの統治期限が近づくにつれピストイアを統制下に置いておくことは急を要する問題となっていた。

そこでフィレンツェの白党は、ドナーティ家率いるフィレンツェの黒党の同意を得ることなく、ピストイアの黒党に対し一連の攻撃的措置をとり、ピストイアから黒党の豪族を追放し、更にピストイア及びその周辺地域の黒党支持者を情け容赦なく迫害するに至った。そして数か月に及ぶ迫害の結果、約三〇人の黒党のメンバーが死刑に処せられ、夥しい数の住居や財産が破壊されたのである。ドナーティ家はフィレンツェの白党のこのような行動を自分たちに対する暴行として受けとめ、チェルキ家を赦さなかった。

ピストイアに対してとるべき政策に関しフィレンツェの白党内部で議論がなされたとき、ダンテがどのような意見を表明したかはよく知られていない。いずれにしても一三〇二年一月二七日の裁判でダンテはピストイアの統一を破壊し、ローマ教会に忠実な黒党を都市から追放した咎で、パルミエーロ・デリ・アルトヴィーティやオルランドゥッチョ・ディ・オルランドらと共に有罪判決を受けている。ピストイアから黒党を追放する決定が下され、実行に移されたのはパルミエーロ・デリ・アルトヴィーティが統領の一人だったときであり、したがって直接的な政治的責任はパルミエーロにあったが、ピストイアの黒党に対する強硬な態度は既にラーポ・サルタレッリ（一三〇〇年四月から六月まで統領）、ダンテ（一三〇〇年六月から八月まで統領）、そしてオルランドゥッチョ・ディ・オルランド（一三〇〇年一二月から一三〇一年二月まで統領）など白党の指導者に一貫してみられるものだった。

またピストイアの黒党追放の一因となったのはフィレンツェの白党とボローニャとの同盟であったが、この同盟はダンテが統領であったときに交渉が進められ、ダンテの統領職の任期が終了して一〇日後に結ばれたものであり、この意味でピストイアの黒党追放に対しダンテには間接的な責任があったとも言えるだろう。

4　ボニファティウス八世とフィリップ四世の抗争

一三〇一年六月、ヴァロワ家のシャルルは五百人足らずの騎士とともにイタリアへの進軍を開始し、七月にトリーノ、そしてヴィスコンティ家のヴェネーツィアを経由し、七月末にモーデナでエステ家に迎えられた後、ボローニャに到着した。フィレンツェの白党と同盟を結んでいたボローニャはシャルルを温かくは迎えなかった。そしてシャルルは白党が統治するピストイアには近づかず、ピストイアの支配下にある山道を通ってアペニン山脈を越え、フィレンツェの領域を横切り、八月にシエーナ、オルヴィエート、ヴィテルボを経て、九月にはボニファティウスの故郷で夏の住居のあるアナーニに到着した。アナーニで教皇ボニファティウスはシャルルを教皇領の長官、トスカーナの調停者、ロマーニャのレクトルに任命し、シャルルはこれによってフィレンツェ白党の打倒という使命を全うするためのすべての権限を授与された。

九月一九日にシャルルは北へと進み、一〇月四日にカステル・デッラ・ピエーヴェに滞在した。カステル・デッラ・ピエーヴェには、ダンテが統領のときに追放された黒党のメンバーが抑留されており、コルソ・ドナーティもそこにいたからである。シャルルはドナーティの軍隊と合流し、一〇月一六日にシエーナに赴いた。

シャルルの軍隊の接近を目の前にしてフィレンツェの白党は困惑し、動揺していた。トスカーナのグェルフィ諸都市の支援は期待できず、頼みの綱は同盟都市ボローニャだけだった。そこで白党はシャルル及び教皇との和解に望みを繋ぎ、和解の意図があることを示すために、一〇月七日、チェルキ家に対しあからさまな忠誠を示してはいない人々を新統領に選出した。他方新統領が選出される数日前、フィレンツェから使節がローマ教皇庁へと派遣されており、これにボローニャからの使節が加わっていた。フィレンツェの使節の一人がダンテだった。

使節は一〇月二〇日を少し過ぎた頃、教皇ボニファティウスによりローマのラテラーノ宮殿に迎え入れられた。教皇は使節に対し、フィレンツェ政府が教皇庁に服従すべきことを申し渡し、教皇の要求を伝えるべく二人の使節を直ちにフィレンツェに送りかえしたが、ダンテはローマに残った。

この間ヴァロワ家のシャルルはフィレンツェに到着し、抗争の調停者として都市に入ることを要請した。当初、統領たちはシャルルを受け入れるべきか否か決めかねていたが、結局のところシャルルの要請を受諾し、一一月一日にシャルルはフィレンツェに入った。しかしヴィエーリ・デ・チェルキと白党の指導者たちが都市の門戸をシャルルのために開けたことは大きな失策だった。実際のところシャルルの軍隊はフィレンツェのように十分な抵抗力を備えた大都市を攻撃するには非力だったからである。フィレンツェの白党は、フィレンツェを追放され、あるいは逃亡した黒党の面々がシャルルに随行して都市の中を行進する有様を見て、自分たちが失策を犯したことにすぐさま気がついたことだろう。

シャルルは先ず自分の軍隊にオルトラールノの橋や門を占拠させた。チェルキ家率いる白党はこのような絶望的な状況の中で、自分たちの降伏について交渉するための使節を早急に派遣してくれるよう教皇に依頼したが、外部からの介入なくして完全勝利を望んだ黒党は一一月四日の夜から五日にかけて白党政府転覆の行動に出た。都市の外で待機していたコルソ・ドナーティとその軍隊はフランス兵により警護された門を通って市内に入り、その後六日間、黒党は暴虐の限りをつくして白党を攻撃した。統領は辞職せざるをえず、一一月八日に選出された新統領はすべて黒党だった。そしてコルソ・ドナーティその他黒党の指導者たちに下された有罪判決が取り消され、これに代わって白党のメンバーに対する弾劾裁判が数か月にわたって行なわれていく。

この間、何人かの白党のメンバーが黒党へと寝返ったが、その中にはダンテと共に統領を務めたノッフォ・ディ・グイード・ボナフェーディやネーリ・ディ・ヤーコポ・デル・ジュディーチェ、そして何よりもラーポ・サルタレッリが含まれていた——もっともラーポは黒党による死刑判決を免れることはできなかったが。

黒党は「正義の法規」を廃止しはしなかったが、あらゆる公職を独占した。白党を粛清する任務はポデスタが遂行し、ヴァロワ家のシャルルはコルソ・ドナーティの忠実な手下だったカンテ・デイ・ガブリエッリをポデスタに任命した。カンテは一三〇一年一一月九日から一三〇二年六月三〇日までポデスタの職にあり、一三〇二年一月一八日に白党のメンバーに対する最初の有罪判決を出している。カンテの次にポデスタに任命されたゲラルディーノ・ダ・ガンバラはカンテ以上に白党の断罪に情熱を燃やした。一三〇二年に全部で五五九の死刑判決が出されたが、被告人のほとんどは都市を逃亡していたことから、死刑を執行された者は僅かだった。死刑以外に追放されたり拘禁されたりする人々もいたが、すべての有罪判決には財産の破壊ないし没収が伴っていた。

ダンテは教皇のもとに派遣された使節の一人としてローマに居残っていたが、ダンテがどのくらいの間ローマにいたか、その後どのような行動をとったかはよく知られていない。一一月に入って黒党が白党政府の転覆を企てた頃、ダンテが未だローマにいたことはほぼ確かである。しかしその後ダンテがフィレンツェに帰ったか否かについては、どちらとも断定することはできない。一一月の段階では、――黒党が権力を掌握したことは確かであるが――未だ多くの白党の指導者がフィレンツェにおり、ピストイアは依然として白党が支配していた。そしてコルソ・ドナーティとヴァロワ家のシャルルは一致団結していたとしても、両者とボニファティウス八世は全く同じ見解を抱いていたわけではなかった。というのも一二月に入ると教皇はもう一度枢機卿マッテーオ・ダクアスパルタを教皇特使としてフィレンツェに送り、黒党と白党を和解させようと試みているからである。

事実、教皇特使は勝利した黒党に対し、公的職務の一部に白党のメンバーが就くことを認めるよう説得を試みており、ドナーティ家とチェルキ家を和解させることさえ考えていた。したがって一三〇一年の末から次の年の初めにかけてフィレンツェは白党にとって絶望的と言えるほどの状況にはなっていなかった。多くの白党が一一月と一二月にフィレンツェを離れたことは確かであるが、もしダンテがローマからフィレンツェに帰っていたことが事実ならば、一二月に未だダンテがフィレンツェにいたことは十分ありうるだろう。

しかし一三〇二年になり黒党が白党のメンバーの裁判を開始すると状況は変化していった。一月一八日の最初の有罪判決は、これに続く他の有罪判決と同様に欠席裁判において下されたものであり、したがって有罪判決を受ける恐れのある白党のメンバーは一月一八日以前に都市を脱出していたはずであり、元統領のダンテも一三〇一年末から一三〇二年初めの間に都市を去っていたと思われる。カンテ・デイ・ガブリエッリによる白党に対する弾劾裁判は、公職に就いていた白党指導者に対して行なわれたので、豪族のゆえに公職から締め出されていたヴィエーリ・デ・チェルキに対する裁判は行なわれなかった。

一月一八日の裁判では三人の元統領が収賄、不法な利得、強要による財物取得で有罪とされ、更にピストイアのカピターノだったアンドレア・フィリッピ・デイ・ゲラルディーニがピストイア黒党に対する迫害のゆえに有罪になった。収賄とピストイア黒党に対する迫害は三月中旬までに下されたすべての有罪判決に共通した理由となっていた。そして一月二七日の裁判では先ず元統領のゲラルディーノ・ディオダーティが収賄のゆえに有罪とされ、次に同じく元統領のパルミエーロ・デリ・アルトヴィーティ、ダンテ・アリギエーリ、リッポ・ディ・リヌッチョ・ベッカ、オルランドゥッチョ・ディ・オルランドが収賄、不法な利得、強要による財物取得、教皇とヴァロワ家のシャルルに敵対し、ピストイアを分裂させ、ピストイア黒党を追放したことなどを理由に有罪となった。被告人たちは、出廷しないことを自白とみなすフィレンツェの刑事手続のルールに従って欠席裁判で有罪とされた。

刑罰としては罰金刑が科せられたが、決められた期日までに罰金を支払わない場合は被告人の財産は没収ないし破壊され、被告人は二年間トスカーナから追放され、終生公務に就くことが禁止された。したがって黒党による裁判の政治的な目的は明白に白党の指導者の粛清だった。死刑を科せられた者はいなかったし、罰金も支払い不可能なほど高額なものではなかった。しかし、自分の財産が没収され破壊されることのないように、そして追放を免れるために罰金を支払おうとする者はいなかった。黒党の目論見は白党の指導者たちから権力を奪い、彼らを都市から追放することであり、この目論見は功を奏したのである。

ところが一三〇二年三月になり、黒党は白党の被告人たちに対し、いっそう厳しい刑罰を科するようになる。三月一〇日、ポデスタのカンテはダンテを含む一五人の被告人に対し、自分たちの無実を立証できなかったことを理由に、二年間の追放を永久追放へと変更した上で、もし被告人がフィレンツェの領域に戻ってきた場合には火刑に処すことを宣告したのである。白党の被告人に対する刑罰がこのように厳しくなった理由は、一二六六年のベネヴェントの戦いで敗北した後フィレンツェを追放されていたギベッリーニ党の指導者と、黒党によって追放された白党が一三〇二年に結集したことである。フィレンツェに帰還することを目論むギベッリーニ党は軍事的な下準備のために進んで白党と手を組んだ。

両者がヴァル・ディ・キアーナの城砦ガルゴンツァで初めて会合したのは一三〇二年のおそらく二月であったと思われ、ポデスタのカンテ・デイ・ガブリエッリの一月の判決が罰金と二年間の追放を科していたのに対し、三月の判決が永久追放と火あぶりという厳しい刑を科した理由は、二月に白党とギベッリーニ党が会合したことにあったと思われ、ダンテもガルゴンツァでの第一回の会合に居合わせたと一般に考えられている。

ギベッリーニ党と白党の第二回の会合は六月にムジェッロのサン・ゴデンツォで行なわれ、これにはヴィエーリ・デ・チェルキをはじめ白党の主だった指導者が参集し、ダンテもこれらに加わった。この会合で白党は、有力なギベッリーニ党のウバルディーニ家に対し、フィレンツェの黒党に対する戦いでウバルディーニ家が損害を被ったならばその損害を賠償する旨の確約をしている。またこの会合には、一二六〇年のモンタペルティの戦いで勝利したギベッリーニ党の首領ファリナータの息子であるラーポ・デリ・ウベルティも参加していた。かくして白党とギベッリーニ党はフィレンツェの黒党と戦うために一致団結することになる。

しかしフィレンツェの一般市民がモンタペルティでの大虐殺以来、深い憎悪の念を抱いていた不倶戴天の敵ギベッリーニ党とフィレンツェの白党グェルフィがガルゴンツァで手を組んだことは、一般市民により裏切り行為と感じられ、市民は自分たちを、今や都市のアイデンティティの砦とみなされるようになった黒党グェルフィと一体化していった。このように一般市民に支持された黒党が直ちに行なったのが白党の指導者に対する上述の死刑判決である。そして白党への死刑判決は、フィレンツェの辺境地域で白党とギベッリーニ党による遊撃戦が繰り返されるにつれてその数を増していった。

ギベッリーニ党と結合したことは白党にとって致命的な失策だった。これはフィレンツェの白党をフィレンツェ市民だけでなくトスカーナのほとんどのグェルフィ党から引き離したばかりか、ヴァロワ家のシャルルの再度の介入の原因となり、黒党に対する教皇の支持と、グェルフィと聖なる教会を裏切った白党を罰するために教皇がとった厳しい措置とを正当化するように思われた。また軍事的な観点から見ても同盟は失敗だった。白党はいくつかの小規模な戦いで勝利したものの、七月に六〇〇人ほどの白党によって守られていたピアントラヴィーニェ城をカルリーノ・デ・パッツィ（『地獄篇』第三二歌六九参照）の裏切りにより黒党に奪われていた。

この年の秋、悪天候のゆえに軍事的行動が停止した後、ダンテはフォルリに行き、ギベッリーニ党の指導者であるスカルペッタ・デリ・オルデラッフィ——スカルペッタはフィレンツェとの戦いにおいて白党の兵士の指揮をとることに同意していた——の宮廷に滞在した。その後ダンテがヴェローナに赴いたのはおそらくスカルペッタの使者としてであったと思われ、一三〇三年の五月ないし六月から一三〇四年三月までダンテはヴェローナのバルトロメーオ・デッラ・スカーラの宮廷に最初の亡命先を見出すことになる。

ダンテがバルトロメーオの宮廷に滞在していた間に起こった重要な出来事は、ダンテのフィレンツェ追放の一因であった教皇ボニファティウス八世が一三〇三年一〇月一一日に亡くなったことである。ボニファティウス八世が教皇として即位したとき、その正当性に異議を唱えたのは、聖フランチェスコの絶対的清貧に忠実であった〈Spirituales〉であった。彼らは一二九四年のケレスティヌス五世による教皇職の放棄を裏切りと感じ、ボニファティウスがケレスティヌスを脅迫して教皇選挙を不正に操作し、これ以外にも教会に対して様々な犯罪を犯したことを理由にボニファティウスを告発した。そして〈Spirituales〉は自分たちを擁護してくれるコロンナ家——ボニファティウス八世の大敵であったコロンナ家——と手を結び、更にコロンナ家はフランス王フィリップ四世に援助を求めたのである。

これに対し自分の権限への明白な脅威に直面したボニファティウスは、枢機卿であったコロンナ家のヤーコポとピエトロを、そして同じくコロンナ家のステーファノとシャッラを一二九七年五月に破門し、更に一二月にはコロンナ家に対し十字軍を開始した。

一三〇〇年五月、ボニファティウス八世はドイツの選帝侯たちに宛てた書簡の中で、教皇庁は帝国をドイツ人へと移管したこと、そして今はトスカーナの領域を取り戻す意図のあることを伝えていた。しかし一三〇三年四月に教皇が、選帝侯によりドイツ王に選ばれたハープスブルク家のオーストリア公アルブレヒトを皇帝として承認したとき、教皇はこのことによってフランス王との激しい闘いが始まることを自覚し、トスカーナに対する領主権を敢えて主張することなく、その代わりに皇帝の普遍的権威を承認しないフランスの傲慢さを非難した。他方で皇帝アルブレヒトは一三〇三年七月に、帝国を移管する教皇の権限を公式に承認し、更にローマ人民の王である自分は教皇の封臣であるとさえ宣言したのである。少なくとも理論上はボニファティウスにとってこれ以上の勝利は考えられなかった。しかし現実はこれとは全く異なっていた。ボニファティウス八世とフィリップ四世の抗争は一三〇三年のうちにクライマックスへと達した。

既に一二〇二年に教皇インノケンティウス三世は教令 Per venerabilem において、フランス王が世俗的事項において上位者を持たないことを宣言していたが、ホーエンシュタウフェン家の皇帝との抗争においてフランス王に援助を求めてきた教皇たちにとり、フランス王には世俗的上位者が存在しないという主張は皇帝の普遍的権力を弱めるためのものであり、フランス王国の独立性の主張がひいては教会の普遍性の否定へと繋がることを教皇たちは予想していなかった。そして教皇が皇帝の下位性を主張するために用いてきた論拠はフランス王に関しては効力を持たなかった。皇帝と異なりフランス王は選挙によらない世襲の君主であり、教皇による承認も必要ではなく、王権には教皇による移管もありえない。フィリップ四世が主張したように、フランス王は神の恩寵によって王国を保持しているのである。

フィリップ四世とボニファティウス八世の抗争は、先ず一二九六年に後者が教令 Clericis laicos を発布して、フランス王フィリップ（そしてイングランド王エドワード一世）は教皇の許可なくして教会に課税することはできないと宣言したことに始まる。そしてフランス王と教皇の闘争は一三〇一年一〇月にいっそう熾烈なものになっていった。当時ボニファティウスはフランス王の弟、ヴァロワ家のシャルルと協力関係にあったが——このときシャルルはシエーナからフィレンツェへと赴く途中であった——このことにより教皇が王と和解することなどありえなかった。事の始まりはフィリップ四世がラングドックのパミエ司教ベルナール・セセを逮捕し裁判にかけたことであった。

王がこのような行動をとったのは、王国全体の教会に対する王の権限を主張するためであり、司教は王の助言者ギヨーム・ドゥ・ノガレによってでっち上げられた容疑で告発され、裁判とは名ばかりのものだった。この事件に対しボニファティウスは一二月に一連の教令でもって反撃し、司教を直ちに解放してローマに送るよう命令した。そして更に教皇は教令 Ausculta fili で、フィリップが教会に対するあからさまな敵対行為を中止しなければ由々しい結果が生ずると忠告し、フランスの全司教その他指導的聖職者に書簡を送り、フィリップに対処する最善の方法につき教皇に助言するための、次の年の秋に開催される特別会議へと彼らを召集した。

しかし一三〇二年の一〇月三〇日に始まったこの会議には、フィリップへの恐れから半数に満たないフランスの司教しか参加せず、教皇にとって大した成果は得られなかった。ところが一一月一八日にボニファティウスはフランスの聖職者がローマに来ることを妨害する者を破門に処する別の教令を発布した後、更に同じ日に彼の教令の中で最も有名な Unam sanctam を発布し、宗教的事項と世俗的事項の両者において教皇が至上の権限を有することを主張した。Unam sanctam はフィリップ四世に直接言及してはいないが、この後一週間も経たないうちに出された文書でボニファティウスは教会に対するフィリップの悪行を一二個の項目に分けて列挙し、フィリップを非難した。これはフィリップに対する教皇の最後通牒とも言えるものだった。

両者の抗争のクライマックスは一三〇三年にやって来た。三月に――これはダンテがフォルリを出発してヴェローナへと向かう少し前の頃である――ギヨーム・ドゥ・ノガレは公にボニファティウスを異端者、そして略奪者として断罪し、教皇を廃位させるために公会議を召集するようフィリップに説き勧め、更に五月には、ボニファティウスへの反抗を呼びかけるべくイタリアへ赴いた。これに対して四月に教皇はフィリップを破門する意図のあることを公言し、八月にはアナーニでフィリップ破門の教令 Super Petri solio を用意し、フィリップが九月八日までに教皇に服従しなければ破門を実行に移すと威嚇したのである。ところがこの破門の威嚇はギヨーム・ドゥ・ノガレを極端な行動へと駆り立てていった。

上記の教令が発布される前日の九月七日にギヨームとシャッラ・コロンナは現地で徴集した兵士と共にアナーニに到着し、その二日後、教皇の部屋に押し入りボニファティウスを捕虜にした。シャッラ・コロンナはその場でボニファティウスを殺そうとしたが、ギヨームは教皇を退位させるか裁判するためにフランスに連れていくことを望んだ。しかしこのとき、アナーニの市民たちが教皇を救出し、攻撃者たちを都市から追い払ったのである。九月一六日、教皇はコロンナ家の敵オルシーニ家にエスコートされローマへと移ったが、憔悴して一〇月一一日に亡くなった。ダンテはアナーニの事件をキリストの磔になぞらえている（『煉獄篇』第二〇歌八六―九一参照）。ダンテにとりボニファティウスは個人としては罪人であり地獄へ落されても（『地獄篇』第一九歌五二―五七参照）、教皇としてはキリストの代理であり、したがってボニファティウスを捕えて死に至らしめたフランス王はピラトである。

5　『俗語論』『饗宴』に見られる政治思想の萌芽

ボニファティウス八世が死去して一〇日後にドミニコ会士ニッコロ・ボッカシーニがベネ

ディクトゥス一一世として即位した。ベネディクトゥス一一世の在位期間は八か月半と短く、そのほとんどはアナーニ事件の事後処理に費やされたが、新教皇はトスカーナにおける紛争解決にも意欲を示し、一三〇四年一月三一日――ダンテが未だヴェローナにいたとき――に枢機卿ニッコロ・ダ・プラートをトスカーナ、ロマーニャそしてトレヴィーゾの辺境地方の調停者に任命し、枢機卿は特にフィレンツェの敵対し合う党派を和解させる任務を負うことになった。というのも、フィレンツェではコルソ・ドナーティの権力が次第に独裁的になり、これに対し同じく黒党のロッソ・デッラ・トーザが反抗していたことから、フィレンツェの支配的な黒党のメンバーの間で敵対関係が生じていたからである。

他方で、追放された白党はチェルキ家と親しかったベネディクトゥス一一世に期待した。ベネディクトゥスは前任者とは異なり、アンジュー家と黒党を支持する政策をとらなかった。そして新教皇によって任命されたニッコロ・ダ・プラートは、白党にとり、マッテーオ・ダクアスパルタとは全く異なる調停者のように思われ、単に黒党内の対立を調停するだけでなく、グェルフィ党全体の和解を実現し、白党がフィレンツェに戻ることを可能にしてくれる人物と思われた。ニッコロ・ダ・プラートは三月一七日にフィレンツェに入り、フィレンツェの支配者たちは枢機卿の裁治権を承認した。

ダンテがヴェローナを去ったのはこの頃のことであり、白党の本拠地であるアレッツォがほぼ間違いなくダンテの次の滞在地だった。というのも当時ダンテは白党の一二名の評議員の一人になっていたからである。またダンテがヴェローナを去った理由としては、バルトロメーオ・デッラ・スカーラが三月七日に亡くなり、後継者である弟アルボイノがダンテの保護者となることを拒否したことも考えられる。

一三〇四年の四月に白党の代表団が幾人かのギベッリーニと共にアレッツォを発ちフィレンツェに到着した頃、ダンテは白党の評議員の一人として枢機卿に書簡（第一書簡）を送っている。……白党はフィレンツェ市民の平和と自由のために尽力したのであり、黒党と争ったのも祖国フィレンツェをより善い国にするためである。枢機卿が追放人に宛てた書簡で述べている勧告に従って白党はあらゆる戦いを中止し、調停者たる枢機卿の裁決に全面的に服す用意がある。……

四月二六日、サンタ・マリーア・ノヴェッラ教会で黒党と白党は厳かに平和を誓った。ところが黒党にはもともと白党との和平を受け入れるつもりはなかった。両党間の状況は次第に一触即発の状況へと悪化していった。遂に六月八日、枢機卿ニッコロ・ダ・プラートは白党とギベッリーニに都市を去るよう助言し、彼らが急いで去った後、暴動が起こり、彼らの財産は破壊され、枢機卿自身、フィレンツェに聖務禁止令を出し、六月一〇日に都市を去ったのである。そして白党に追い討ちをかけるかのように一か月も経たないうちにベネディクトゥス一一世が亡くなり、これで白党と黒党の和解の可能性も消え失せた。

このとき白党は力ずくでフィレンツェに戻ろうと試みたが、七月二〇日のラストラの戦いで四〇〇人の白党とギベッリーニが殺害され、白党の試みは全面的な敗北に終わった。ダンテはこの戦いの前に白党と決別していた。ダンテは力ずくでもう一度フィレンツェに戻ろうとする白党に加担することを拒否した。ダンテがその後アレッツォにどのくらい滞在したか定かでないが、この町に白党と共にとどまることに何の意義も見出せなかったにちがいない。ダンテは北に向かって再び旅立つことになる。

ここでフィレンツェを追放された後のダンテの政治思想について一言触れておく必要があるだろう。追放される以前のダンテがフィレンツェの支配階級のメンバーとして、トスカーナに対する教皇の政治的介入に反対していたことは確かである。しかしこの時点でのダンテはグェルフィの町で生まれ育ったグェルフィの一人だった。しかしダンテがギベッリーニの都市ヴェローナのバルトロメーオ・デッラ・スカーラのもとに滞在していた一三〇三年から一三〇四年の間に、世俗的事項における皇帝の至上性を認める、言わばギベッリーニ的な心情がダンテの心の中に芽生えていった。

この頃書かれた『俗語論』(De vulgari eloquentia) では、シチーリアのホーエンシュタウフェン家が称揚され、皇帝フリードリヒ二世とその息子マンフレーディの高貴な模範がイタリアで最も優れたシチーリアの詩人たちに詩作への霊感を与えたことが述べられている。この二人の君主は「輝ける英雄」(illustres heroes)(『俗語論』第一巻一二・四)であり、権力により輝きを与えられると同時に正義と慈愛によって他者に輝きを与え、優れた教えを受けたと同時に他者に模範的な教えを施す存在であった。そしてグェルフィがマンフレーディの残虐な行ないを非難し、庶子であることを批判したのに対し、ダンテはマンフレーディを偉大な皇帝から生まれた気高い息子とみなしている。

またダンテは、フリードリヒ二世とマンフレーディによる庇護の結果としてイタリアの詩人により生み出されたものはすべて「シチーリアの」と呼ばれる、と述べているが、この言明の意味するところは、当時シチーリアは王権の座であると同時に全イタリアの文化的中心であったことから、イタリアの文化は「シチーリアの」文化だったということである。ダンテが『俗語論』を書いた当時のシチーリアはアラゴン王フェデリーコ二世により支配されていたが、全イタリアの文化的中心ではなかった。

したがって上記のダンテの言明は、シチーリアがシチーリア王、そして神聖ローマ帝国皇帝フリードリヒ二世のもと、帝国の中心であり、極く短期間ではあるがフリードリヒの承継者マンフレーディのもと、卓越した役割と文化的な威光を帯びていた特定の歴史的状況について言及したものとして理解される。しかしこのような言明は、ダンテが全世界の宗教的政治的首都としてのローマの、神意に基づく使命――これは一三〇六年ないし一三〇七年に『饗宴』(Il Convivio) の第四巻で初めて表明される――を見出した後は不可能だったろう。『俗語論』には、世界帝国の中心として神により指定された永遠の都ローマという観念は存在しない。むしろそこでは、ローマで話されている言葉がローマ市民の習慣や行動の下劣さを反映して醜悪であることが指摘されているのである。

一三〇四年七月にベネディクトゥス一一世が死去した。枢機卿は敵対し合う二つの党派に分裂した。すなわち一つはマッテーオ・オルシーニとフランチェスコ・カエターニに率いられ、ボニファティウス八世がとった政策を擁護する党派であり、もう一つはオルシーニ家のもう一人のメンバー、ナポレオーネ・オルシーニ——ナポレオーネ・オルシーニの妹は、ボニファティウス八世の大敵であるコロンナ家に嫁いでいた——に率いられ、フランスの反ボニファティウス政策を支持し、またコロンナ家と〈Spirituales〉と結びついた党派である。ペルージャで開かれたコンクラーベは一〇か月間続き、間もなくして枢機卿の中からではなく外部から教皇候補者を捜す必要のあることが明らかとなった。

かくして一三〇五年六月五日、ボルドー大司教のベルトラン・ドゥ・ゴが教皇に選出され、クレメンス五世として即位した。クレメンス五世選出を推進したのはナポレオーネ・オルシーニだった。そして周知の如く、クレメンス五世即位の四年後に教皇庁はローマからアヴィニョンに移ることになる。しかしこれは教皇を選挙した枢機卿たちが予期していたことではなく、枢機卿たちは教皇選出の後、ペルージャからベルトラン・ドゥ・ゴに書簡を送り、教皇に選出されたことを知らせると同時にイタリアに来るよう要請していたのである。

しかしクレメンス五世は教皇在位中、フランスを離れることはなかった。ベネディクトゥス一一世が死去した一三〇四年からクレメンス五世即位後の一三〇八年の間、教皇庁の政策は特に二人の枢機卿、ナポレオーネ・オルシーニとニッコロ・ダ・プラートによって推進され、イタリア半島において敵対し合う諸党派間の争いを平定することがその政策の主要な目的だった。ダンテはクレメンス五世を「無法の牧者」（『地獄篇』第一九歌八三）と呼び、聖職売買の罪人の中に置いているが、ダンテにとってクレメンスが犯した最大の罪は後述の皇帝ハインリヒ七世に対する裏切りだった。

さて、一三〇四年にダンテはアレッツォを出発したが、その後のダンテの足取りを辿ることは難しい。一説はダンテがトレヴィーゾのゲラルド・ダ・カミーノの宮廷に長く逗留した可能性を指摘し、他の説はボローニャに一時滞在したはずであると主張している。後者の説の根拠は、ダンテが『饗宴』を書くために必要な文化的資料を利用できた唯一の都市がボローニャであったからである。

当時のダンテの動きについては僅かなことしか知られていないが、明らかなのは一三〇六年にダンテが――おそらくはボローニャにおけるグェルフィの態度が硬化したことの結果として――ルーニジャーナへと移り、サルザーナにあるムラッツォ侯フランチェスキーノ・マラスピーナの城に滞在していたことである。このときフランチェスキーノはダンテに、サルザーナ、カッラーラ、サント・ステーファノ、ボラーノの城の権利をめぐり争っていたルーニ司教との交渉を委任し、交渉が成功した結果、一三世紀にマラスピーナ家が得たすべての利益が承認されている。

マラスピーナ家に関連して特筆すべきことは、一三〇七年から一三〇八年にかけて書かれたダンテの第四書簡がおそらくジョヴァガッロ侯モロエッロ・マラスピーナ――「戦の女神がヴァル・ディ・マーグラから引き出だす火気」(『地獄篇』第二四歌一四五)――に宛てられていたことであり、モロエッロが追放された黒党を率いてピストイアの白党に勝利した黒党の大将であったことを考えると、ダンテがこの黒党の大将と親交があったことは、当時イタリアの平定に努めていた教皇特使の政策がそれなりに成功を収めていたことの証拠とみなすこともできるだろう。イタリア全体に平和が訪れることへの人々の期待は一三一〇年に始まる皇帝ハインリヒ七世のイタリア遠征のときに頂点に達する。

6 皇帝ハインリヒ七世への熱狂

一三〇八年五月一日、ハープスブルク家のアルブレヒトが殺害された。アルブレヒトは一〇年間神聖ローマ帝国皇帝であったが、彼の皇帝としての行政的、外交的、軍事的な努力はアルプス以北の領域――ドイツ、ボヘミア、ハンガリー――に限定されており、ダンテは彼を軽蔑的にただ「ドイツのアルベルト」(『煉獄篇』第六歌九七)とのみ呼んでいる。ダンテがアルブレヒトを皇帝として認めていなかった理由は、アルブレヒトがイタリアの諸国家に対し無関心だっただけでなく、教皇による戴冠を受けていない言わば「紙上の」皇帝だったからである。アルブレヒトの先任の皇帝であったルードルフもアードルフもイタリアの土地に足を踏み入れたことがなかった。

しかし一三〇八年一一月二七日に選帝侯が皇帝に選んだルクセンブルク家のハインリヒ七世はローマで戴冠し――一二二〇年にフリードリヒ二世が戴冠して以来、一世紀にわたってローマで戴冠した皇帝はいなかった――、皇帝としての在位期間は五年に満たなかったが、最後の三年間をイタリアで過ごした。この期間、イタリアの政情はイタリア半島への皇帝の降下により全面的に規定されることになる。ハインリヒ七世は単に戴冠するためにイタリアに来るわけではなく、伝統的に帝国に服していたイタリアの諸国家に対し具体的な政治的軍事的企図を抱いており、これらの国家に対する皇帝権を再び確立することを真剣に考えていた。

選帝侯により「ローマ人民の王」として選挙されたハインリヒは、先ず一三〇九年一月六日にアーヘンでケルン大司教の手により銀の冠を戴いた。そしてハインリヒは、三月に教皇庁をアヴィニョンに移していた教皇クレメンス五世に使節を送り、これに応えて教皇は七月の教令 Divine sapientie で、ハインリヒがローマ人民の王として選ばれたことを承認し、更に教皇権と皇帝権の分離の原則を受け入れている。新しい皇帝に対するクレメンス五世の態度は後に根本的に変化することになるが、現時点で教皇はハインリヒを慎重に支持する立場をとった。

事実、前の年の秋に、フランス王フィリップ四世が自分の弟であるヴァロワ家のシャルルを皇帝に推挙したとき、クレメンスはフランス王の圧力に抗してハインリヒを皇帝候補者として支持していた。そして上記の教皇の教令は中部イタリアの教皇領を避けて通ることをハインリヒに要求する一方で、教皇領以外の地域に関しては皇帝の権利を認めており、しかもローマでの戴冠に合意し、戴冠の期日を少し先の一三一二年二月二日に定めていた——もっとも結局のところクレメンス五世は教皇職にあった全期間を通じてローマに、それどころかイタリアに足を踏み入れることはなかったが。

教皇の教令を受け取ったハインリヒは八月にシュパイアーで帝国議会を開き、議会に参集したドイツ諸侯に対し、自分が一三一〇年の秋にイタリア遠征を行なうことを宣言した。ハインリヒは一三一二年まで待つつもりは毛頭なかった。

一三一〇年の春にハインリヒは北イタリアとトスカーナの主要な諸都市——皇帝権に理論的に服している諸都市——に使節を送り、イタリアへと南下する準備にとりかかった。五月一〇日、それぞれ二名の司教と二名の俗人から成る二つの使節がハインリヒの書簡を携えてドイツを出発し、皇帝に選ばれたハインリヒが戴冠するために、そして自分の臣民たちから忠誠の誓約を受けるために自らイタリアに来ることをイタリアの諸都市に告げ知らせた。そして書簡では遅くともミカエル祭（九月二九日）にはハインリヒがイタリアに到着することが述べられ、各都市にはハインリヒに護衛を提供し、ハインリヒの勅令を実施する権限を持った役人を任命することが要求され、更に、一一月一日までにあらゆる戦闘を停止すべきことが命じられている。

北イタリアではヴェローナ、マントヴァ、モーデナのようなギベッリーニ派の都市だけでなく、パヴィーアやピアチェンツァといったグェルフィ派の都市もハインリヒを敵に回さないように使節を歓迎し、有力なグェルフィの指導者グイード・デッラ・トッレが支配していたミラーノでさえ、ロンバルディーアの同盟諸都市の慎重な助言に従った。六月八日に使節がミラーノに到着すると、司教によりハインリヒの要求が市民の前で読み上げられ、ローマ人民の王としてハインリヒがミラーノの領域内で戴冠することが約束された。そしてグイード・デッラ・トッレは、ミラーノの伝統的な特権が保障されるならばハインリヒを王として迎え入れる用意があると答えた。

北イタリアでハインリヒの使節に対して消極的な態度をとったのはクレモーナとパードヴァのみであり、ミラーノのようにグェルフィ派が支配する都市でさえハインリヒに対して友好的な態度をとった理由は、ハインリヒがギベッリーニ派を支持するためではなくギベッリーニとグェルフィを和解させ、平和をもたらすためにイタリアに降下することを明言していたからである。

トスカーナで使節が最初に赴いたのはピーサだった。六月二〇日にピーサに着いた使節は市民の熱狂的な歓迎を受けた。ピーサはアレッツォと並んでトスカーナのギベッリーニ派の中心都市であり、フィレンツェその他のグェルフィ派の都市と絶えざる戦闘状態にあった。特に当時、経済的に重要なサルデーニャ島を征服しようとするアラゴン王の企てにフィレンツェが協力していたことから、ピーサは新しい皇帝の支援を必要としていたのである。ピーサはハインリヒに一万人の従者の提供を約束し、これは当時ピーサに亡命していたフィレンツェ白党のジョヴァンニ・デ・チェルキによって調達されることになった。

これに対しトスカーナのほぼすべてのグェルフィ都市はハインリヒの使節を丁重に扱ったが、基本的には疑念と不安を抱いていた。中でもフィレンツェは広大な領域に対する自己の支配権が僅かでも脅かされることを欲さず、また黒党にとっては、おそらく白党との和解を求めると思われる皇帝の意向を受け入れ、敵である白党と支配権を共有することなどありえなかった。

一三一〇年の三月にフィレンツェ、ルッカ、シエーナ、ボローニャの間で新たにグェルフィ派の軍事同盟――グェルフィ党、キリストと教会、教皇と枢機卿、（一三〇九年五月に父シャルル二世を承継していた）ナーポリ王ロベルトの利益を守ることを目的とした軍事同盟――が結ばれたばかりであり、この同盟は明らかにハインリヒのイタリア遠征の計画に対処したものだった。しかしそれにもかかわらずグェルフィ諸都市はハインリヒとの軍事的衝突を望んではおらず、皇帝の権限を敢えて否定することもなかった。

使節はトスカーナのグェルフィ同盟の諸都市によって丁重に迎え入れられた。七月二日に使節がフィレンツェに到着したとき、フィレンツェは使節に対する敵意を露にしたが、これも統領たちの公的な決定によるものではなく、何人かの私人がとった個人的な態度にすぎなかった。しかし一つの点でフィレンツェは使節の要求を受け入れなかった。使節はイタリアに全面的な休戦を実現しようとするハインリヒの意向に従ってアレッツォに対する敵対的行動を中止するようフィレンツェに要求したが、フィレンツェはギベッリーニ党の都市アレッツォに対する戦闘をその年の夏の間も続けたからである。

その間、イタリア遠征の準備を進めていたハインリヒは、フランス王フィリップ四世と、そして教皇クレメンス五世と更なる協定を結び、七月にフランクフルト、八月から九月にかけてシュパイアーで、ハインリヒ不在の間のドイツとボヘミアの政治的安定の維持を目的とした帝国議会を開いた。そしてシュパイアーで議会が開かれている九月一日にクレメンス五世は皇帝に服するイタリアのすべての君侯と聖職者に向けられた回勅 Exultet in gloria を出し、ハインリヒを正当な上位者として受け入れるよう命じた。

この回勅で教皇は、これから行なわれるハインリヒの遠征は平和と正義のためであり、公平に行動するハインリヒがグェルフィ諸都市に対し差別的な態度をとることはないと述べている。ハインリヒのイタリア降下にとって幸先のよいこの回勅は、予想されたグェルフィ党の反抗をより困難なものにしたことだろう。遂に出発の準備万端整い、ハインリヒは一〇月一〇日にローザンヌに着き、そこで自分の兵力を結集した。それゆえ、使節が携えた書簡には、遅くとも九月二九日にはハインリヒがイタリアに到着すると書かれていたが、実際のイタリア到着は予定より少し遅れたことになる。

ローザンヌでハインリヒはクレメンス五世が出した要求、すなわちペルージャ、全ロマーニャ、そしてトスカーナの教皇領に対する教皇の支配権を承認すべきであるという要求を受け入れ、グェルフィ党を抑圧から保護し、グェルフィ党の裁治権を保持することを約束している。しかしこれは皇帝にとって大きな譲歩だった。イタリアの都市の中ではピーサがローザンヌに使者を送り、当座の費用として六万フィオリーノをハインリヒに与え、ピーサ到着の際にも同額を渡すことを約束した。このときピーサ以外に使者を送った都市もあったが、レマン湖にまで来たのはおそらくピーサの使者だけだった。

一〇月一三日に皇帝の一行はモン・スニの峠を通ってアルプス越えを開始し、二三日にはスーザに来ていた。五千人の兵と五百頭足らずの馬から成るハインリヒの兵力は軍事的に見て非常に強力とは到底言えず、財政的に見ても資金はハインリヒの企てにとって不足していた。しかし当初はすべてが順調に進んでいた。ハインリヒは先ずトリーノに一週間、そしてアスティに一か月滞在した後、ヴェルチェッリ、ノヴァーラを経て一二月二三日にミラーノに到着した。この時点で既に数多くの忠誠の誓約が行なわれ、追放された人々——主にギベッリーニ派——は帰還を許された。しかしハインリヒは、例えばアスティでポデスタとカピターノを免職したように、イタリアのコムーネの政治組織の在り方に対ししばしば無神経な行動に出ていたのである。

ハインリヒがミラーノに到着する以前に、そして九月一日に前述のクレメンス五世の回勅が出された後に、ダンテはハインリヒのイタリア到来に触発されて書かれた三つの書簡のうち最初の書簡（第五書簡）を書いている。イタリアの君侯と人民に宛てられたこの書簡でダンテはハインリヒを新しきメシアのような存在として扱い、イタリアの君侯と人民に対し、皇帝に選ばれたハインリヒを受け入れるよう説き勧めている。……新しき和解の日の夜が明け、新しき平和の太陽が昇り、正義は回復され、第二のモーセが彼の民を救うために来るだろう。今ではサラセン人でさえ哀れむイタリアは、その新郎ハインリヒが、――慈悲深く神にも似たアウグストゥスにしてカエサルなる新郎ハインリヒが――結婚式のために花嫁イタリアのところに急いでやって来るのであるから、歓喜して然るべきである。この強力な君主は自分の権威に楯突く者を罰するだろうが、その慈悲は深く、有徳な人々や改悛した人々はこの君主を恐れる必要はない。……

そして書簡には、ペテロとカエサル（すなわち教皇と皇帝）の二つの権力が一つの点から二股に分けられるように、それぞれ神から直接に由来したことが述べられている。教皇権と皇帝権の分離の原則はクレメンス五世の一三〇九年七月の教令でも承認されていたが、教皇至上主義者たちは教皇権のみが神から直接に由来し、皇帝権は教皇を介して皇帝に与えられると主張していた。またダンテはハインリヒのイタリア到来を神の計画の一部と考えており、書簡は、最初の教皇であるペテロが世俗の王を尊敬するよう人々に勧説したように、ペテロの後継者であるクレメンス五世も同じことを人々に勧説している――ここでダンテは明白にクレメンス五世の九月一日の教令を念頭に置いている――、という趣旨の言葉で終わっている。

7　皇帝支配による平和への願望

ハインリヒに対するダンテの熱狂とは対照的に、フィレンツェの支配者層はハインリヒに対する態度を急激に硬化させていった。明らかにフィレンツェの支配者たちはアスティその他の都市でハインリヒが行なったこと、特に当該都市の公職者を免職し、それに代えて皇帝代理を置いたことに不安と幻滅を感じていた。一一月一〇日に彼らは書簡を出し、フィレンツェ、ルッカそしてシエーナは自分たちの領土と財産のすべてを無傷のまま維持するという条件でのみ皇帝の権威を受け入れることを公言した。

そしてグェルフィ同盟の諸都市はミラーノには使者を送らないことを決定し、その代わりに教皇に使節を送り、皇帝との衝突が生じたときには保護してくれるよう求めた。またこれらの都市は、前年五月にナーポリ王となっていたアンジュー家のロベルトに数々の要請を行なっている。しかしこの時点では未だロベルトは皇帝と直接に対峙することをためらっていた。事実、当時教皇クレメンス五世の発意により、ルクセンブルク家とアンジュー家の間で婚姻をとり結ぶ計画が話し合われていたのである。

この間、イタリアの世俗支配者、高位聖職者、諸都市の代表者たちがハインリヒの戴冠に参列するためにミラーノに到着していた。ハインリヒに忠誠を誓約する意図を毛頭抱いていなかったヴェネーツィアでさえ、かなりの人数の使節を派遣した。ロンバルディーアに関してはグェルフィもギベッリーニもほとんどすべての都市が使節を派遣した。ヴェローナのデッラ・スカーラ家のアルボイノとカン・グランデも戴冠に列席し、間もなくカン・グランデのもとに客として長逗留することになるダンテもデッラ・スカーラ家の一行の中にいたと思われる。ヴェローナはシュパイアーの議会に使者を送っていたように、ハインリヒがドイツを出発する以前からハインリヒを全面的に支持していた。

ミラーノでハインリヒは一二月に、当地で争い合うグイード・デッラ・トッレとギベッリーニのマッテーオ・ヴィスコンティを一時的にでも和解させた後、直ちに戴冠の準備にとりかかり、翌年の一三一一年一月六日に聖アンブロージョ教会で戴冠式が執り行なわれた。このときアーヘンでの最初の戴冠から二年が経過していた。ハインリヒの王妃と廷臣、イタリアの数多くの高官や高位聖職者が列席する中、ルクセンブルク家のハインリヒはミラーノ大司教により塗油、聖別されローマ人民の王として戴冠した。

トスカーナのグェルフィ諸都市とボローニャは戴冠式に出席しなかった。そして戴冠式で用いられた冠は、モンツァの由緒ある鉄の王冠ではなく、シエーナの鍛冶屋に作らせたレプリカであり、冠にはキリストの十字架の鉄釘が付いていなかった。しかし戴冠式は盛大に執り行なわれ、式の後数日間祝祭が続き、この間一五〇人がハインリヒにより騎士に叙せられている。ところが、これから一か月も経たないうちにハインリヒは謀反に直面することになった。

二月に入るとミラーノ、ローディ、クレーマ、ベルガモで反乱が起こり、ハインリヒは過度な武力へと訴えることなくこれらをすばやく平定し、イタリアに平和をもたらす皇帝というイメージが損なわれることはなかったが、二月から三月にかけて起こったクレーモーナの反乱は党派に対して中立的であろうとするハインリヒの態度を大きく変えることになった。フィレンツェの黒党が背後で支援していたこの反乱は自ずと収まりがついたが、ハインリヒは更なる反乱を防止するためのみせしめとして四月末にクレモーナに入り、市の壁や塔を破壊し、三〇〇人を人質にとり、重い税を課したのである。

これはグェルフィ党とアンジュー家のプロパガンダにとっては大成功であり、このときからハインリヒは最早中立的な皇帝ではなくギベッリーニ党の首領として見られるようになった。そして引き続いてブレッシァでも反乱が起こり、ハインリヒの反応はますます暴力的になっていった。

クレモーナとブレッシァで反乱が起こった頃、教皇クレメンス五世の態度に重要な変化が生じていた。教皇は一三一一年三月三〇日にハインリヒ七世に宛てた書簡の中で、トスカーナのグェルフィ諸都市がハインリヒに突きつけた都市の自立性の要求を是認していたが、これは教皇が、イタリアにおける皇帝権復興というハインリヒの企図を拒否したことを意味していた。そしてクレメンス五世とフランス王フィリップ四世の間に明白な歩み寄りが見られたのもこの頃である。特に教皇は四月二七日の教令で、フィリップ四世がアナーニにおいてボニファティウス八世に対して行なった侮辱的な暴力行為の全責任を帳消しにし、フィリップに敵対して発せられたボニファティウス八世とベネディクトゥス一一世のあらゆる法令が無効であることを宣言している。

クレモーナで反乱が起こった二月頃、ダンテがどこにいたか明らかではないが、ダンテは三月の末にはロンバルディーアを去り、トスカーナ周辺のカゼンティーノにいた。「極悪非道の」フィレンツェ市民に宛てたダンテの第六書簡はアルノ川水源近くのグイーディ家のポルチャーノ城で三月三日に書かれたものである。……皇帝に服従しないフィレンツェは神の法と人間の法に違背し、貪欲にして傲慢であり、普遍的な共通善に反して自分自身の主権を確立しようとしている。ハインリヒは神に仕える者、キリストに似た存在であり、彼を否定する人々は直ちに罰せられるだろう。フィレンツェの人民は既に分裂しており、飢えで苦しめば群衆は黒党の支配者に反抗するだろう。都市のほとんどの住民は死ぬか捕えられ、亡命した少数の人々も悲嘆にくれるだろう。……

この書簡でダンテは予言者として語っているが、この予言は当たらなかった。ハインリヒは結局フィレンツェを攻め取ることができず、次の年の秋に単に数週間都市を攻囲しただけだった。そしてより反抗的になったフィレンツェは間もなくトスカーナの他のグェルフィ諸都市と共に皇帝に敵対する同盟を結成することになる。一三一一年四月以後のフィレンツェの公式の文書はハインリヒを単に「ドイツの王」と呼ぶだけだった。

そしてダンテは四月一七日に直接皇帝に宛てた書簡（第七書簡）を書いている。……ハインリヒはイタリアにより善き時代をもたらす長い間待ち望まれた太陽であり、神に仕える者、教会の息子、ローマの栄光の推進者である。しかしハインリヒは北イタリアにかまけることなく直ちにフィレンツェを攻撃しなければならない。ロンバルディーアにおける反乱を挑発しているのはフィレンツェだからである。皇帝は第二のダヴィデの如く立ち現われ、ゴリアテを殺さなければならない。……

ハインリヒがこの助言を実際に受け取ったか否かは不明であるが、ダンテの書簡が書かれた二日後に皇帝はミラーノを去り、トスカーナにではなくクレモーナへと進軍し、前述の如く都市を制圧してその指導者たちを拘禁した。そして更に五月一九日にはハインリヒはブレッシァの攻囲を開始し、攻囲はブレッシァが九月に降伏するまで四か月間続いた。ハインリヒは攻囲中の六月に捕虜となったブレッシァのカピターノを処刑している。しかしブレッシァを制圧したものの、フィレンツェを攻撃する武力も、ローマへと赴く力も最早ハインリヒにはなく、この後皇帝が向かったのはギベッリーニ党の都市ジェノヴァだった。
かくしてハインリヒはロンバルディーアを平定することなく立ち去り、ただマッテーオ・ヴィスコンティが皇帝代理に任命されたミラーノと、デッラ・スカーラ家のカン・グランデと兄のアルボイノが皇帝代理に任命されたヴェローナのみがロンバルディーアにおいてハインリヒに忠実であり続けた都市だった。

この間フィレンツェとその同盟諸都市は、皇帝とのよりあからさまな対決に先立って、自らの地位を確固たるものにしていった。これらの都市は一三一一年の夏にグェルフィ党の追放人たちを呼び戻し、九月二日に一般にバルド・ダグリオーネの改革として知られる大赦を彼らに対して行なった。しかしこの大赦からは多くの追放人が除外されており、ダンテとその息子たちも除外されていた。したがってダンテに残された唯一の希望は、ダンテが書簡で助言したように皇帝が行動してくれることだった。確かにトスカーナのグェルフィは妥協を一切受けつけないほどますます皇帝に対して敵対的になっており、武力衝突は避けられない状況になっていた。

一〇月になるとフィレンツェとルッカは皇帝の進軍に備えて都市の城壁だけでなく国境の防備を開始し、ハインリヒがギベッリーニ党の都市ピーサに着くのを妨げるためにルーニジャーナの山道や街道を封鎖した。そして一〇月中旬に皇帝がフィレンツェに二名の使者を送ったとき、使者は迎え入れられず、一名は危うく殺されそうになった。更に一一月二〇日にフィレンツェは、「ドイツの王」の使者から強奪したり、使者を殺害したりすることを許可する法令を発布している。

これに対して同じ一一月二〇日に、ジェノヴァに滞在していたハインリヒは大逆罪のかどでフィレンツェを告発し、フィレンツェに対し自らの行動を正当化するために自分のところに使節を派遣するよう要求した。フィレンツェが要求に応じなかったことは言うまでもない。

翌月の一二月はハインリヒにとり最悪の月だった。先ず一二月四日にパルマが、その二日後にレッジョが、共にトスカーナのグェルフィに支援されて皇帝に反旗を翻した。次にジェノヴァでペストが発生し、皇妃が一三日に亡くなった。そしてこの頃ナーポリ王ロベルトの弟でグラヴィーナ公のジョヴァンニが軍隊とともにローマに到着し、皇帝に敵対する諸勢力の一致団結を呼びかけた。ブレッシァも再び皇帝に反逆したが、これはカン・グランデにより制圧され、ブレッシァに対する皇帝の支配は保持された。

反抗的なフィレンツェに激怒したハインリヒは、クリスマス・イヴにフィレンツェを公式に断罪して都市から自治権を剥奪し、都市周辺地域（コンタード）の領有を主張した。そして、ハインリヒはフィレンツェ市民が帝国に対する反逆者であることを宣告したが、この宣告からはフィレンツェの政治的追放人は――明言されてはいないがダンテも――除外されていた。

一三一二年の初めに更なる反乱が、先ずクレモーナでもう一度、そして二月一五日にパードヴァで起こったが、今やハインリヒは皇帝として三回目の、そして最後の黄金の冠を受けるためにローマに行くことを決意していた。皇帝は先ずピーサへと向かったが、トスカーナ北部のグェルフィ党の敵対勢力により陸路でジェノヴァからピーサに行くことを阻止され、ジェノヴァから海路でピーサに行かざるをえなかった。

二月一六日にジェノヴァを出航し、三月六日にトスカーナの都市ピーサに到着した皇帝は、このギベッリーニ党の都市により熱狂的に迎えられ、ピーサはローザンヌで約束した残りの六万フィオリーノを皇帝に渡した。数多くの白党グェルフィとギベッリーニの追放人たちもピーサに集まっていた。ダンテがこれら追放人の一人としてピーサに来ていたかは明らかでない。

四月の末に皇帝はピーサを出発し、戴冠のためにローマへと向かった。教皇クレメンス五世が提案していた戴冠日は既に過ぎていたが、この間教皇はフランス王フィリップ四世の圧力により次第にハインリヒに対し距離を置き始め、三月には、グラヴィーナ公ジョヴァンニに対し軍隊の撤退を要求し、戴冠式の妨害を禁止した書簡を公に送ることを止めてしまっていた。

五月六日に皇帝はヴィテルボを経由してローマに到着したが、到着早々頑固な抵抗に直面しなければならなかった。アンジュー家のナーポリ王ロベルトとグラヴィーナ公ジョヴァンニの軍隊、そしてトスカーナのグェルフィ同盟諸都市の軍隊がグェルフィのオルシーニ家に加勢されてハインリヒのローマ入城を阻止し、戴冠を不可能にしようとしたからである。しかしハインリヒはギベッリーニのコロンナ家に支援され、ミルヴィオ橋を渡って力ずくでローマに進入した。そして五月二六日に両者の間で激しい戦闘があったものの、結局グェルフィ党は戴冠を阻止することができず、ハインリヒは六月二九日に戴冠することになる。

しかし戴冠は理想的なものではなかった。サン・ピエトロ寺院とその周辺地域はアンジュー家とオルシーニ家の手中にあり、したがってハインリヒは都市の反対側のサン・ジョヴァンニ・イン・ラテラーノ大聖堂で戴冠せざるをえなかった。そしてローマ教皇もローマにはいなかった。クレメンス五世はアヴィニョンにとどまり、ハインリヒ戴冠へと至るどの段階においても動こうとする気配はなく、ローマに何らかの指示を送るようなこともなかったと思われる。そして戴冠式の一〇日前に教皇はハインリヒに対してロベルトの王国に侵入しないことを誓約するよう命じ、戴冠の当日にローマを去り、教皇領に戻ることのないよう要求している。結局ハインリヒに戴冠したのはオスティア司教で枢機卿のニッコロ・ダ・プラートだった。

戴冠式の当日、ハインリヒは勅書を出し、皇帝権は神から直接由来し、万人とすべての王国は、天の位階秩序に倣って皇帝に服従すべきことを宣言した。これに対しフランス王フィリップ四世は、これまでフランス王たちが世俗の上位者を認めたことはなかったと述べてハインリヒを非難している。この戴冠式にダンテが居合わせなかったことはほぼ確実であり、当時ダンテはおそらくヴェローナに滞在していたと思われる。

そしてこの時点に至り皇帝に対する教皇クレメンス五世の態度は明らかに変化していた。以前に見られたようなハインリヒを支持する教皇の言動は影をひそめ、教皇はますますアンジュー家のロベルトの利益を慮るようになっていた。教皇の態度の変化の一因は皇帝ハインリヒと、アラゴン家のシチーリア王フェデリーコ二世の同盟である。

アンジュー家は一二八二年の「シチーリアの晩鐘」事件で失っていたシチーリアを、その後当地を支配していたアラゴン王たちから奪回しようと試みてきたが成功しなかった。皇帝ハインリヒは戴冠式の数日後にアラゴン王と軍事同盟を締結し、北と南から同時にナーポリ王国に侵入し、今やハインリヒの真の大敵であることが明らかとなったロベルトに決定的な打撃を加えようとしたのである。

戴冠式のすぐ後に教皇クレメンス五世はハインリヒに書簡を送り、ナーポリ王国とグラヴィーナ公ジョヴァンニの軍隊を攻撃しないこと、ロベルトとの一年間の休戦協定に同意すること、そして教皇領を直ちに立ち去ることを要求した。クレメンス五世のこのような態度の変化はダンテにとり単なる政策の変更といったものではなく、『神曲』のいくつかの箇所が示しているように明白な裏切りだった。

例えばカッチャグイーダはデッラ・スカーラ家を称賛するときに「しかしガスコーニュ人が貴きアッリーゴを欺く前に」（『天国篇』第一七歌八二）と語っており、ベアトリーチェも

「貴きアッリーゴ」を待つ天の王座に触れた後、「露《あらわ》にも密かにも」(『天国篇』第三〇歌一四三)ハインリヒに敵対する教皇について述べ、更に教皇ニコラウス三世は、この「無法の牧者」(『地獄篇』第一九歌八三)がボニファティウス八世よりも「いっそう醜悪な行ない」(同八二)で罪を犯すことを予言している。これらの一節は明らかに一三一二年の出来事と、それ以前のクレメンス五世のより陰険な計画を指し示している。

戴冠式の後間もなくしてハインリヒは遂にフィレンツェ攻略へと動きを開始し、八月にギベッリーニ党のアレッツォに落ち着き、フィレンツェ攻囲の準備を整えてから、九月一九日に攻囲を開始した。フィレンツェはグェルフィ同盟により戦力を増援されており、ハインリヒの軍隊は都市を完全に包囲することはできなかったが、皇帝はマラリアにかかったにもかかわらず局地的には多くの軍事的成功を収め、フィレンツェは都市の外で皇帝に立ち向かうことを止めてしまった。ところが一〇月の末にハインリヒは攻囲を解いてしまい、野営を引き払ってポッジボンシへと南下し、そこで冬を越した。

その後ハインリヒのフィレンツェ出征の意欲は次第に衰えていき、翌年の三月にハインリヒはピーサへと戻り、ナーポリ王ロベルトを攻撃する法的及び軍事的な準備にとりかかった。他方ロベルトは二月中旬にグェルフィ同盟の首長となることを遂に受け入れ、この二か月後、フィレンツェの統領はロベルトに都市に対する五年間のシニョーリア(統治権)を授与している。かくしてロベルトはルクセンブルク家の皇帝に敵対するイタリアの全勢力を統一する統領のような存在となった。

四月二六日、ハインリヒはロベルトを帝国への反逆者として断罪し、ロベルトの臣下には二か月以内に主君との主従関係を断ち切ることを要求した。そしてロベルトのすべての領地と財産は没収され、王自身には斬首刑が宣告された。これに対してはロベルトだけでなくフランス王フィリップ四世が激しく反論し、教皇も破門の威嚇をもって皇帝に対しロベルトの王国に侵入することを禁止した。

八月になるとハインリヒはロベルトとの対決が可能なことを確信するに至った。というのも、ピーサ、ウグッチョーネ・デッラ・ファッジョーラが皇帝代理を務めるジェノヴァ、そしてシチーリア――ハインリヒはアラゴン家のフェデリーコを帝国の海軍大将に任命していた――から強力な海軍の支援を期待できたからである。八月八日に皇帝は南下を開始し、先ずローマに赴いた後、ナーポリ王国を陸と海から攻撃するつもりだった。

ところが皇帝は数日後、モンタペルティで――一二六〇年にギベッリーニ党がフィレンツェに対し大勝利を収めた同じモンタペルティで――重い病気にかかり――おそらくマラリアの再発――、そこからブオンコンヴェントに移された後、八月二四日に亡くなってしまった。皇帝の遺体はピーサに戻され、大聖堂に安置された。ピーサと皇帝軍が喪に服しているとき、多くのグェルフィ諸都市はハインリヒの死に歓喜し、フィレンツェは直ちに暴君ハインリヒ、教皇の敵であるギベッリーニ党がローマ人民の王にしてドイツの皇帝と呼ぶハインリヒの死を祝う書簡を公にした。

ハインリヒが亡くなると皇帝の軍隊は間もなく潰走し始め、ロベルトの王国は安泰だった。イタリア半島に皇帝の支配を確立する試みが——一三二〇年代のバイエルンのルートヴィヒの例を除けば——繰り返されることはなかった。皇帝の支配のもとにイタリアが統一化され、平和が実現するというダンテの熱烈な願望は叶えられなかったが、皇帝のイタリア支配へのダンテの願望はハインリヒの死により消え失せることはなかったと思われる。ダンテの生涯の最後の二年間に書かれたと思われる一節でベアトリーチェがハインリヒ七世のイタリア到来を予言するとき、「彼はイタリアにその用意が整う前に、いつかイタリアを正しに来るでしょう」(『天国篇』第三〇歌一三七—一三八)と語っていることは、イタリアに皇帝を受け入れる用意が整うときが来るとダンテが思っていることを暗示しているからである。

8 『神曲』と『帝政論』

さて、ハインリヒ七世が一三一二年三月にピーサに初めて到着したとき、ダンテもピーサにいたと推測されるが、その年の夏にダンテはヴェローナに移り、カン・グランデの宮廷に滞在していたと考えられている。カン・グランデはハインリヒ七世がミラーノで戴冠した二か月後の一三一一年三月に兄アルボイノと共にヴェローナの皇帝代理に任命されており

――カン・グランデはこの一年後にヴィチェンツァの皇帝代理にもなっている――、兄アルボイノ・デッラ・スカーラが一三一一年一一月に死んだ後、ヴェローナを単独の領主として支配していた。有力な説によればダンテはほぼ六年間客としてカン・グランデの宮廷に滞在したと考えられている。そして通説によれば『帝政論』は『煉獄篇』の最終部分と『天国篇』の多くの部分と同様にこの時期に書かれた。

ダンテの最も著名なパトロンであったギベッリーニ党のカン・グランデ・デッラ・スカーラ（Can Grande della Scala：一二九一―一三二九）は一二九一年に生まれ、二〇歳代前半にして既に北イタリアで最も有力な人物の一人になりつつあった。卓越した軍の指揮官であった彼は三八歳で死んだときにクレモーナ、マントヴァ、ヴィチェンツァ、パードヴァ、トレヴィーゾなど多くの都市を支配下に収めていた。

またカン・グランデは当時の人々により、様々な亡命者を客として厚遇する鷹揚さで知られていた。ダンテも火星天で祖先のカッチャグイーダの口を通してカン・グランデを賛美している（『天国篇』第一七歌七六―九三）。ダンテはヴェローナのカン・グランデのもとに六年間滞在することになるが、ヴェローナ滞在中に改訂された『地獄篇』がおそらく一三一四年の終わりに近い頃に流布し、一年後には『煉獄篇』が公にされている。そして一三一六年頃には『天国篇』が執筆されていたと思われ、そのほぼ半分がカン・グランデの宮廷を一三一八年にダンテが立ち去る前に完成していた。

ダンテは外交上の活動に時折従事すること以外に政治的な活動を行なうことは最早なかったが、ハインリヒ七世の死に続くイタリアの錯綜した政治状況に背を向けることはなかった。これは『煉獄篇』と『天国篇』に見られる政治的な議論や非難に明らかに示されているが、後述のダンテの最後の三つの書簡は政治的な出来事への直接的な応答として書かれたものだった。

ところで、ハインリヒ七世がナーポリ王ロベルトを断罪したとき、ロベルトは教皇へと訴え、暴力に基礎を置く皇帝権は自立して統治する王国その他の諸国家により置き換えられるべきであり、皇帝の権威は世俗的領域においても教皇に従属していると主張していた。そしてロベルトはハインリヒの死後間もなくして書かれた教皇への第二の訴えにおいて、イタリアと教会に対して皇帝たちが加えた害悪を証明する試みの中でハインリヒ七世をネロ、ドミティアヌス、トラヤヌス、フリードリヒ二世と共に列挙し、近年の経験ではこのような皇帝はキリスト教の信仰ではなく野蛮な狂暴に帰依したゲルマン人であることが常であり、教皇は未来のドイツ王を皇帝として承認すべきではなく、皇帝候補者がイタリアの地に足を踏み入れないようにあらゆる処置をとるべきであると主張していた。

そして更にハインリヒが死去して六か月後の一三一四年三月一四日、教皇クレメンス五世は教令 Romani principes で、ハインリヒ七世が教皇庁に忠誠を誓った教会の封臣であることを公言し、またクレメンス五世がロベルトをイタリアにおける皇帝代理に任命した日に発布された教令 Pastoralis cura では、教皇は皇帝位が空位のときは自ら皇帝権を行使する権限があるだけでなく、キリストが教皇に与えた充全権力（plenitudo potestatis）のゆえに教皇は皇帝に優位すると主張し、これを根拠としてハインリヒ七世がロベルトに対し下したすべての判決を取り消したのである。

この一か月後の一三一四年四月二〇日にクレメンス五世は亡くなった。五月一日にアヴィニョン近くのカルパントラでコンクラーベが始まったが、二四名の枢機卿のうちイタリア人は七名だけであり、他の一七名はすべてフランス人だった。そしてクレメンス五世が同郷人を多く抜擢したことから一七名のうち一〇名はガスコーニュ人だった。

教皇庁がローマからアヴィニョンに移ること――いわゆる「アヴィニョン捕囚」――を許したのはクレメンス五世だったが、ダンテは教皇庁がこれからほぼ七〇年間アヴィニョンにとどまることなど知る由もなく、クレメンス五世の後継者の選挙を機会に、教皇庁がローマに帰還することを期待していた。ダンテの第一一書簡はクレメンス五世の死を知ったダンテがすぐさまイタリア人の枢機卿たち――特に、一三〇五年ペルージャでのクレメンス五世選挙に対し責任のあるナポレオーネ・オルシーニ――に宛てて書いたものであり、枢機卿に対し、自分たちの義務を果たしてイタリア人、あるいは少なくとも教皇庁がローマにない嘆かわしい状態を終わらせてくれる人物を教皇に選ぶよう勧説している。

しかし枢機卿たちは新教皇を選出することができず、どの教皇候補者も三分の二以上の賛成票を獲得することができなかった。コンクラーベが開始して数週間後にカルパントラでガスコーニュ派とイタリア派の支持者たちの間で武力衝突が起こり、更に七月一四日には、故クレメンス五世の甥に率いられたガスコーニュ派の支持者たちの武装集団がコンクラーベに突入し、イタリア人の枢機卿たちを命の危険をもって脅迫したことで、イタリア人たちは即座に退却してしまった。そしてこの後間もなくしてほとんどのガスコーニュ人の枢機卿もカルパントラを去ってアヴィニョンに戻り、コンクラーベは惨憺たる状態に陥ったのである。クレメンス五世の後継者であるヨハネス二二世――カオール出身のフランス人ジャック・デュエーズ――が教皇に選出されたのはこの二年後のことであった。

ダンテが第一一書簡を書いた頃、そして枢機卿たちの間で教皇選出をめぐり対立が続いていた頃、トスカーナで重要な政治的出来事が生じていた。当時ピーサを支配していたギベッリーニ党のウグッチョーネ・デッラ・ファッジョーラが一三一四年六月にルッカを自己の統治下に置き、息子のフランチェスコをルッカのポデスタとして置いたのである。これまで黒党グェルフィの都市だったルッカは今やフィレンツェにとり不安の種となり、この状態は数年間続くことになる。

確かに一三一四年の一二月にウグッチョーネはピストイアを攻め取ることに失敗したが、これが理由で彼と北イタリアのギベッリーニ――マントヴァのボナコルシ家やヴェローナのカン・グランデなど――の間で新たに軍事同盟が生まれていた。したがってギベッリーニ党は最近の五十年間になかったほどトスカーナで勢力を伸ばし、トスカーナのグェルフィにとって脅威となったのである。そしてウグッチョーネはトスカーナのギベッリーニ党の首領としてハインリヒ七世の当地域における企図の後継者とも言える存在になっていた。事実、ハインリヒの死後もかなりの数にのぼるドイツその他アルプス以北の兵士たちがイタリアに残っており、ウグッチョーネはピーサにおいて権力を掌握した後はこれらの兵力を自由に利用することができたのである。

このようなトスカーナにおけるギベッリーニ党の脅威に対するフィレンツェの応答が、追放人に対する一連の特赦だった。ダンテと彼の息子たちは一三一一年九月の特赦の対象から除外されていたが、一三一五年五月一九日の特赦では彼らも黙示的に特赦の対象とされていた。後者の特赦は、ウグッチョーネがフィレンツェとピーサの中間に位置するサン・ミニアートを攻囲しているとき、このような軍事的脅威に対処するために出されたものである。

しかしこの特赦には一定の条件が付されていた。政治的「犯罪者」とされた追放人は罰金を支払い、未だ投獄されていない者は法的手続上、一旦投獄された上で、「奉献」(oblatio)と呼ばれた屈辱的な儀式に服さなければならなかった。通常の犯罪人が特赦を受ける場合、袋地の粗服を着て、紙の冠を被り、ろうそくを持って監獄から聖ヨハネ洗礼堂まで行進したが、政治的犯罪者にも類似の儀式が適用されたのである。ダンテが「フィレンツェの友人」に宛てた第一二書簡は五月一九日の特赦への返答として書かれたものだった。この書簡でダンテは、無実の罪で追放された自分に屈辱的な条件でフィレンツェへの帰還を認める特赦をきっぱりと断っている。

第一二書簡が書かれて少し経った八月二九日、フィレンツェと他のトスカーナのグェルフィ諸都市は、ウグッチョーネに指揮されたルッカとピーサの連合軍によりモンテカティーニで大敗を喫した。このモンテカティーニの戦いで数多くのグェルフィ党の要人と共にアンジュー家の二人の君侯——ナーポリ王ロベルトの弟と甥——が殺され、ギベッリーニ党ではウグッチョーネの息子フランチェスコも戦死した。しかしウグッチョーネはモンテカティーニの戦いでの勝利にもかかわらずフィレンツェの攻囲を企てることはなかった。

そしてフィレンツェはこの戦いの後、白党グェルフィとギベッリーニに対する態度を硬化させ、一〇月一五日、トスカーナにおけるナーポリ王ロベルトの代理であったラニエーリ・ディ・ザッカリアは多くのギベッリーニと、フィレンツェのコムーネ及び人民に対する反逆者たちを——もし彼らが二日以内に弁明のために自ら出頭しないならば——斬首刑に処し、彼らの財産を没収ないし破壊することを宣告したのである。この宣告にはダンテと彼の息子たちの名も含まれていた。そしてラニエーリは一一月六日の布告で改めて死刑判決を確認し、この布告には、処刑場で斬首されるべき人々のリストの中にダンテと彼の息子たちも登場している。

更に布告によれば、誰でも罰せられることなく断罪された者たちを攻撃し、彼らの財産を奪うことが許された。この判決がダンテの生前に取り消されることはなく、その後何回か特赦が出されたが、ダンテが特赦の対象とされることはなかった。

第一二書簡が書かれ、これに引き続き上述の出来事が生じていた当時、ダンテがどこにいたか定かではない。仮にダンテがルッカに滞在し、何らかの仕方でウグッチョーネと近しい関係にあったとしても、ダンテがルッカに長くとどまることはなかったと思われる。というのも一三一六年四月にウグッチョーネはその横暴な独裁のゆえに市民の抵抗に会い、ルッカとピーサから追放されたからである。

とはいえ、これでフィレンツェが安泰になったわけではなかった。ルッカにおいてウグッチョーネの後継者となったのが同じくギベッリーニ党のカストルッチョ・カストラカーニであり、カストルッチョはその後数年間フィレンツェを脅かし続けることになる。他方、追放されたウグッチョーネはヴェローナのカン・グランデの宮廷へと逃げて難をのがれ、カン・グランデのために数々の戦さで指導的な役割を演じることになる。

おそらく一三一六年に書かれたダンテの最後の書簡である第一三書簡はカン・グランデに宛てられており、この書簡でダンテはカン・グランデに『天国篇』を献呈している——ただし書簡の文面は『天国篇』が既に完成していることを含意していない。しかしこの書簡が真にダンテの作か否かについては現在に至るまで激しい論争が続いている。仮にこれがダンテ自身の作ではなく同時代の誰か別の人間によって書かれたものだとしても、そこには『神曲』だけでなく『饗宴』に関する十分な知識が示されており、当時未だ書かれていなかったこともありうる『帝政論』との類似点も指摘されている。

さて、既に触れたようにクレメンス五世が死去して二年間教皇職空位が続いた後、一三一六年八月七日にフランスのカオール出身のポルト司教枢機卿ジャック・デュエーズが教皇ヨハネス二二世として即位した。イタリア人の枢機卿たちに宛てたダンテの第一一書簡の要請もむなしく、新教皇はフランス人であり、教皇庁もアヴィニョンにとどまることとなった。ダンテはこのヨハネス二二世を、キリストのぶどう畑（教会）を荒し、洗者ヨハネの像のあるフィオリーノ金貨を愛し、ペテロとパウロを蔑ろにした人物として批判している（『天国篇』第一八歌一三〇―一三六参照）。

ヨハネス二二世は一三一七年三月の教令 Si fratrum で、クレメンス五世が教令 Romani principes と Pastoralis cura で展開した主張、すなわち教皇は皇帝の上位者であり、皇帝位が空位のときは教皇が皇帝権を行使するという主張を確認し、更に、ハインリヒ七世から皇帝代理職その他の役職を授与された者は、それらを放棄しない限り破門されることを宣告した。そして七月にヨハネス二二世は、クレメンス五世がナーポリ王ロベルトに与えた皇帝代理職を再確認している。

またヨハネス二二世は、ダンテの教会論に影響を与えたフランシスコ修道会の〈Spirituales〉に対し、そして更にフランシスコ派の清貧思想自体に対し敵対的態度をとった教皇として知られている。一三一七年以降、教皇は当初フランシスコ修道会内の現実妥協的な〈Conventuales〉と手を組んで〈Spirituales〉を迫害した。しかし一三二二年頃から教皇はフランシスコ修道会の清貧思想自体を異端として論難し、〈Conventuales〉をも敵に回して、修道会を相手に清貧論争を展開していく。清貧論争が始まったのはダンテが亡くなって一年後のことであった。

ダンテはおそらく一三一八年にヴェローナを去ることになるが、『帝政論』は——現在多くの研究者が認めているところによれば——ダンテのヴェローナ滞在が終りに近づいた頃に完成した。確かに『帝政論』は将来の人間社会全体にとって妥当する理想世界を提示したものと言えるが、それは同時に当時の政治的状況、特にハインリヒ七世の企図の挫折やクレメンス五世とヨハネス二二世の政策を背景にしたポレミカルな議論でもあり、直ちに教皇側の反撃を呼び起こした。興味深いことに教皇庁の怒りを買ったのは、当時の教皇たちを地獄に落としている『神曲』ではなく、抽象的な政治思想が展開されている『帝政論』だった。『帝政論』に対する最初の、そして最も有名な反論は、ダンテの死後一三二〇年代の末に著わされたドミニコ会士グイード・ヴェルナーニの『帝政論批判』(De reprobatione Monarchie)である。この著作は、クレメンス五世の後継者ヨハネス二二世とヴィッテルスバッハ家のバイエルン公ルートヴィヒの闘争の脈絡で、ルートヴィヒ支持の理論家が『帝政論』を利用してルートヴィヒの皇帝権を正当化したことへの反論として書かれた。またヴェルナーニは、

『帝政論』においてアヴェロエスのアリストテレス『魂について』註解が引用されていることを、超個人的な可能性理性の単一性を主張し、個人の魂の不可死性を否定するアヴェロエスの異端説をダンテが支持していることの証拠として解釈し、ダンテを異端者として論難した最初の論者としても注目される。

更に『帝政論』に対する教皇側の反応としては、一三二九年に、ロンバルディーアにおけるヨハネス二二世の特使で枢機卿のベルトラン・ドゥ・プジェが『帝政論』を断罪し、ボローニャで焚書の刑に処したことが挙げられる。その後一四世紀を通して『帝政論』は教会側の敵意を呼び起こし続け、反宗教改革の時代になって教会が初めて禁書目録を公式に作成したとき、一五五九年のパウルス四世の禁書目録の中に登場し、更に一五六四年のトリエント公会議でも禁書目録に載せられている。『帝政論』が禁書目録から取り除かれたのは一八八一年になってからのことだった。

さて、ダンテが一三一八年にヴェローナを立ち去った理由は定かでないが、おそらくカン・グランデの宮廷に出入りする人々や兵士たち、あるいはカン・グランデ自身とダンテとの間に不和とは言えないまでも、性格の相違に由来するある種の緊張関係が生じたためと考えられている。しかし、ダンテをしてヴェローナを離れさせたのは、次の滞在地である穏健なグェルフィ派の都市ラヴェンナの魅力だったとも言えるだろう。当時、ラヴェンナのポデスタだったグイード・ノヴェッロの静かな宮廷には多くの知識人や文士が集まっていた。ダンテはカン・グランデのヴェローナを一三一八年に去るとき『天国篇』のおよそ半分を完成していたと思われるが、残りの半分はラヴェンナで——皇帝法と正義の厳粛なる芸術的表現とも言えるユスティニアヌス帝のモザイク画があるラヴェンナで——書き上げられることになる。

一三二一年七月末ないし八月初めにダンテは、グイード・ノヴェッロの使節の一員として、当時関税をめぐって緊張関係にあったヴェネーツィア共和国に赴いている。使節の目的は、既にアドリア海で生じていたヴェネーツィアとの何回かの衝突が全面衝突へと至ることを回避することにあったが、ヴェネーツィアとの交渉においてダンテがどのような役割を果たしたかは明らかでない。そしてヴェネーツィアへの使節がダンテの人生の最後のエピソードとなってしまった。

ダンテはヴェネーツィアに赴く往路で——あるいはヴェネーツィア滞在中ないしラヴェンナへの帰路で——病にかかり、一三二一年の九月一三日ないし一四日にこの世を去った。遺体はラヴェンナにあるフランシスコ派のサン・ピエール・マッジョーレ教会（後にサン・フランチェスコ教会となる）に埋葬された。現在ダンテの石棺は一七八〇年にダンテのために建てられた礼拝堂に置かれている。一四世紀後半になって『神曲』がフィレンツェをはじめとしてボローニャ、ピーサその他多くの都市で読まれ、註釈されるようになり、ダンテの名声が高まると、フィレンツェはダンテに対する過去の不正を償うために遺骨の引き渡しをラヴェンナに要請したが、ラヴェンナはこれを承諾しなかった。

一六世紀になりフィレンツェのメディチ家出身の教皇レオ一〇世がラヴェンナの支配者になったとき、教皇はダンテの遺骨をフィレンツェに引き渡すことを許可したが、遺骨がフィレンツェに渡る前にラヴェンナのフランシスコ会士が遺骨を石棺から運び出し、秘密の場所に隠してしまった。その後、教皇を後ろ楯としたフィレンツェの要求が影をひそめ、遺骨引き渡しの恐れがなくなったとき、遺骨はもう一度石棺に納められたが、一七世紀になりサン・フランチェスコ教会の再建と拡張をめぐりフランシスコ会とラヴェンナ政府との間に対立が生じた際に——フランシスコ会の教会建設、拡張計画ではダンテの墓が取り壊されることになっていた——、一人のフランシスコ会士がダンテの遺骨を木製の棺に移し、棺を煉瓦でふさいで隣接する礼拝堂の中に置いた。

この棺が発見されたのはダンテ生誕六〇〇年が祝われた一八六五年五月のことであり、その後遺骨は上述の一七八〇年にダンテのために建てられた礼拝堂の石棺に納められることになる。この一年前にフィレンツェは遺骨引き渡しの最後の要求をしているが、このときもラヴェンナは引き渡しを拒絶した。

9　底本と翻訳について

ダンテによる『帝政論』の自筆原稿は残存していない。写本に関しては、一四世紀半ばから一六世紀にかけて書かれた一九の写本の存在が現在のところ確認されている。初版（editio princeps）は一五五九年に皇帝権を扱った他の諸論考と共にバーゼルで刊行された。しかしこの初版本の〈Epistola Dedicatoria〉には、著者のダンテ・アリギエーリはフィレンツェの有名な詩人ではなく、アンジェロ・ポリツィアーノと同時代のフィレンツェの哲学者であると述べられている。

これに加えて初版本には、第一巻第一二章(6)にある「私が『神曲』の天国篇で既に述べた如く」(sicut in Paradiso *Comedie* iam dixi) という語句が存在しない。この語句は一九の写本のうち一七の写本に見られ、他の二つの写本には当該箇所に空白があり、一つの写本には〈in Paradiso〉が欠け、もう一つの写本には〈Paradiso *Comedie* iam dixi〉が欠けているが、それぞれの空白は欠けている語句がちょうど納まるほどの大きさになっている。したがって初版本の校訂者は、「私が『神曲』の天国篇で既に述べた如く」という語句を意図的に削除したと思われる。

削除した理由は想像の域を出ないが、一六世紀の中葉にプロテスタントの都市バーゼルで出版される本の著者として中世のカトリック教徒の詩人ダンテはふさわしくないと校訂者が考え、著者は一五世紀のポリツィアーノと同時代の哲学者であると偽った可能性が考えられる。もちろん校訂者が単に誤解して著者をポリツィアーノの同時代人と考えていたこともありうるだろう。というのも初版本の出版に関わった一人が同じ年に同じバーゼルで、後述のマルシリオ・フィチーノ（Marsilio Ficino：一四三三―九九）による『帝政論』イタリア語訳（一四六八年）をドイツ語に翻訳しており、このマルシリオ・フィチーノのイタリア語訳との連想により、『帝政論』の著者をフィチーノと同じ一五世紀フィレンツェのポリツィアーノ周辺の哲学者に間違って帰したこともありうるからである。いずれにしても初版本では第一巻第一二章の上記の語句は意図的に削除されている。

「私が『神曲』の天国篇で既に述べた如く」は『帝政論』が書かれた時期を特定化するための重要な証拠となる引照であるが、ダンテが自由について述べている『天国篇』第五歌の一節が書かれたのは一三一四年以前ではありえないことから、『帝政論』が書かれたのも一三一四年以前ではありえないことになる。この語句が存在しないのは初版本だけであり、それ以前のほぼすべての写本にこの語句が存在していることは、この語句が原初から『帝政論』に存在しており、後世の加筆によるものでないことを示している。

初版本が刊行された後、一六世紀から一八世紀にかけて刊行されたものはすべて初版本に依拠しており、一九世紀中葉になって初めて直接写本を基礎にしたものが二つ刊行されたが、当時利用可能な七つの写本を基礎にした最初の本格的な校訂版が一八七四年にカール・ヴィッテによりウィーンで刊行された。そしてこれから四〇年以上経った一九一八年に、この間新たに発見された五つの写本を加えて一二の写本の批判的検討を基礎にしたルートヴィヒ・

ベルタロトの校訂版がジュネーヴで刊行され、更にこの三年後の一九二一年にエンリーコ・ロスターニョによる「イタリア・ダンテ協会」の最初の校訂版がフィレンツェで刊行されている。

この後四〇年以上経ってダンテ生誕七〇〇年目の一九六五年に「イタリア・ダンテ協会」の二回目の校訂版であるピエール・ジョルジョ・リッチによる校訂版がミラーノとヴェローナで刊行された（Dante Alighieri, *Monarchia*, Pier Giorgio Ricci (a cura di), Milano, Arnoldo Mondadori, 1965)。リッチは、ロスターニョの校訂版が出た後に発見された五つの写本と、ヴィッテにより価値がないと評価されていた不完全な一つの写本をも加えて、合計一八の写本を用いている。そしてこの後四〇年以上経った二〇〇九年に、本訳書の底本である「イタリア・ダンテ協会」の最新の校訂版がフィレンツェでプルー・ショーによって刊行された（Dante Alighieri, *Monarchia*, Prue Shaw (a cura di), Firenze, Casa Editrice Le Lettere, 2009)。ショーはリッチ版が刊行された後に発見された二つの写本を加えて合計一九の写本を用い、ヴィッテが無価値と判断した——そして反対にリッチにより重要とみなされた——不完全な写本をヴィッテと同様に利用していない。

『帝政論』の初期の註解と翻訳に関して簡単に述べれば、先ずダンテの死後ほぼ三〇年経った一三五〇年と一三五二年の間にコーラ・ディ・リエンツォが『帝政論』への註解を書き、そして一四六八年になってマルシリオ・フィチーノが『帝政論』のイタリア（トスカーナ）

語訳を著わしている。

一三四七年八月にローマの護民官となったコーラ・ディ・リエンツォは一二月に失脚し、アブルッツォの修道院に逃れ二年以上そこに滞在した後、一三五〇年にプラハに移り、神聖ローマ帝国皇帝に選出されていたルクセンブルク家のカール四世の宮廷に滞在した。この宮廷に滞在中、コーラはカール四世にローマへと降下し教皇庁を改革するよう進言するが、予期に反し皇帝の怒りに触れて投獄され、一三五〇年の夏から一三五二年の夏にかけて獄中で『帝政論』註解を執筆した。

『帝政論』のイタリア語訳に関しては、マルシリオ・フィチーノ以前に一四五六年に書かれたとされる訳者不明のものが存在したが、マルシリオと同じくメディチ家に仕えていた友人のベルナルド・デル・ネーロがこの訳に不満を抱き、マルシリオに新たな翻訳を勧めたことでマルシリオのイタリア語訳が生まれた。マルシリオの翻訳は一九世紀末に至るまで利用され続け、その後一八九八年から一九四九年の間に七つのイタリア語訳が刊行されたが、一九五〇年のグスターヴォ・ヴィナイの訳によってこれ以前のすべてのイタリア語訳は時代遅れのものになった。イタリア以外では、一八四五年、一八五六年、一八七八年にそれぞれ最初の独訳、仏訳、英訳が刊行されている。

以下、初版が一九五〇年以後に刊行された主要な現代語訳で訳者が参考にしたものを年代順に列挙しておこう。

Gustavo Vinay, *Monarchia; testo, introduzione, traduzione e commento*（Firenze, Sansoni, 1950）．［羅伊対訳］
Donald Nicholl, *Monarchy*（*Monarchy and Three Political Letters*, New York, The Noonday Press, 1954, pp. 1-94）．
André Pézard, *Monarchie*（Dante, *Œuvres complètes*, Paris, Gallimard, 1957, pp. 633-740）．
Alessandro Ronconi, *Monarchia*（*Monarchia, Epistole politiche*, Torino, ERI, 1966, pp. 2-203）．［羅伊対訳］
Bruno Nardi, *La Monarchia*（Pier Vincenzo Mengaldo, Bruno Nardi, Arsenio Frugoni, et al.（a cura di）, Dante, *Opere minori*, 2, Milano, Napoli, Ricciardi, 1979, pp. 280-503）．［羅伊対訳］
Maurizio Pizzica, *Monarchia*（Milano, Rizzoli, 1988）．［羅伊対訳］
Ruedi Imbach, Christoph Flüeler, *Monarchia*（Stuttgart, Reclam, 1989）［羅独対訳］
Michèle Gally, *La Monarchie*（Paris, Belin, 1993）．［羅仏対訳］
Prue Shaw, *Monarchia*（Cambridge, Cambridge University Press, 1995）．［羅英対訳］
François Livi, *La Monarchie*（Dante, *Œuvres complètes*, sous la direction de Christian Bec, Paris, Librairie Générale Française, 1996, pp. 437-516）．
Richard Kay, *Dante's Monarchia*（Toronto, Pontifical Institute of Medieval Studies, 1998）．［羅英対訳］

Anthony K. Cassell, *Monarchia*（*The Monarchia Controversy*, Washington, D.C., The Catholic University of America Press, 2004, pp. 111-173).［グイード・ヴェルナーニ『帝政論批判』英訳所収］

Nicoletta Marcelli, Mario Martelli, *Monarchia*（Dante, *Monarchia; Cola di Rienzo, Commentario; Marsilio Ficino, Volgarizzamento*, Milano, Arnoldo Mondadori, 2004, pp. 1-162（伊訳）, pp. 163-262（羅語テキスト））.［コーラ・ディ・リエンツォの『ダンテ帝政論註解』の羅語テキストと伊訳、およびマルシリオ・フィチーノの『帝政論』伊訳所収］

Paolo Chiesa, Andrea Tabarroni, *Monarchia*（Roma, Salerno Editrice, 2013, pp. 1-243）［グイード・ヴェルナーニ『ダンテの帝政論批判』の羅伊対訳、コーラ・ディ・リエンツォ『ダンテ帝政論註解』の羅伊対訳、マルシリオ・フィチーノの『帝政論』伊訳所収］

Diego Quaglioni, *Monarchia*（Dante Alighieri, *Opere*, 2, Edizione diretta da Marco Santagata, Milano, Arnoldo Mondadori, 2014, pp. 899-1415）［羅伊対訳］

10　謝　辞

筆者が『帝政論』の翻訳に着手したのは今から四〇年も前のことである。当時はリッチ版が最新の校訂版であり、この版を底本とした筆者の個人的な翻訳は一五年ほどでほぼ完成していたが、二〇〇九年にP・ショーの新しい校訂版が刊行されたことで、筆者の翻訳もショー版に合わせて修正されている。

本訳書の完成にあたっては三人の方々にたいへんお世話になった。先ず五島伝明氏は筆者が若い頃書いた古く黄ばんだ手書きの原稿をワープロで入力して下さり、訳語についても氏から貴重なご意見をいただいた。そして宮澤弘氏は活字になった原稿の際限なき加筆訂正に根気よく付き合って下さり、宮澤愛子氏には本訳書の註解部分の手書きをワープロで入力していただき、また参照文献表示の形式上の統一性についても配慮していただいた。『帝政論』の日本語訳の刊行を推進して下さったのは、今は亡き二宮隆洋氏と中央公論新社の郡司典夫氏である。二宮氏の驚くほど豊かな日本語表現力の助けがあれば本訳書も詩人ダンテにもう少しふさわしいものになっていたことだろう。拙訳『皇帝フリードリヒ二世』（E・H・カントーロヴィチ、中央公論新社、二〇一一年）の時と同様、校正は中村鐵太郎氏の手を煩わせた。最後に郡司氏には、本訳書刊行の話があってから、註解部分執筆のために完成が何年も先延ばしになってしまったことをお詫びし、訳者の我が儘を寛恕して下さった御厚情に深く感謝したい。

二〇一七年九月

訳　者

本文組　山田信也（スタジオ・ポット）

中公文庫

帝政論《ていせいろん》

2018年1月25日　初版発行

著　者　ダンテ・アリギエーリ

訳　者　小《こ》林《ばやし》公《いさお》

発行者　大橋善光

発行所　中央公論新社

〒100-8152　東京都千代田区大手町1-7-1
電話　販売 03-5299-1730　編集 03-5299-1890
URL http://www.chuko.co.jp/

印　刷　三晃印刷

製　本　小泉製本

Published by CHUOKORON-SHINSHA, INC.
Printed in Japan　ISBN978-4-12-206528-4 C1110

各書目の下段の数字はISBNコードです。978－4－12が省略してあります。

中公文庫既刊より

ア-8-1
告 白 I
アウグスティヌス
山田 晶訳
幼年期の影響、昔年期の放埒、習慣の強固さ……、不安におののく魂が光を見出すまで。初期キリスト教最大の教父による心揺さぶる自伝。〈解説〉松崎一平
205928-3

ア-8-2
告 白 II
アウグスティヌス
山田 晶訳
衝動、肉欲、厳然たる原罪。今にのみ生きる人間の悲惨と悲哀。「とれ、よめ」の声をきっかけとして、劇的な回心を遂げる。西洋世界はこの書の上に築かれた。
205929-0

ア-8-3
告 白 III
アウグスティヌス
山田 晶訳
アウグスティヌスは聖書をいかに読んだのか――西洋世界最大の愛読書を、最高の訳者が心血を注いだ名訳で送る。訳者解説および、人名・地名・事項索引収録。
205930-6

モ-1-2
ユートピア
トマス・モア
澤田昭夫訳
十六世紀の大ヒューマニストが人間の幸福な生き方と平和な社会のあり方を省察し、理想を求め続ける全ての人々に訴えかける古典の原典からの完訳。
201991-1

マ-2-3
新訳 君主論
マキアヴェリ
池田 廉訳
十五世紀末のイタリアで、豊かな外交経験に培われた歴史把握と冷徹な人間認識が、この名著に結実した。近年の研究成果をもとに詳細な訳註を付す。
204012-0

ホ-1-3
中世の秋(上)
ホイジンガ
堀越孝一訳
二十世紀最高の歴史家が、中世人の意識をいろどる絶望と歓喜、残虐と敬虔との対極的な激情をとらえ中世文化の熟しきった華麗な全体像を精細に描く。
200372-9

ホ-1-4
中世の秋(下)
ホイジンガ
堀越孝一訳
二十世紀最高の歴史家が、中世文化の熟しきった華麗な全体像を精細に描く。本巻では「信仰の感受性と想像力」「生活のなかの芸術」「美の感覚」などを収録。
200382-8